KB052241

오키나와 이미지의 탄생

이 도서는 2017년 정부(교육부)의 재원으로 한국연구재단의 지원을 받아 수
행된 연구임 (2017S1A6A3A01079727)

타다 오사무多田 治 지음
이영진 옮김

오키나와 이미지의 탄생

푸른 바다의 문화연구cultural studies

패러다임북

목 차

이미지를 포착하는 시점

　'오키나와'라고 하면 여러분은 과연 어떤 이미지를 떠올리게 될까. '푸른 하늘, 푸른 바다'나 '붉은 히비스커스'의 혜택 받은 '남국의 낙원'일까. 영화나 드라마에 등장할 것 같은 '밝고 건강한 할머니인가. 고야나 돼지고기 조림豚の角煮과 같은 '건강식'이나 산신三線 반주가 흐르는 오키나와 음악인가. 아니면 '미군기지'나 '오키나와전투', '평화'일까.

　또는 만약 당신이 오키나와 현민이나 오키나와 출신이라면 이러한 고정적인 이미지에 위화감을 갖거나 뭔가 강요를 당하는 듯한 느낌이 들기도 할 것이다.

　이 책은 이러한 오키나와 이미지를 테마로 다룬다. 최근 미디어나 관광의 문맥에서 오키나와 이미지는 매일 등장하고 있다. 하지만 이제까지 이러한 오키나와 이미지를 본격적으로 연구하고 체계적으로 규명한 책은 그 수가 많지 않다. 이 책은 사회학 및 **문화 연구**cultural studies의 입장에서 〈푸른 바다〉, 〈남쪽의 아열대〉, 〈독특한 문화〉로 대표되는 오키나와 이미지가 어떻게 형

문화연구cultural studies

1970년대 무렵부터 영국·미국·중남미·호주·인도·홍콩·타이완·한국·일본 등 세계 각지에서 유행한 지의 조류. 우리가 일상적으로 경험하는 다양한 문화에 초점을 맞춰 연구. 예를 들어 텔레비전·영화·잡지·인터넷·음악·스포츠·패션·투어리즘·도시·전통문화·문학·만화·성性·에스니시티·내셔널리즘·식민지주의 등, 구체적인 테마를 거론하자면 끝이 없다. 이들 문화의 경험의 존재 방식이 젠더·세대·계급·인종 등의 속성에 의해 달라지고, 사람에 따라 다양하다는 것을 중시하는 경향이 있다. 이들 개개의 문화를 비판적으로 검토하는 것을 통해 사회의 어떤 단면에 빛을 비추어 권력이나 정치성, 정체성 등의 문제를 떠올리게 하는 것에서 '문화의 정치학'이라고도 불리기도 한다. 문화연구는 사회학·정치학·미디어 연구·문학·역사학·사상사·지리학·인류학 등 기존의 학문영역을 횡단하는 지향성을 가지며 대학 아카데미즘의 제도화된 지의 존재 방식을 되묻는 측면도 갖는다. 자세한 내용은 요시미 슌야 편, 『컬추럴 스터디즈』(講談社メチェ, 2001) 및 모토바시 데쓰야本橋哲也, 『문화연구로의 초대』(大修館書店, 2002)를 참조하기 바란다. 또한 이 책은 문화연구 그 자체보다는 사회학적 사고가 꽤 강하지만, 이상과 같은 문화연구의 시점이나 입장을 풍부하게 포함하고 있는 것은 분명하다.

또한 일본에서 문화연구는 1990년대 후반에 유행해서 활발히 논의됐지만, 현재 그 유행은 지나간 감이 있으며, 각 방면에서 다양한 형태로 비판이 이루어지고 있다. 하지만 '탈영역적인 앎'으로서의 문화연구로부터는 여전히 배울 점이 많으며 일본에서는 아직 충분한 논의도 이루어지지 않았다. 또한 지금 이루어지는 '문화연구 비판'은 그 자체가 일부 업계 사람들 사이에서 유통하고 완결되는 감을 부정할 수 없다. 이 책은 보다 넓은 일반 독자들에 맞춰 이해하기 쉽게 쓰는 것을 우선하고 싶다는 마음과, 일시적인 유행이 지나가버린 지금이야말로 엉덩이를 붙이고 본격적으로 착수해야 한다는 의미도 포함해서 〈굳이〉『푸른 바다의 문화연구』라는 부제를 붙였다.

성되어왔는가를 묻고 있다.

　사회학이란 가까운 일상의 사건이나 현실을 연구대상으로 하는 학문이다. 가까운 일상이란 지나치게 당연한 것이기 때문에 오히려 간과하기 쉽다. '등잔 밑이 어두운' 셈이다. 사회학에서 잘 사용하는 표현을 쓴다면, '자명성에 둘러싸여 있다'. 사회학은 이 자명성, '당연한 것'을 되묻는 작업을 통해, 주위 현실의 새로운 일면을 명확히 보여준다.

　오키나와 이미지도 실로 자명성에 둘러싸여 간과되고 있다. '푸른 바다의 오키나와', '치유의 오키나와'는 바야흐로 전국적인 브랜드가 되었다. 하지만 오키나와의 하늘은 구름이 낀 날도 많고, 적토로 바다가 오염된 곳도 많다. '장수의 섬', '치유의 섬'이라 해도 오키나와 사회에 건강한 요소가 특별히 많은 것도 아니며, 오히려 높은 실업률, 미군기지, 자동차 사회의 운동부족 등 반대의 요소도 많다.

　오늘날 확산되고 있는 〈바다〉, 〈아열대〉, 〈문화〉의 오키나와 이미지는 옛날부터 있었던 것은 아니다. 이 이미지들이 정착하는 것은 1972(쇼와 47)년 일본 복귀 이후의 일이다. 최대의 계기는 1975년의 복귀 이벤트·해양박람회지만, 그것은 의외로 알려져 있지 않다. 이 책은 오키나와 이미지의 탄생에 의해, 오키나와가 어떻게 변화하고, 일본 안에서 어떠한 위치와 역할을 부여받았는지를 규명하고자 한다.

　이 책은 연구서로서만이 아니라 학생이나 일반인에게 널리 읽혀질 수 있도록 가능한 알기 쉽게 쓰고자 마음을 썼다. 오키나와 현민이나 현 출신자들이 복귀 30년이라고 하는 한 단락을 거쳐 지금까지의 오키나와를 돌이켜보며, 새로운 방향성을 찾는 계기로 삼아준다면 다행이겠다. 오키나와를 좋아하는 사람이나 연구자는 물론, 적어도 오키나와에 관심이 있는 사람들에게 복귀 후의 오키나와가 밟은 극적인 변화를, 이야기를 추체험하는 식으로 읽혔으면 한다.

또한 소재는 오키나와이지만, 이 책의 논의는 단순히 오키나와 지방local에 한정된 것이 아니라 다른 지역에도 응용할 수 있도록 기술되어 있다. 고도성장기 이후, 일본 전국이 개발의 파도에 휩쓸려, 지방도 도심도 교외도 그 형태가 크게 변화해간다. 그 과정process은 오키나와를 통해서도 뚜렷하게 드러난다. 1970년대 '디스커버 저팬Discover Japan' 이후의 관광 이미지화나 테마화, 박람회·테마파크·스포츠 이벤트 유치에 의한 지역진흥은 전국 각지에서 나타나는 현상이지만, 이러한 움직임은 오늘날 새롭게 재고될 필요가 있다. 이 책은 오키나와의 관광 리조트화와 해양박람회의 사례를 통해 이 전국적인 문제를 생각하기 위한 소재와 힌트를 제공하고 싶다.

기지와 관광의 평행적 세계parallel world

전국적인 〈오키나와〉 인기는 완전히 정착했다는 느낌이 든다.

영화 〈나비의 사랑〉*이나 텔레비전 드라마 〈츄라 상〉이 방영되던 시점부터 오키나와에 대한 인지도는 쑥 올라갔다. 현 특산품인 고야는 이제 '니가우리にがうり'가 아닌 오키나와 방언 '고야'라는 이름으로 사람들의 식생활에 침투해 오고 있다. 그 외에도 모즈쿠(モズク, 해초의 일종)나 붉은 감자, 돼지고기 등 오키나와의 식품이나 요리는 건강에 대한 관심이 높아지면서 브랜드화 해간다. 연간 관광객이 5백만 명을 넘는 관광입현·오키나와의 현상은 이러한 〈오키나와〉 브랜드와 밀접한 관련을 맺고 있다.

음악으로 눈을 돌려보면, THE BOOM의 〈시마우타島唄〉 부활이나 BEGIN, 나쓰카와 리미夏川リみ 등의 활약에 더해, 최근에는 인디 음악의 오키나와계 인기가 두드러진다. MONGOL 800의 앨범 〈MESSAGE〉는 자신들도 예상 못했을 정도로 전국적인 메가 히트를 기록, 판매량이 200만 장을 넘어섰다. 오키나와현 출신인 HY나 ORANGE RANGE 등도 이 흐름에 합류, 인디의 메이저 화에 박차를 가하고 있다. 아무로 나미에安室奈美惠나 SPEED 등 아쿠타즈 스쿠르actors school계의 활약 이래, 일본의 음악에서 〈오키나와〉는 형태를 달리하면서도 항상 일정한 존재감을 보여주게 되었다. 이러한 소비문화에 있어 〈오키나와〉는 바야흐로 '오키나와 붐'이라는 표현이 이젠 적합하지 않은 단계까지 일상화가 이루어진 것처럼 보인다.

하지만 다른 한편, 오키나와의 또 하나의 측면인 미군기지의

---

*1999년 12월 공개된 나카에 유지 감독의 영화. 오키나와 민요의 대가들을 다수 기용. 음악과 웃음을 기반으로 한 뮤지컬 영화.(역주)

문제도 여전히 뿌리 깊게 남아 있다. 후텐마普天間 기지 이전을 위시해, 기지의 반환·축소로의 길은 변함없이 난항이 계속되고 있다. 미군관계의 사건은 날마다 현 내 매스컴에 보도되고 있다. 또한 2001년의 9·11 동시다발테러로 '오키나와에는 기지가 있어서 위험하다'는 소문이 전국에 퍼져 관광산업이 커다란 타격을 입었다. 현이나 정부는 긴급히 대책을 논하면서 〈괜찮아~ 오키나와〉 캠페인으로 '건강하고 밝은 오키나와'를 부각시켰다. 그것은 명백히 NHK 드라마인 〈츄라 상〉의 이미지를 활용하고 있었다.

테러로부터 캠페인에 이르는 이 흐름은 오키나와에 미군기지와 관광리조트가 병립하는 상황을 전형적으로 나타내고 있다. '남국의 낙원'이면서 동시에 '위험한 섬'이라고 하는 이 모순. 오키나와는 '기지의 섬'이면서 동시에 '관광의 섬'이기도 하다. 현의 관광수입은 연간 4000억 엔, 현외 수입액의 17~18%로 다른 산업을 크게 웃돌고 있다. 관광은 명실공히 오키나와 현의 기간

BOOK GUIDE

岩渕功一·田仲康博·多田治編, 『沖縄に立ちすくむ―大学を越えて深化する知』せりか書房, 2004.

2003년의 국제 심포지움 컬추럴 타이푼(본문 17페이지)의 오키나와 세션에서는 '미디어에서 소비되는 오키나와'를 테마로 〈츄라 상ちゅらさん〉, 〈나비의 꿈ナビィの恋〉, 〈몬파치モンパチ〉 등 오키나와를 대표하는 대중문화를 다루면서 다양한 발표와 논의가 이루어졌다. 이 책은 그 논의를 한층 발전시킨 것으로 오키나와 이미지에 관한 최근의 연구, 도쿄와 오키나와 대학생 및 제 일선의 연구자들과의 협력으로 교육/연구, 연구/표현의 벽을 초월해 제도화된 〈앎〉을 해방시켜가는 새로운 시도이다. 본 저서와 함께 추천하고 싶다.

산업이다. 하지만 다른 한편, 이 좁은 섬에는 미군기지가 광대한 면적을 차지하고 있기도 하다(현 내 토지 면적의 11%). 그래서 오키나와가 관광입현이기 위한 조건은 안전성이나 쾌적성의 확보이자, 또한 '안전하고 쾌적한 오키나와'라고 하는 이미지 만들기였다. '괜찮아~ 오키나와'는 실로 이 이미지를 전국을 향해 대량으로 발신하고 있었다.

그리고 실제로 이러한 오키나와 이미지의 연출은 1972년의 일본 복귀 이후 30년 이상, 오키나와가 관광 리조트화의 길을 쉬지 않고 달려가는 가운데, 일관되게 중요한 과제로 계속되어 왔다. 그것은 오키나와를 둘러싼 기지의 현실이 복귀 이후에도 변하지 않고 온존되어 온 것과 평행적인parallel 관계에 있다. 그때, 〈푸른 바다〉로 대표되는 오키나와 이미지는 기지의 현실과 관광 리조트화의 현실을 별개의 차원으로 분석하는 정치적인 기능을 수행해온 것이다. 물론 양자는 오키나와의 좁은 섬 공간 안

NHK드라마 〈츄라 상〉으로 관광명소가 된 고하마지마의 풍경

에서 서로 접근하고 종종 영향을 주고받아 왔지만, 오키나와 이미지의 매개에 의해 기지와 관광은 마치 관계가 없는 것처럼 병립해왔다. 나는 이 상황을 평행적 세계의 병립, 또는 리얼리티의 이중성이라 명명하면서 이 책의 기본적인 시점으로 삼고 싶다. 그리고 이 이중성을 성립시켜 온 오키나와 이미지를 주제로 다루고자 한다.

도쿄에서 본 〈오키나와〉, 오키나와에서 본 〈오키나와〉

최근 오키나와가 전국적으로 주목을 받으며 침투한 계기로서 2000년 7월 규슈·오키나와 정상회담이나 슈리성 2000엔권 발행, 2001년 4~9월의 NHK 아침 연속 텔레비전 소설 〈츄라 상〉(덧붙여 2003년 봄의 〈츄라 상 2〉, 2004년 가을에는 〈츄라 상 3〉이 방영되었다. 정상회담 보도나 〈츄라 상〉에서는 오키나와의 〈푸른 바다〉나 독특한 문화가 시각적인 형태로 강조되고 있었다. 이러한 보도나 묘사가 오키나와에 대한 관심을 높이고, 〈푸른 바다〉의 리조트, 건강식품, 아와모리, 산신 등의 인기와 연결되어 간다.

무엇보다 실제로 오키나와에 생활하고 있는 오키나와 현민 중에는 이러한 상황에 대해 자신의 생활감각과의 갭이나 위화감을 느끼는 사람도 많다. 그래서 나는 시험 삼아 〈츄라 상〉 방영이

시작한 후 바로 류큐대학에서 담당하는 수업에 〈츄라 상〉의 한 장면과 규슈 · 오키나와 정상회담의 리셉션에서 상영된 아무로 나미에의 〈네버엔드〉, 그리고 전통예능 비디오를 학생들과 보면서 검토해보았다. 학생들의 감상 중에는 '출연자의 우치나구치ウチナーグチ 오키나와 방언에 위화감이 있다', '불필요하게 바다가 등장한다', '남국, 리조트라고 하는 이미지를 영상화해서 오키나와를 지나치게 단순화하고 있다', '멀리 떨어진 섬의 해변에서 산신을 연주하며 춤추는 행동은 오키나와 사람이라면 하지 않을 것이다', '오키나와의 이미지가 점점 외부에서 만들어지고 있는 듯한 느낌이 든다' 등, 위화감을 나타내는 것이 많다. 이러한 감상들은 〈오키나와〉를 둘러싸고 나타나는 '이미지와 현실과의 엇갈림'에 대한 감각이다.

한편 본토 사람들에게는 〈오키나와〉가 어떻게 비춰지고 있을까. 나는 거의 동일한 시기, 도쿄의 대학생 · 대학원생의 협력을 얻어 '오키나와의 이미지'에 대해 간단한 자유회답식 앙케이트를 실시했다. "〈오키나와〉라고 하면, 구체적으로 어떠한 이미지가

리얼리티|reality
사회학에서 '리얼리티'라고 할 때, 객관적이고 물리적인 현실을 가리키기보다는 사람들이 현실을 '이것이 현실'이라고 받아들이는 감각, 주관적인 현실감각을 가리키는 경우가 많다. 나아가 '현실'이란 객관적 · 물리적으로 발생한 현실과 그것을 사람들이 지각하고, 의미부여하는 주관적 현실이 합쳐진 것이라고 할 수 있다.

KEY WORD

떠오르십니까?"라는 질문에 대해서는 148명 중 89명, 총 60퍼센트가 '바다'를 들었다. 특히 많은 수의 응답이 '푸른 바다', '바다가 예쁘다'였다. '일본에서 가장 아름다운 바다가 있다'고 응답한 사람도 있다. '바다가 예쁘고, 백사장이 있고, 푸른 하늘이 있다'와 〈푸른 바다〉를 〈푸른 하늘〉, 〈흰 백사장〉이나 〈붉은 히비스커스〉의 남국 이미지와 연관지어 생각하는 사람도 있다(물론 일부는 기지나 오키나와 전투의 이미지 같은 문제의식을 가진 사람도 있지만).

이는 파랑·빨강·흰색 등의 색채감각으로 충만한, 미적으로 시각적인 〈오키나와〉 이미지이다. 오키나와의 미적인 가치가 과장된다는 점에서 오키나와 일상생활의 보다 전체적인 리얼리티와의 사이에 어긋남이 발생하는 것은 필연적이다. 〈오키나와〉 이미지와 실제 생활과의 차이에 당황하는 오키나와의 대학생과 〈오키나와〉 이미지에 길들여진 도쿄의 대학생과의 대조가 실로 뚜렷하다.

주관적인 지리: 조작할 수 있는 원근감각

'오키나와'를 떠올리는 것만으로 바로 시각화된 〈오키나와〉 이미지가 떠오르는 데는 텔레비전·영화·사진잡지·광고·인터넷 등, 다양한 시각 미디어에 우리 자신이 일상적으로 접해 있기 때문이다.

예를 들어 거실에서 〈츄라 상〉을 볼 때, 〈오키나와〉는 텔레비전의 화면을 통해 각지의 가정과 연결된다. 오늘날 미디어와 공간 사이에는 밀접한 관계가 성립하고 있다. 시각 미디어는 우리들의 일상생활 속으로 침투해 공간 이미지를 만들어내고 있다. 이것을 통해 〈오키나와〉 이미지도 전국적으로 확산되고 있다.

다시 말하면 본토와 오키나와 사이의 바다를 가로막던 물리적·객관적인 거리의 원근이 시각 미디어의 효과에 의해 이미지·주관의 영역에서는 자유롭게 조작할 수 있게 되었다. 본토에서 볼 때는 머나먼 남국의 섬 오키나와가 공간을 초월해서 텔레비전 화면상으로 바로 가깝게 볼 수 있게 된 것이다. 영상·사진의 시각적인 복제기술은 풍경이나 공간을 복사할 수 있게 되었다. 따라서 객관적 거리가 멀어도 주관적으로는 오키나와에 친근감을 느낄 수 있다.

아메리카의 문명사가 부어스틴Daniel Boorstin은 일찍이, 현대인은 '이국적인exotic 것을 그 이국성을 상실하지 않고 일상의 경

심상지리

최근, 지리학이나 도시론을 위시해 다양한 분야에서 주관적인 지리, 심상지리의 문제가 자주 논의되고 있다. 그 배경을 조금 생각해보면, 글로벌화나 교통·미디어 등의 발달 등에 의해 사람·사물·돈·정보의 이동·교류가 활발해졌고, 그 때문에 물리적·공간적인 '가까움'은 기본 전제가 아니게 되었음을 알 수 있다. 사람들은 멀리 떨어진 대상과도 간단히 접촉할 수 있다. 로컬한 세계가 절대적·고정적인 것이 아니게 되고, 장소에 대한 주관적 이미지나 지식이 갖는 의미가 중요해지게 된 것이다.

KEY WORD

험으로 바꾸어갈 수 있다는' 기대를 과도하게 갖고 있다고 지적했다. '익숙해진 것'의 세계 속으로 '진기한 것', '이국적인 것'이 편입되어 소비되는 상황이다. 이는 일본인에게 있어 〈오키나와〉도 마찬가지이다. 각 가정의 일상 속에서 바로 옆에 있는 텔레비전에서 저 멀리 떨어진 〈남국의 낙원〉이 방영된다. 익숙한 텔레비전의 세계(예를 들어 아침 드라마)에, '일본에서도 독특한 오키나와의 자연과 문화'의 이국성이 연출되고 시각적으로 소비되고 있다.

시각 미디어를 통한 〈오키나와〉 이미지의 소비는 지리적으로 떨어진 오키나와로부터 그 이미지를 도려내서 〈오키나와〉를 가까운 것으로 끌어당긴다. 하지만 동시에 저 멀리 떨어진 〈남국의 낙원〉으로서의 거리감각은 그대로 유지되기도 한다. 지리적인 원근의 감각이 보다 주관적으로 조작 가능하게 된 것은 명백히 시각 미디어의 효과이다.

이미지의 현실 구축력

시각 미디어의 발달과 함께 공간이 이미지화되고, 이미지가 공간에 구현되듯이 이미지와 공간이 서로 침투하는 사태가 진행되고 있다. 오늘날 특정 지역이나 공간을 생각할 때, 이미지의 작용을 생각해야 할 중요성이 점차 커지고 있다. 오키나와에 관해서도 〈푸른 바다〉로 대표되는 오키나와 이미지의 연구는 오늘날의 오키나와를 생각하는데 있어 중요한 소재를 제공하고 있다. 하지만 선행 연구를 검토했을 때 시각적 오키나와 이미지를 내재적·체계적으로 다룬 연구는 아직 적으며 이제 막 시작했을 뿐이다.

물론 오키나와 연구 전반이라면, 방대한 연구가 축적되어 있으며, 뛰어난 지식의 축적이 이루어져 왔다. 오키나와 연구는 이렇듯 많은 반면, 오키나와 이미지의 연구가 적은 이유는 왜일까. 이는 전쟁·기지·운동·개발 등 오키나와 고유의 현실이 너무나 특이하고 농밀했던 것에 커다란 이유가 있는 것은 아닐까. 종래 많은 연구가 오키나와의 독특한 현실에 초점을 맞춰온 것이다.

하지만 그것만은 아니다. 이제까지 오키나와 이미지의 연구가 불문에 부쳐져 온 이유는 이미지 자체의 포착하기 힘든 특징 때문이기도 할 것이다. 원래 이미지란 실체가 없기 때문에, 포착할 수 없다는 인상이 있다. 그래서 우리는 '그것은 이미지에 지나지

BOOK GUIDE

『沖縄を知る事典』編集委員会編, 『沖縄を知る事典』 日外アソシエーツ, 2000年·同編, 『沖縄を深く知る事典』 日外アソシエーツ, 2003年

오키나와를 알고 싶어 하는 사람들에게 우선 추천하는 두 책. 읽을거리로서 차분히 음미할 수 있는 사전. 첫 번째 책은 오키나와 전투·점령·여성·생활·기지·복귀·운동·문화 등의 시점에서, 두 번째 책은 '일본·아메리카의 상극', '여성', '인근 섬들', '언어'의 시점에서 오키나와의 여러 다양한 모습을 보여주고 있다. 항목별 해제가 붙어 있는 참고문헌으로 더욱 깊이 있게 배울 수 있다. 용어해설·색인·부록자료도 충실.

않는다. 진정한 현실은 별개의 영역에 있다'라는 '이미지/현실' = '허상/실상'이라는 이분법적 발상을 하기 쉽다. 확실히 그렇게 생각하는 것이 타당한 경우도 많다. 하지만 다른 한편으로 현실에서 이미지가 매우 중요한 역할을 하고 있다는 것은 정치나 마케팅을 위시한 각 분야에서도 상식이 되고 있다. 이미지는 일개의 '현실에 반反하는 것'만이 아니라, 그 자체가 현실을 구축하는 힘을 가지고 있기도 한 것이다. 이러한 이미지의 현실 구축력을 생각하는 데 있어 사회학은 어떠한 시점을 가질 수 있을까.

이미지가 현실을 복잡하게 한다

이미지 연구의 대표적 고전으로서는 리프먼W. Lippmann의 '의사疑似환경' 론이나 앞에서 다룬 부어스틴의 '의사이벤트' 론 등이 있다. 리프먼은 1922년의 저서 『여론』에서 현실을 머릿속에서 단순화한 이미지를 '의사환경'으로 파악했다. 그리고 매스미디어가 대량으로 만들어내는 의사환경이 현실환경을 억압하고 사람들이 단순하게 치우친 스테레오 타입에 지배될 위험성을 경고했다. 즉 그는 이미 1920년대의 시점에서 〈이미지와 현실의 어긋남〉의 문제를 예리하게 지적하고 있었던 것이다.

하지만 그로부터 40년 후인 1962년, 부어스틴은 리프먼의 견해를 받아들이면서도, 보다 고도의 테크놀로지가 발달함에 따라 리프먼이 전제한 '실재/표상', '현실/이미지'의 구분 자체가 이미 성립할 수 없는 상황이 발생하고 있다고 논했다(원저명은 The Image). 그는 20세기의 미국에서는 사실과 미디어의 관계가 역전했다고 말한다. 즉 일어난 사건을 미디어가 전하는(사실→미디어) 것이 아니라, 역으로 미디어가 사실을 인위적으로 만들어내게 되었다(미디어→사실). 그는 이 인위적으로 창출된 사건을 '의사이벤트'라고 부르고 있다. '이미 존재하는 객관적인 현실을 주관적인 표상·이미지가 충실하게 포착하는' 것이 아니라, 오히려 반대로 표상·이미지가 능동적으로 현실을 산출해가는 사태이다.

그에 따르면 의사 이벤트화 되는 것은 사건만이 아니다. 인간도 '유명인'으로서 또한 공간·장소도 '관광지'로서 의사이벤트화 되었다는 것, 결국 인공적으로 창출 되었다는 것이다. 그렇다면 왜 이러한 사태가 발생하는 것일까. 그에 따르면 복제기술혁명=사진·영상 등의 기술의 발달에 의해, 이미지의 복사가 가능해지고, 매스미디어에 의해 이미지의 대량생산이 가능하게 된 것이 큰 이유이다. 그 결과 우리들의 경험 대부분이 의사이벤트가

표상

바깥에 있는 어떤 대상을 사람의 주관에 비춰낸 모습. 마음에 그릴 뿐만 아니라 회화·문장·그림·사진·영상·소리 등으로 표현되기도 한다. 대상을 눈앞에 두고 지각하는 경우나 과거에 지각한 대상의 기억을 생각해내는 경우, 실제로는 지각하지 않을 것을 상상하는 경우가 있다. 또한 이 책에서는 이미 존재하는 현실을 표상이 충실히 반영하는 것이 아니라, 표상 그 자체가 독자적 성질을 갖고 반대로 현실을 만들어가는 작용을 고찰하기도 할 것이다.

KEY WORD

되어버렸다는 것이다.

이미지가 증식해서 우리를 에워싸는 정보환경을 만들어내고 있다. 그러한 현대사회를 포착하는 데는 '이미지/현실'='모조품/진품'이라는 단순한 이항대립도식이 이제는 유효성을 상실해가고 있다.

단지 그렇다면 부어스틴 자신이 쓰는 '의사'라고 하는 형용사도 이제는 부적절한 것이 아닐까. 실제로 그는 의사이벤트와는 별개의 차원에 '진정한' 현실이 있다고 상정하고 있고, 더욱이 거기에는 '후자의 체험 쪽이 가치가 있다'고 하는 가치판단도 깃들어 있었다. 이 점에서는 그 역시 리프먼과 동일하게 '이미지/현실'='허상/실상'의 이분법을 여전히 갖고 있었다.

하지만 그의 이미지론으로부터는 지금도 배울 점이 많다. 특히 주목해야 할 것은 '스테레오타입에 의한 경험의 단순화'라는 리프먼의 시점을 넘어, '의사이벤트에 의한 경험의 복잡화'라고 하는 완전히 정반대의 시점을 부어스틴이 제시하고 있다는 점이다. 다시 말하면 이미지는 우리들의 경험을 단순화하는 것이 아니라, 새로운 현실을 만드는 힘을 가진다는 사실 때문에 반대로 우리들의 사회적 경험을 복잡하게 만들어간다. 이 시점은 우리들이 오키나와 이미지를 둘러싼 현실을 생각해 갈 때에도 유효한 견해를 제공해 줄 수 있을 것이다.

> **리프먼의 시점**
> 현실 ↔ 이미지
> 어긋남
> '이미지는 현실을 단순화함'

> **부어스틴의 시점**
> 현실 ↔ 이미지
> 잘 구별되지 않음
> '이미지는 복잡한 현실을 만들어냄'

'이미지에 대한 실태의 우위'라는 발상을 넘어, 관계성의 사고로

다시 말해, 〈츄라 상〉이나 정상회담에서 시각화되어 연출된 〈오키나와〉이미지는 단순히 현민의 생활실태와의 어긋남을 보여주며 현실을 반영하지 못한 제작품에 지나지 않는다는 견해로 완전히 회수되는 것일까. 오히려 연출된 〈오키나와〉이미지도 오키나와를 둘러싼 현실의 복잡한 현실의 일면을 만들어내고 있는 것이다.

보다 일반적으로 말하면 다음과 같다. 일본 복귀·해양박람회 이후, 오키나와는 일본의 관광 리조트로서 '푸른 바다'로 충만한 '남국의 낙원'이라는 미적인 이미지를 할당받았다. 하지만 그렇다고 해도 실제로는 기지문제·환경문제·산업의 정체·높은 실업률 등 보다 생생하고 심각한 여러 문제도 여전히 끌어안고 있는 것이다. 이러한 단순한 〈이미지〉와 복잡한 〈실제〉가 서로 나란히 진행되고 있는 평행적parallel 현실, 이것을 나는 '리얼리티의 이중성'이라고 부르고 싶다.

확실히 관광 리조트로서의 〈오키나와〉 이미지는 실제로 생활하고 있는 130만 오키나와 현민에게는 단순히 만들어진 것으로 비칠지 모른다. 하지만 오히려 실제로 관광은 이제 연간 500만 명의 관광객을 끌어들이는 오키나와 현의 기간산업이다. 그 가운데 〈오키나와〉 이미지가 중요한 정치적·문화적 자원이 되고 있는 것도 또한 현실인 것이다.

KEY WORD

이원론에서 이중성으로

'이미지인가 현실인가'라는 '이것 아니면 저것'과 같은 양자택일적인 발상은 '주관인가 객관인가', '관념인가 경험인가' 등 철학이나 사회학의 역사에서도 계속 이어져 왔지만, '달걀이 먼저냐 닭이 먼저냐' 같은 측면이 있다. 이러한 이원론적 발상이 잘 행해지는 것은 두 개의 대립에 의해 사실을 알기 쉽게 할 수 있기 때문이지만, 반대로 단순화의 문제도 있다. 이에 반해 이 책은 '이것도 저것도'라는 사고방식을 취하며 '이미지와 현실의 관계'를 묻는 이중성의 시점을 취한다. 이 입장은 사회학자 기든스A. Giddens가 사회학의 이원론dualism에 대신해 구조의 이중성duality을 제시한 것에서 힌트를 얻었다.

결국 '이미지에 대한 실제의 우위'라는 상식적 발상을 넘어, 부어스틴이 보여준 '단순한 이미지에 의한 경험의 복잡화'로 시점을 전환해갈 필요가 있다. 그리하여 단순한 〈이미지〉와 복잡한 〈실제〉가 서로 만들어가는 리얼리티의 이중성, 혹은 양자의 밀접하면서 파악하기 힘든 관계를 상세히 규명해갈 필요가 있다. 〈이미지/실제〉의 이분법을 전제로 해서 허상의 이미지에 대해 실상을 치켜세운다는 논리만으로는 현대사회의 복잡함을 포착하기 힘들다. 〈오키나와〉 이미지는 결코 단순히 외부로부터 강압적으로 부여받은 것만은 아니다. 현민의 생활이나 현 내의 산업, 자치체 행정 등의 내부에서도 그러한 이미지는 일상적으로 수용되고, 현실에 나타나 자신들의 아이덴티티의 일부를 구성해가는 현실적인 효력을 가져 왔다. 그 과정을 보다 상세히 고찰할 필요가 있다.

이 책의 기본적 시점: 知가 현실을 만든다.

오키나와 이미지는 바야흐로 오키나와의 현실을 새롭게 구축하는 힘을 갖고 있으면서 동시에, 오키나와 이미지 그 자체가 오키나와를 둘러싼 현실의 일면을 만들어내고 있다.

한편, 지금까지 베버나 뒤르켐의 종교사회학, 푸코나 부르디외, 코르뱅 등의 프랑스 사회사·사회학, 문화연구에서의 미디어 연구 등의 조류가 문제제기해 온 것은 '지와 현실의 관계'이자, '표상과 현실의 관계'였다. 이러한 물음을 오키나와에 대해서도 '이미지와 현실의 관계'라는 형태로 독자적으로 문제제기하고 싶다. 그러한 의미에서 본서의 기본적 시점은 이들의 계보를 계승하면서도 교차시키는 위치에 있다.

'현실이 우선 있고, 그것을 포착하는 이미지가 있다는 '현실→이미지'의 도식(현실실재론)을 멈추고 반대로 생각해보자. 즉 '(특정의 문맥 속에서 만들어진) 이미지가 새로운 현실을 만든다'고 하는, '이미지→현실'(현실구성론)이다. 이에 의해 오키나와의 〈푸른 바다〉나 〈남국〉, 〈문화〉 등 이제까지 당연하게 '존재한다'

PERSON

막스 베버(Mac Weber,1864~1920)
독일의 사회학자. 대표작 『프로테스탄트윤리와 자본주의 정신』에서 관념이나 신앙이 현실을 만들어가는 측면을 규명했다.

에밀 뒤르켐(Emile Durkheim 1858~1917)
프랑스의 사회학자. 대표작 『자살론』, 『종교생활의 원초적 형태』에서 사람들이 공유하는 집합표상이 현실의 사회에 토대를 갖고 있음을 규명했다.

미셸 푸코(Michel Foucault 1926~1984)
프랑스의 철학자 · 사상가 · 고고학자. 『광기의 역사』, 『감시와 처벌』, 『성의 역사』 등의 저서에서 지식과 권력의 관계를 규명했다.

피에르 부르디외(Pierre Bourdieu 1930~2002)
프랑스의 사회학자. 주저로 『구별짓기』 등 상징권력 · 상징투쟁 등의 개념을 구사해 표상과 현실, 문화와 사회의 관계를 규명했다.

알랭 코르뱅(Alain Corbin, 1936~)
프랑스의 역사가, 『해안 리조트의 탄생』, 『레저의 탄생』, 『풍경과 인간』 등 감성의 변용을 다루는 사회사로부터 이 책도 많은 시사를 받았다.

고 생각되어 왔던 것이 실제로는 인위적·사회적으로 만들어진 역사적 산물이라는 사실이 보이게 된다. 이 책에서는 오키나와의 〈자연〉, 〈바다〉, 〈아열대〉, 〈문화〉, 〈오키나와다움〉 등의 자명한 이미지를 차례차례 의문시하고, 그것들의 생성 과정을 고찰해간다. 이들 단어들에 〈 〉를 붙이는 것은 이러한 자명성을 되묻는 입장을 강조하기 위해서이다.

2개의 용어에 대해

이 책은 가독성을 높이기 위해 가능한 전문용어를 줄이고 있지만, '지가 현실을 만든다'는 것과 관련해서 이후의 논의에 불가결한 두 개의 용어가 있기 때문에 여기서 소개해두고 싶다. 우선 이 책은 푸코적인 '에피스테메' 개념을 응용한다. 이것은 '지가 권력으로서 작동한다'고 하는 그의 시점을 포함하고 있다. 내 나

구성주의

사회학이나 사회사 등에서 채용되는 현실을 바라보는 하나의 시점으로, '자연', '문화', '성별', '인종' 등 얼핏 보기엔 '원래부터 존재하는' 자명한 범주나 현실이 실은 특정한 역사의 흐름 속에서 사람들의 상호작용이나 담론 속에서 만들어진 인위적·사회적·역사적 산물이라는 것을 중시하는 입장. 더 자세한 내용은 우에노 치즈코上野千寿子 편, 『구성주의란 무엇인가構築主義とは何か』(勁草書房, 2001)를 참조. 반대 입장으로 예를 들어 '자연', '인간', '오키나와' 등에 원래 결정된 불변의 본질이 있다는 사고방식은 '본질주의'라고 한다.

KEY WORD

름대로 정의해본다면, 에피스테메란 사회를 일정한 방향으로 움직이고 변용시키며, 새롭게 틀 지우는 힘을 갖는 〈지〉의 틀이다. 제 1, 2장에서는 개발의 에피스테메, 속도와 이동의 에피스테메, 관광의 에피스테메라고 하는 3개의 에피스테메가 등장한다. 이들이 해양박람회를 계기로 서로 연동해가면서 복귀 후의 오키나와를 일정한 방향으로 변화시키고 그 공간적 리얼리티를 만드는 지의 권력 장치로서 작동하고 있었다는 사실을 본서는 명확히 밝히고자 한다.

또 하나의 중요한 용어는 기든스가 말한 '성찰성'(재귀성) reflexivity이다. 전통적인 사회와는 대조적으로 근대사회는 끊임없이 변동하는 사회이다. 사람들이 전통을 따르는 대신에, 지식·정보·사고를 그 때마다 이용해서, 새로운 상황에 대해 성찰적·반성적으로 대응하고, 스스로의 행동을 결정해간다. 근대사회의 이러한 측면을 '성찰성의 증대'라고 한다. 이 책은 관광이나 이미지에 관한 논의가 중심이 되기 때문에, 성찰성 중에서도 특히 〈미〉에 관련된 차원, 즉 미적 성찰성의 측면이 반복적으로 논의될 것이다.

PERSON

앤소니 기든스(anthony Giddens 1938~)
영국의 사회학자. 주저로 『근대란 어떤 시대인가』, 『친밀성의 구조변동』, 『성찰적 근대화』 등. 사회이론의 재검토를 통해 근대사회=모더니티의 분석을 정력적으로 수행해왔다. 세계적으로 영향력 있는 현대 사회학의 주도적 인물.

에피스테메나 성찰성은 '지가 현실을 만든다'고 하는 본 논의의 기본적인 시점을 나타내고 있기 때문에, 이것들을 염두에 두고 읽어나간다면 논의가 보다 이해하기 쉬워질 것이다.

오키나와 이미지를 만들어낸 문화장치: 오키나와해양박람회

오키나와 이미지가 인공적·역사적인 산물이라고 한다면 그것은 도대체 어떠한 과정을 거쳐 형성된 것일까. 이 책에서는 복귀 후의 오키나와에서 오키나와 이미지가 형성되고 관광 리조트·오키나와의 새로운 현상을 구축해간 프로세스를 명확히 밝히고자 한다. 그 주축은 1975(쇼와 50)년의 오키나와 국제해양박람회이다. 〈바다〉, 〈아열대〉, 〈문화〉라는 오늘날 오키나와 이미지는 복귀 전후인 1970년대에 탄생, 해양박람회를 통해 확립된 것이다.

그런데 이제까지 이 복귀기념 이벤트 해양박람회에 대한 오키

전통사회 → 근대사회
기든스에 의한 역사의 대략적인 분류로, 모더니티의 특성을 명확히 하기 위해 사용. 이 이행과 함께 전통은 재귀성/성찰성으로 대체된다. 전통사회에서는 사람은 전통에 따라 살면 됐다. 오늘날 우리들은 어떻게 살아갈 것인가를 스스로 결정하지 않으면 안 된다.

KEY WORD

나와 현 내의 여론은 거의 확정되어 있다. "복귀 후의 오키나와 경제의 '기폭제'가 되었어야 할 터인데, '자폭제'가 되버렸다"는 것이다. 연구자들의 해양박람회에 대한 분석·평가도 다수가 동일한 평가를 내리고 있다. 이는 주로 해양박람회가 오키나와의 경제에 어떠한 영향을 주었는가를 말해왔음을 의미한다.

하지만 본서에서는 해양박람회를 문화의 시점에서도 파고 들어가면서 재검토하고 싶다. 지금까지의 해양박람회 연구는 한결같이 해양박람회와 외부 요인(오키나와의 경제·개발·사회)과의 관계에 관심을 기울이면서 해양박람회 그 자체의 내용까지는 파고 들어가지 않았다. 최근 요시미 슌야나 미우라 아쓰시三浦展, 하시즈메 신야橋爪紳也 등의 연구자들에 의해 박람회의 내용을 검토하는 작업도 이루어지고 있지만, 오키나와해양박람회에 한해서는 이러한 종류의 연구는 전혀 없었다. 이 책은 해양박람회와 오키나와 사회와의 외적인 관계를 묻는 작업(제 1부, 제 3부)과 해양박람회의 내용 분석(제 2부) 양자를 함께 수행하면서, 오키나와에서 해양박람회가 이루어낸 기능을 보다 전체적으로 고찰하고 싶다.

오키나와의 일본 복귀 기념 이벤트가, 또 경제 진흥의 계기가

PERSON

요시미 슌야(吉見俊哉 1957~)
일본의 대표적 문화연구자. 저서로 『박람회의 정치학』, 『도시의 드라마투르기』, 『미디어 시대의 문화사회학』, 『문화연구』 등 다수. 문화의 정치를 둘러싼 감칠맛 나는 이야기에는 정평이 있다. 지식의 국제적 교류에도 힘을 기울여 국제 심포지움 〈컬추럴 타이푼〉의 운영위원 중 한 명이기도 하다.

왜 해양박람회가 되었던 것일까. 박람회나 스포츠 이벤트(올림픽, 월드컵, 국민체육대회)와 같은 시각적 문화 이벤트는 국가의 정책이나 경제 진흥과 연결되는 것이 상례다(규슈 · 오키나와 정상회담(2000년)도 정치 쇼로서 동일한 효과를 발휘했다). 이러한 문화를 둘러싼 정치를 그 이벤트의 문화 내용에 대해 외재적인 시점에서 검토하는 것뿐만 아니라, 이벤트의 내용도 분석하는 것에 의해 문화 내부에서의 정치의 측면을 내재적으로 검토할 수 있다. 해양박람회에서 구체적으로 어떠한 전시가 이루어지고 어떠한 세계(관)가 표출되었는가. 거기서부터 이후의 오키나와에 부여된 방향을 읽어낼 수 있을 것이다.

만국박람회는 19세기 중반 이래, 새로운 테크놀로지를 사용해 〈미래〉의 이미지를 시각적 · 공간적으로 체현하고 관객을 매료시켜 왔다(제 3장). 더욱이 그 〈미래〉 이미지는 새로운 현실의 모델로서 기능해왔다. 예를 들어 미싱이나 타이프라이터, 축음기, 텔레비전 등의 전시는 그 후의 일상생활에 실제로 편입되어갔다. 또한 파리의 에펠탑이나 시카고의 관람차 등 박람회의 건축

三浦展, 『家族』と『幸福』の戦後史』講談社現代新書, 1999
일본의 교외형 가족의 현상을 사고하는 데 있어 미국적 풍요의 모델을 제시한 1939년 뉴욕의 만국박람회를 검토하고 있다. 읽기 쉽고 재미있는 책. 미우라의 책으로는 그 외에도 『マイホームレスチャイルド—今どきの若者を理解するための23の視点』(クラブハウス, 2001)을 추천.

BOOK GUIDE

물은 그 후의 도시개발 모델, 혹은 도시의 일부가 되기도 했다. 그렇다면 오키나와해양박람회는 어떠한가. 그 구체적 내용은 어떠한 〈미래〉 이미지를 제시하고, 어떠한 형태로 그 후의 〈오키나와〉 이미지의 방향성과 함께 오키나와의 새로운 현실 모델을 제시한 것일까. 제 2부(제 3-5장)에서는 이 문제의식으로부터 해양박람회의 내용을 구체적으로 검토해간다.

단 이러한 내용분석만으로도 충분하지 않다. 동시에 해양박람회라고 하는 거대 이벤트를 당시의 오키나와 사회와의 관계에서 고찰하는 작업도 중요하다. 즉 해양박람회는 복귀 전후의 오키나와의 문맥 안에서 만들어졌다고 하는 문맥의존성과, 복귀 후의 오키나와에 대한 새로운 문맥의 방향을 만들어간다고 하는 문맥제시성이라는 특징을 함께 갖고 있다. 따라서 제 2장에서는 오키나와 진흥개발계획의 문맥에서, 제 6장에서는 현민의 여론 속에서, 제 7장에서는 오키나와의 관광 리조트화의 문맥에서 해양박람회를 자리매김할 것이다. 그리고 최종적으로는 모든 장이 유기적으로 연결되어, 해양박람회를 계기로 한 오키나와 이미지의 탄생을 전체적으로 명확히 제시하는 것이 가능할 것이다.

이 책의 효용

이 책에 있어 주요한 3개의 축은 개발·박람회·관광이다. 이들은 모두 정치·행정·경제·산업·경영·마케팅·지역개발·

미디어 · 문화 · 레저 · 공간 · 환경 · 건축 · 조원造園 등 다양한 여러 영역이 관련되어 가는 통합적인 현상이다. 이를 위해 이 책의 논의도 필연적으로 이들 영역들과 연결되어 있고 여러 방향에 걸쳐 있다. 이들 영역에 새로운 이해의 지평을 개척하고, 이후의 다양한 작업에도 도움이 된다면 다행이겠다.

또한 이 책은 오키나와를 직접적 대상으로 하고 있지만, 다른 국내외의 지역연구에도, 또한 개발 · 박람회 · 관광이나 그 인접 영역의 연구에도 일정한 견해를 제공할 수 있다고 자부하고 있다. 본 연구를 하나의 사례연구로서 다양한 연구에 활용해준다면 좋겠다.

또한 이 책은 전문적인 내용을 다수 포함하고 있지만, 연구자

KEY WORD

문화의 정치학

일반적으로 정치학은 정치의 영역을 대상으로 하지만, 정치의 영역 이외에도 넓은 의미의 정치성이나 권력의 문제는 도처에 있다. 다양한 문화도 정치성이나 권력의 문제와 결합되어 있기 때문에, 이것을 읽어내는 시도를 문화의 정치학이라 부른다. 이 책에서는 문화의 정치학을 '문화를 둘러싼 정치'나 '문화 속의 정치'로 구분해, 문화의 주변에서 꿈틀거리는 정치와 문화의 내용 그 자체로 표현된 정치성의 양자를 파악하는 입장을 취한다.

문맥(context)

문화연구에서는 '텍스트와 컨텍스트의 관계'가 잘 거론된다. 특정 문화작품의 텍스트(내용) 분석만으로는 일면적이며, 그 문화 텍스트(여기서는 해양 박람회라는 거대 이벤트)가 어떤 역사적 · 사회적 문맥 속에 위치해 있고, 그것이 또한 어떠한 사회적 영향을 미치고, 새로운 문맥을 만들어가는가가 중요하다.

나 전문가뿐만 아니라 넓은 범위의 일반의 독자도 읽을 수 있도록 최선을 다해 이해하기 쉽고 명쾌하게 쓰려고 주의를 기울였다. 오키나와 현민이나 오키나와 출신은 물론, 오키나와 마니아들, 여행이나 바다, 박람회, 테마파크, 이벤트 등을 좋아하는 사람들이 가볍게 읽을 수 있으면 하는 바람을 가져 본다.

이 책은 완전히 새로운 오키나와 이야기의 스타일을 지향했다. 독자 분들이 각자의 입장에서 한 권의 책으로서 재미있게, 스릴 넘치게 읽어주신다면 더할 나위 없는 기쁨이겠다.

제1부

〈개발〉로서의
오키나와해양박람회

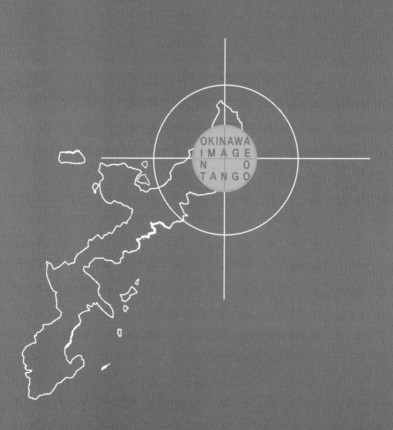

제1장
올림픽과 만국박람회에 의한 국토와 국민의 〈개발〉

복귀 후의 오키나와 사회를 이해하기 위해 우선, 그 전단계로서 일본 열도의 문맥을 파악해 둘 필요가 있다. 오키나와는 1972(쇼와 47)년에 복귀하자마자, 일본 사회 전체의 격동의 파도에 휩쓸려 들어가기 때문이다. 본장에서는 1960년대~70년대 초 고도성장기의 본토에 초점을 맞춰, 복귀 후의 오키나와에 흘러들어가는 여러 가지 요소를 모아 정리해두고 싶다. 특히, 도쿄올림픽(1964년)과 오사카만국박람회(1970년)라고 하는 2대 이벤트는 고도성장기 일본의 내셔널한 이야기로서, 많은 사람들의 기억에 남아 있다. 이들의 흐름이 복귀 후의 오키나와에는 해양박람회와 연결되어 갔다.

덧붙여, 이 장의 테마는 〈개발〉이다. 하지만 계속 읽어나가면, 여기서의 〈개발〉이란 단순히 경제적인 것만이 아니라, 〈개발〉 그 자체의 의미가 확장된다는 것을 알게 될 것이다. 그것은 보다 다면적으로 문화나 오감五感, 미의식의 영역에까지 미치며, 우리들 생활의 전역을 뒤덮는, 보다 포괄적인 것이라는 것이 분명해질 것이다.

1. 국토개발의 시선과 역학

〈국토〉와 〈국민〉의 평행적parallel 통합

우선 중요한 것은 이 시기 대규모 국토개발의 움직임이다. 전국통합개발계획은 1962(쇼와 37)년, 고도경제성장의 도상에서 책정되었다. 1960년의 국민소득배증계획에 의해, 태평양 벨트 지대를 중심으로 공업화가 이루어진 결과, 과밀·과속이나 지역간 격차가 문제가 되어, 국토전체를 개발해야 한다는 문제의식에서 전국통합개발계획이 수립되었다. 하지만 이 계획은 잘 진행되지 않았고, 지방에 확대된 것은 오히려 공업화에 의한 공해라고 하는 부작용이었다.

하지만 중요한 것은 이 계획에 의해 이 시기 〈국토〉의 공간을 통제의 대상으로서 대규모로 변화시켜 가는, 개발의 지知가 만들어졌다는 것이다. 수도권·긴키·쥬부·홋카이도·도호쿠·호쿠리쿠·쥬고쿠·시코쿠·규슈의 9개 블록으로 나누어진 국토공간은 중앙에 의한 개발의 시선에 응시되어 새로운 형태로 통합되어간다. 복귀 후의 오키나와진흥개발계획도 이러한 국토정책의 일환이었다.

한층 중요한 것은 이러한 〈국토개발〉의 지가 탄생하는 당시의 정치적인 문맥이다. 전국통합개발계획의 원류이기도 한 소득배

증계획에는 1960년대의 안보투쟁으로부터 국민의 관심을 돌리려는 의도가 내포되어 있었다. 국민의 정치적 불만을 급속한 '경제성장'을 통해 길들여가는 것이다. 1960년대의 경제주의 노선은 그 자체 정치적 안정과 국민통합의 목표를 감추고 있는 것이었다.

다시 말하면, 전국통합개발계획은 개발에 의한 〈국토〉의 통합을, 고도경제성장은 경제에 의한 〈국민〉의 통합을 동시병행해서 진행시키고 있었다. 이 시기 〈일본인〉은 자신들을 에워싸는 국토공간의 극적인 변용을 지켜보면서, '경제성장' 신화를 공유하는 캡슐 안에 스스로 들어가 있었다. 무엇보다도 이러한 국토와 국민의 통합은 실제로는 정부가 의도한 대로 진행되지 않고, 많은 왜곡과 비판을 낳았다. 말하자면 이 시기, 전국통합개발계획과 고도성장의 거대한 파도에 〈국토〉와 〈국민〉이 에워싸인 채 방향이 정해진 것은 분명하다.

게다가 이러한 경제주의의 공기 속에서, 군사문제의 처리는 안보개정에 의해 미국에 위탁되어 외

[그림 1-1] 신산업도시·공업정비특별지역지정상황도

부로 귀속되었다. 그 외부 귀속의 장소가 복귀 이전의 오키나와였다. 당시 오키나와는 문자 그대로 일본의 〈외부〉였기 때문에 전국통합개발계획의 내셔널한 경제정책으로부터는 배제되었다. 하지만 군사 면에서 오키나와는 〈외부〉이기 때문에 오히려 일미 안보의 거점이 될 수 있었다. 베트남 전쟁이 격화되던 1965년, 본토 미군기지의 B52 폭격기는 일단 오키나와를 경유해서 북베트남 폭격을 위해 날아갔다. 〈경제적 외부/군사적 위탁〉이라고 하는 2개의 평행적인 오키나와의 방향 짓기. 이는 복귀 후 오키나와의 기지와 경제 진흥의 연결linkage, 양자의 리얼리티의 이중성의 맹아가 되는 것이었다. 이미 오키나와는 1960년대 일본 정부의 군사/경제정책의 속에 편입되었고 독특한 위치를 부여받았던 것이다.

신전국통합개발계획과 '열도개조'

공해 열도화가 진행되어감에 따라 거대개발에 대한 비판이 고양되자, 전국통합개발계획은 재검토의 압박을 받았다. 하지만

KEY WORD

지식/知(=에피스테메)
이미 언급한 것처럼 이 책에서 '知'라고 할 때, 푸코의 '지식과 결합'이라는 의미를 내포하고 있다. 현실을 일정한 형태로 만들어가며, 사람들의 인식이나 해석, 평가의 틀을 결정지어 가는 듯 한 지식의 권력 작용이다. 〈개발〉의 知는 복귀 후의 오키나와의 가장 밑바닥에서 기동력을 발휘했다는 것이 이 책의 시점이다.

1969년에 발표된 신전국통합개발계획은 이러한 여론에 역행해서, 1970년대에도 고도경제성장을 계속해서 추진해가고 있었다. 그 구체적인 정책은 **교통·통신망의 정비**였다(이후의 논의에서는 이것이 중요). 제트항공기·공항·신칸센·고속도로·항만 등의 고속교통 시스템을 확립하고, 전화나 정보통신에 의한 통신망을 정비한다는 것이다. 7대 중핵도시를 연결하는 주축 루트를 선행적으로 정비하고, 좁고 긴 일본열도의 '시간거리'를 단축한다면, 지역간 격차를 해소할 수 있다는 것. 이 네트워크를 이용한 대규모 공장기지 건설을 예상하고 있었다.

이러한 신전국통합개발계획의 이념을 일반에게 널리 알린 것이 1972년 6월에 출판된 다나카 가쿠에이多中角榮의 『일본열도개조론』으로, 이 책은 80만부를 넘는 베스트셀러가 되었다. 그 해 7월 총리대신이 된 다나카는 내각지지율 62%라는 순풍을 타고 당당히 '열도개조'를 실행에 옮겨간다.

하지만 막상 뚜껑을 열어보니, '열도개조'는 무시무시한 토지신화를 불러일으켰다. 개발을 기대한 기업의 토지매점을 유발함으로써, 지가는 급격히 올라갔다. 1972년의 지가는 전국연평균 30% 상승이었다. 하지만 1973년 가을에는 오일쇼크가 발발하면서, 신전국통합개발계획과 열도개조의 고도성장 노선은 일시에 늦춰졌다slow down.

오키나와가 복귀한 것은 실로, 열도개조론이 휘몰아치던 1972년이었다. 〈국토〉 전체가 광란에 빠져 있던 시기, '오키나와 현'은 편입되어, 극적인 혼란을 불러들일 운명의 길로 걸어 들어가고 있었다(제 6장 참조).

2. 도쿄올림픽과 오사카만국박람회에서 〈개발〉의 여러 모습

도쿄 · 오사카의 축제전략: 축제성과 실질성의 결합

복귀 후의 오키나와 진흥개발의 배경에는 이상과 같은 전국통합개발계획에서 신전국통합개발계획로의 대형프로젝트의 흐름과 동시에 도쿄올림픽이나 오사카만국박람회라고 하는 거대한 국제 이벤트의 흐름도 있었다. 전국통합개발계획 · 신전국통합개발계획이 공업을 기폭제로 해서 개발을 일본열도 전체로 확산시키는 일상적인 장치였다면, 대조적으로 올림픽과 만국박람회는 이벤트를 기폭제로 개발을 거대도시로 집중시키는 비일상적인 장치였다. 이 대조적인 장치는 서로 연관해서, 일상과 비일상의 양면에서 고도성장기 개발의 리얼리티를 편제해간다.

1964년 도쿄올림픽 개최가 결정되자, 도카이도 신칸센 · 고속도로 · 일반도로 · 지하철 · 호텔 · 상하수도 등, 관련공사사업=인프라 정비가 일제히 시작됐다. 올림픽 관련 사업비용 약 1조엔 가운데 경기장 건설 등 대회에 사용되는 직접적인 비용은 불과 300억 엔, 나머지는 인프라 정비 등의 간접경비였다. 그 중 약 80%는 교통망에 할당되었다. 이후 '세계도시 TOKYO'라는 대동맥의 기초는 이 시기 확립되었다. 동시에 분출하는 공해에 대한 대책이라든가, 전기 · 가스 · 수도 등 생활환경의 정비는 뒤로 미뤄졌다.

　뒤이어 오사카에서는 1970년에 만국박람회가 개최되어 6,421만 명의 관객이 동원되었다. 만국박람회는 도쿄올림픽의 간사이 판본으로서, 지역개발의 기대를 불러일으켰다. 도쿄올림픽과 거의 같은 금액인 약 1조 엔이 투자되었고 그 중 약 90%가 역시 교통체계의 정비에 충당되었다.

　올림픽과 만국박람회를 기점으로, 거대한 축제를 기폭제로 해서 공공사업을 집중시키고, 경제효과를 높인다고 하는 지역개발

KEY WORD

의 방식이 확립되었다. 다시 말하면 이벤트 문화의 **축제성**이 지역개발의 실질성과 결합되었다(제 3장 참조). 복귀 후의 오키나와는 이를 계승하는 타이밍이었다. 해양박람회와 오키나와진흥개발계획은 실로 이들 이벤트들을 뒤따르게 된다.

〈속도〉의 개발

한편 이들 이벤트 관련사업의 대부분이 교통망 정비였다는 것은 어떠한 의미가 있는 것일까. 올림픽과 만국박람회에 의해 변모한 것은 도쿄와 오사카 일대만은 아니다. 두 지역 사이를 잇는 도카이도 신칸센의 개통은 결정적인 교통혁명이었다. 그 완성은 1964년 10월 1일 올림픽 개회 직전에 맞춰 이루어졌다. 당시의 최신기술이 결집되어 도쿄-신오사카의 거리가 일거에 단축된 것이다. 동시에 고속도로도 급속히 건설되었다. 일본 최초의 고속도로인 메이신名神 고속도로의 개통도 올림픽 직전이었다. 이 해 승용차의 보급상황은 아직 58명에 1대였지만, 2년 후인 1966년에는 사니, 카로라 등의 대중차가 발매되어 본격적인 자동차시대에 진입한다. 이 해의 유행어는 '3C'(컬러텔레비전[color television], 자동차[car], 에어컨[cooler])였다. 1969년에는 도메이(東明) 고속이 전선 개통해서 메이신과 연결되어 고속도로의 교통량은 비약적으로 증가했다.

즉 도쿄올림픽과 오사카만국박람회를 사이에 둔 시대에, 이 양대 도시를 연결하는 형태로, 신칸센과 고속도로라고 하는 전례 없는 〈속도〉의 개발이 이루어졌던 것이다. 이 〈속도〉는 당시의 일본인에게 있어 실로 새로운 체험이었다. 그 결과 일본인의 이동성은 전례 없는 규모로 높아져 갔다. 실제로 만국박람회 회기 중에는 수천만 명이 넘는 국민들이 열도 전체에서 오사카로, 만국박람회를 보기 위해 민족적인 대이동을 하였다.

이는 일본열도에서 시간·공간의 양식이 근본적인 변용을 이루어가는 프로세스였다. 이 움직임은 앞서의 신전국통합개발계획의 네트워크 형성과도 겹쳐진다. 〈속도〉의 개발에 의해 일본의 국토공간은 새로운 시간의 양식과 결합되고 있었다. 그 결과, 국민에게 있어 지방적인local 장소는 목적지로 향할 때 통과하는 지점의 하나로 바뀌어간다. 사람들의 의식 지도mental map는 크

시간·공간의 양식

사회학적인 관점에서 시간이나 공간은 결코 객관적이고 고정적인 것이 아니다. 그 양태는 사회나 시대에 의해 다르며, 개인에 의해 주관적·감각적으로 '영위되는' 것이며, 끊임없이 변화할 수 있는 '의식지도'라는 표현도 그 점을 가리키고 있다. 여기서는 신칸센·자동차·고속도로라고 하는 〈속도〉의 테크놀로지의 도입이 시간·공간의 양식에 커다란 영향을 미쳤다는 것을 보여주고 있다.

덧붙여, 여기서 제시하고 있는 것처럼 어떤 사회·문화의 변용은 ①사회 ②테크놀로지(기술) ③시간·공간 ④신체(오감·신앙 등)라는 네 차원이 동시 병행적으로 상호작용하면서 진행해가는 것이다. 즉, 새로운 테크놀로지가 발명·도입되면 그것이 일방향적으로 사회를 변용시키는 것이 아니라 (←기술결정론. 예: '인터넷'이 사회를 바꾼다), 그 테크놀로지가 사회에 어떻게 편입되고, 사람들의 신체감각에 뿌리내리고, 의미부여 되면서 시간이나 공간의 존재방식을 변화시키는가의 요소도 중요하다(예: 휴대전화). 반대로 이들 요소는 테크놀로지의 발달의 방향을 좌우한다.

KEY WORD

게 바뀌어, 철도의 노선이나 도로의 배치에 의해 위치관계를 판단한다든가, 스스로의 이동을 떠올리거나 하게 된다. 사람들의 일상생활을 둘러싼 시간·공간 의식은 추상도를 현저히 높여가게 되었다.

또한 〈속도〉의 도입에 의해 신칸센이나 자동차로부터 파노라마적으로 풍경을 보는 시각의 구도가 새롭게 침투해간다. 이 결과 일본열도의 국토공간은 미적인 관광의 시선에 의해 에워싸여간다. 벤야민의 말을 빌린다면, 공간에 의한 '지각양식의 변용'이다(제 4장 참조). 신전국통합개발계획이나 올림픽·만국박람회를 통해 이루어진 교통체계의 정비는 〈속도〉의 개발에 의해 〈국토〉나 〈국민〉의 존재나 지각의 양상을 크게 재편했다.

사카이야 다이치堺屋太一의 사상: 이벤트에 의한 사회·문화의 개발

한편 오사카만국박람회에서 오키나와해양박람회에 이르는 연속성을 생각할 때, 양자를 기획·추진했던 핵심인물로서 이케구치 고타로池口小太郎라고 하는 당시의 통산관료가 있다. 실은 이 인물이야말로 유명한 작가인 사카이야 다이치堺屋太一, 바로 그 사람이었다. 그는 1960년대 후반에 본명인 이케구치池口라는 이름으로,『일본의 지역구조』,『일본의 만국박람회』를 집필하여 만국박람회의 효과를 사람들에게 각인시켰다.

나아가, 복귀 후의 오키나와에서 해양박람회의 개최를 제안한 것도 바로 그였다. 사카이야는 1972년 5월의 오키나와 복귀와 동시에 오키나와 개발청의 기획조정과장에 취임해서 오키나와의 관광개발을 구상한다. 그 후 해양박람회를 개최하고 그 연관 사업으로서 도로나 호텔 등의 정비를 시도했다. 사카이야야말로 오사카만국박람회~해양박람회~오키나와의 리조트화의 흐름을 인위적으로 준비한 인물이었다.

도쿄대학경제학부를 졸업하고 통산성에서도 경제 분석이나 예측에 유능했던 그였지만, 만국박람회의 경제효과만을 중시한 것은 아니다. 그는 오히려 만국박람회에서의 경제효과와 사회문화적 효과의 상호작용과 '전사회적 효과'를 강조했다. 이는 전국통합개발계획·신전국통합개발계획에서 경제성장노선을 쉬지 않고 달려온 경제기획청의 발상과는 완전히 대조적이다.

그렇다면 그가 말하는 만국박람회의 전사회적 효과란 무엇인가. 그 하나는 만국박람회를 계기로 일본의 산업양식을 변화시켜 '탈공업화사회'로의 걸음을 내딛는 것이었다. '탈공업화'란 '물질에서 문화로', '상품 제작에서 환경 조성'으로의 이행이다. 그는 다가올 탈공업화 사회·서비스화 사회·소비정보사회를 1960년대 말의 시점에서 예견하고 있었다. 그래서 만국박람회 그 자체를 궁극의 정보·관광·레저 산업으로써 파악, 이행의 계기로서 생각하고 있었다.

실제로 그는 만국박람회를 통해서 패스트푸드와 같은 새로운 외식산업이나 일상복casual wear을 일본사회에 보급시키는 데 성공했다. 이는 일본에서의 새로운 산업·문화·사회의 〈개발〉이며, 오사카만국박람회는 그 매개로서 기능했다. 그는 탈공업화를 위해 〈개발〉 개념 그 자체를 재편성하고, 경제로부터 문화·

PERSON

사카이야 다이치(堺屋太一 1931~)

작가. 저서 다수. 통산성관료시대에 오사카만국박람회와 오키나와해양박람회를 담당. 재직 중에 집필, 오일쇼크를 예견한 소설 『油斷』이 베스트셀러가 된다. 『단카이의 세대団塊の世代』도 그의 명저. 78세에 퇴관. 집필·평론활동에 전념. 오부치小渕, 모리森 내각에서는 경제기획청 장관을 역임했다. 2000년 인터넷 박람회 '인파크'도 추진. 2005년의 아이치愛知 만국박람회에도 초기에는 관여했다.

● **만국박람회의 경제효과와 사회·문화적 효과**

경제효과	사회·문화적 효과
공공사업 지역경제의 활성화 (경제기획청의 발상)	탈공업화, 새로운 소비문화 (패스트푸드, 일상복) (통산성의 발상)

KEY WORD

정보소비사회·고도소비사회

'소비사회' 그 자체는 이미 1960년대 고도경제성장기에 실현되었지만, 그것은 전자제품(삼종의 신기·3C)으로 대표되듯, 물건 소비가 중심이었다. 이에 비해 1970~80년대에는 디자인이나 사이즈의 패션성, 브랜드 등 정보에 의한 부가가치의 소비라는 요소가 커지게 된다. 물건에 덧붙여진 정보가치·기호가치로의 이행이다. 1970년대 이후의 '소비사회'를 가리켜 정보소비사회·고도소비사회라고 말한다.

사회전체로 확충시킨 것이다.

복귀 후의 오키나와 진흥개발에서도 전국통합개발계획~신전
국통합개발계획에서 공업개발의 흐름과 오사카만국박람회~해
양박람회에서 관광개발·문화개발의 흐름, 이 양방향의 노선이
있었다. 전자는 나카구스쿠中城 만의 CTS석유비축기지 유치, 후자
는 해양박람회로 대표된다. 결국 오키나와에서도 탈공업화·소
비사회화의 조류를 받아들여, 후자가 우세가 되고, 관광 리조트
화가 주류가 되게 된다.

3. 관광의 시선과 시각 문화의 등장

해외여행 붐: 세계를 〈보는〉 욕망의 개발

이 시기 **관광의 시선**이 일본사회에 깊이 침투해 가는 것도 복
귀 후의 오키나와를 생각할 때 역시 중요한 전제이다. 먼저 해외
여행에 눈을 돌려보자.

일본에서 관광기본법이 제정된 것은 1963년이었다. 국제적
인 관광열의 고양에 대응한 것이었지만, 실은 이 시점에서 일본
인은 아직 자유로이 해외 여행을 할 수 없었다. 경제사정에 의해
정부는 외화지출을 엄격히 제한하고 있었다. 더욱이 전후 초기
에는 군대·식민지입식자의 '인양'이나 노동 목적의 '이민'이 해
외출입국의 주류를 차지하고 있었다.

하지만 그 후, 경이로운 경제발전에 의해 상황은 크게 달라졌

다. 1964년 도쿄올림픽이 개최된 해에 비로소 해외여행은 자유화되었다. 이 해는 일본의 '제 2의 개국'이라고도 불리며, 이후 '국제화'는 하나의 키워드가 되어간다. 이에 따라 처음으로 많은 일본인들이 단순히 관광이라는 목적으로 외국에 여행을 가기 시작했다.

단지 당시 해외여행은 매우 비싸서, 일본교통공사 주최의 유럽 6개국 17일 여행은 67만 5천 엔이었다. 당시 대졸 초임이 약 2만 엔이었기 때문에, 대다수의 서민들에게는 아직 무리였다. 하지만 점차 항공운임이나 패키지여행의 가격이 인하되면서 오사카만국박람회가 열린 1970년경부터 일본의 해외여행자는 증가일로를 내딛는다(그림 1-2). 1964년의 12만 명 선으로부터, 1971년 96만→1973년 228만→1979년 403만 명으로 급증하면서 해외여행 붐을 맞이하게 된 것이다.

사회학자 가토 히데토시加藤秀俊는 이 해외여행 붐에 대해 메이지기 일부 엘리트의 서양 행洋行이나, 전시기의 불행한 외국체험과 대비해서 다음과 같이 서술하고 있다. "현재의 해외여행 붐

KEY WORD

관광의 시선

영국의 사회학자 존 어리J. Urry가 사용한 용어로, 동명의 저서 『관광의 시선』(法政大学出版局, 1995)이 있다. 자연이나 도시, 관광지 등의 풍경을 시각적인 관상의 대상으로 만들어 미화하는 시선의 작용. 장소는 어디나 관광화되는 것이 아니다. '관광지' '리조트', '명소'로 틀에 끼워져 미적인 시선을 향하는 것에 의해 관광의 대상이 되고, 시각적 '상품'으로 산업화된다.

은 대중의 눈에 의한, 직접적인 '세계'의 발견과정인 것이다." 해외여행의 자유화와 함께, **순수하게 세계를 〈보는〉 욕망**이 조금씩 개발되고, 일본인의 신체감각 속으로 편입되고 있었던 것이다.

[그림 1-2] 일본인 해외여행자수, 방일외국인여행자 수의 추이

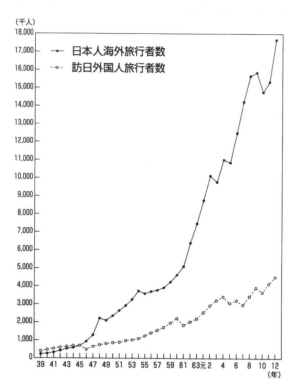

만국박람회의 〈세계〉화/세계의 〈만국박람회〉화

한편, 이 시기의 〈외국〉, 〈세계〉로의 뜨거운 열기에는 역시 도쿄올림픽이나 오사카만국박람회가 큰 영향을 끼쳤다. 대중적 차원에서 '국제성', '외국', '세계'의 이미지는 이들 미디어 이벤트에 매개되고 있었다. 도쿄올림픽에는 94개국이 참가, 도쿄의 경기장에 각국의 선수들이 모여서 경기를 했고, 압도적 다수의 국민이 텔레비전 브라운관을 통해 이를 열광적으로 시청하고 있었다. 도쿄올림픽은 국민에게 있어 그 자체로 영상 미디어에 매개되어 스포츠라고 하는 형태로 상징화된 하나의 〈세계〉였다.

오사카만국박람회에도 77개국이 출전 참가했다. 대혼잡의 인파에 시달려가면서도, 역시 대다수의 국민들은 인기 있는 미국관이나 소련관을 필두로, 각국의 파빌리온(전시시설)을 엿보았다. 원래 '만국박람회'는, '만국'이 참가해서, '만국'의 문물을 '널리 보여주는' 대회이다. 오사카만국박람회는 국민에게 있어 그 자체가 손님을 불러 모으는 미디어로서, '보여주기-보기'라고 하는 전시의 형태로 집약된 하나의 〈세계〉였다.

결국 이들 국제 이벤트는 **시각화 · 스펙터클화된 〈세계〉**였다. 이어 1970년대, 만국박람회를 계기로 해외여행 붐이 터져 나올 때, 패키지여행으로 '외국'을 관광하는 사람들은 이러한 만국박람회의 연장선상에서 시각화된 〈세계〉를 보고 있었다. 다시 말하면 만국박람회의 〈세계〉는 회기 중 · 회장 안에서 완결되지 않고, 회기 후 · 회장 바깥으로도 확산되었다. 투어 프로그램 속에서 외국의 풍경이나 공간 그 자체가 패키지화되어 전시적 가치로서 보일 때, 관광객과 함께 만국박람회의 〈세계〉가 실제의 외국까지 포함되었다. 그렇게 예정 조화적으로 건축된 〈세계〉를 사람들은 재확인하고 추체험하고 있었던 것이다.

다시 말하면, **회기 중의 만국박람회 회장**에는 만국박람회가 표출하고 전시하는 세계가 국민들에게는 하나의 〈세계〉로 받아들여지고 있었다. 말하자면 **만국박람회의 〈세계〉화**이다. 한편 포스트 만국박람회로서의 해외여행 붐에는 국민이 체험하는 '바깥' 세계에, 만국박람회 전시의 연장으로서의 풍경을 보는 것과 같은 시각의 구도가 자리 잡고 있었다. 이는 **세계의 〈만국박람회〉화**였다.

이처럼 외국으로 향해진 관광의 시선은, 도쿄올림픽과 오사카만국박람회라고 하는 국제 이벤트를 계기로 국민들 속으로 침투하고 있었다. 그렇다면 국내 관광의 시선은 어떻게 형성되었던 것일까.

'디스커버 저팬Discover Japan'과 시각 미디어의 연동

오사카만국박람회는 국민의 민족대이동을 현실화시켜, 그 자

스펙터클화된 〈세계〉
여기서 〈세계〉는 시각 이벤트의 장치에 의해 사람들이 시각적으로 매혹된, 어디까지나 인공적이며 주관적인 〈세계〉이다. 하지만 그 주관적 〈세계〉가 많은 사람들에게 공유되고, 일종의 현실적인 효과를 가지게 된 것이 중요한 것이다(사회학자 뒤르켐이 말하는 '집합표상'에 해당한다.

KEY WORD

체로 국내관광 증대로의 길을 열었다. 그러한 조건이 되었던 것이 앞서 서술한 신칸센이나 고속도로 등의 새로운 교통망과 그것에 의해 개척된 〈속도〉이다. 이것들은 만국박람회 후에도 국내관광의 중요한 기반이 된다.

1970년 3~9월의 만국박람회 회기 중, 국철은 전국에서 2천만 명 이상의 관객을 오사카의 회장으로 송출했다. 하지만 회기 종료 후에는 당연히 승객의 감소가 예상되었다. 국철은 포스트 만국박람회 대책으로서, 그 해 10월부터 '디스커버 저팬Discover Japan'캠페인을 개시했다. 이 캠페인은 특정의 관광지를 직접 호소하는 것이 아니라, 시각적 광고에 의해 보다 간접적으로 새로운 여행의 존재 방식을 연출하고, 하나의 모델로서 제안하는 것이었다.

아래 광고에는 절의 넓은 다다미 바닥에 한 젊은 여성이 앉아 있다. '아름다운 일본과 나'. 이 문구는 1968년에 노벨상을 수상한 가와바타 야스나리의 기념강연 「아름다운 일본과 나」를 활용했다. 눈을 감은 그녀의 관광의 시선은 〈아름다운 일본〉과 동시에 〈나〉를 발견한다. '디스커버 저팬'과 포개져, '디스커버 마이셀프Discover myself'가 핵심어가 되고 있는 것이다.

아메리카의 '디스커버 아메리카Discover America'를 모방한 이 캠페인은 덴쓰(電通 일본 1위의 광고회사[역주])가 담당했다. 담당자인 후지오카 와카오藤岡和賀夫는 이미 1970년 3월, 후지 제록스의 '맹렬함에서 아름다움으로'라는 CM을 제작한 바 있었다. 이 CM도 상품 그 자체를 호소하지 않고 오히려 1960년대의 고도 성장

기를 살아온 일본인의 일 중독성에 대해 다시 물으면서, 인간성의 회복이라고 하는 테마를 시각화하여 당시 화제가 되었다. 후지오카는 양 캠페인을 통해, '기업·상품의 광고'라고 하는 발상에서 벗어나 광고 그 자체를 〈환경〉으로 간주하는 새로운 발상을 한 것이다.

더욱이 동일한 시기, 두개의 여성 잡지가 창간한다. 1970년 3월 창간된 『anan』(平凡出版)과 1971년 5월 창간된 『non·no』(集英社)이다. 주목해야 할 것은 양 잡지가 함께 '디스커버 ~'와 연동해서, 각 관광지의 특집을 편성하고 있다는 것이다. 특집으로는 리조트 소개만이 아니라, 그 리조트에 입고 갈 패션도 소개하고 있다. 그 결과 관광지에는 잡지를 옆구리에 낀 채 산보하는 여성들의 모습이 두드러졌다. 잡지 기사 그대로의 패션에, 잡지의 안내에 따라 장소나 상점에 들러 똑같은 것을 사서 돌아오는 새로운 타입의 여행객들. 세간에서는 그녀들을 '안논annon족'이라고 불렀다.

왼쪽의 사진은 『anan』 1973년 6월 5일 호의 표지다. '바다의 특집호'로서, 오키나와 특집이 편성되어 있다. 에메랄드그린의 맑디맑은 바다에 브랜드 수영복을 입은 여성 모델이 찍힌 사진. 복귀 후의 오키나와는 이처럼 전국 관광지의 하나, '아열대의 바다 리조트'로서, 1970년대에 태두한 시각적 문화장치 속으로 편입되어 간다.

텔레비전에서도 '디스커버~'가 시작된 1970년 10월, 〈여행백과〉나 〈머나먼 곳으로 떠나고 싶다〉 등의 여행프로그램이 일제히 방송을 시작했다. 이처럼 **만국박람회 후의 국내 투어리즘은 광고·잡지·텔레비전이라고 하는 시각 미디어를 통해 고양되었다.** 여기에는 활자 미디어로부터 시청각 미디어로의 이행이 명확히 의식되고 있었다. 이는 국토공간

과 시각 미디어가 상호침투해가는 프로세스, **국토공간의 미디어화**이다. 그 결과, '아름다운 일본과 나'라고 하는 표현에서 보이듯, 국토공간에 대한 미적 재귀성(=대상을 미적인 것으로서 다시 파악하는 작용)이 높아간다. '디스커버 저팬'은 국토 공간 '저팬'을 미적인 대상으로서 〈발견〉해가는 작업의 탄생이었다.

그러한 구조는 〈일본〉이라고 하는 내셔널한 구조이다. 단, 이것은 언설적으로 표명되는 내셔널리즘과도 또한 다르다. 미적·시각적 차원에서 투어리즘에 의해 소비되기 위한 내셔널한 〈일본〉이 새롭게 시작된 것이다. 미적인 평행적 세계로서의 이미지상의 〈국토〉이며, 이는 시각 미디어의 활용에 의해 비로소 현실화되었다. 이렇게 해서 국토 공간 속으로 침투한 관광의 시선은 〈국토〉의 풍경을 이미지 소비의 대상으로 새롭게 재편해갔다.

더욱 중요한 것은, 이러한 **이미지로서의 〈국토〉의 재편이 그**

소비자층의 확립과 동시병행적으로 이루어졌다는 것이다. '디스커버 저팬' 캠페인이 연출한 주역은 명백히 젊은 여성이었다. 앞에 소개한 절의 넓은 다다미에 앉아 있는 여성의 포스터는 전형적인 것으로, 그 젠더성은 일목요연하다. '아름다운 일본과 나'라고 하는 광고문구로부터 알 수 있듯이 미적 재귀성은 국토공간에 대해서만이 아니라, 동시에 〈나〉에 대해서도 작동하고 있다. 이러한 '디스커버 저팬'의 여행은 '디스커버 마이셀프'(자신을 찾는 여행)로서도 연출되고 있었다. '눈을 감고 … 무엇인가를 보라'라고 하는 문구는 실로, 시선이 풍경에 향해진 것과 동시에 자신의 내면에도 향해지고 있음을 나타내고 있다. 거기서는 미적인 풍경의 객체화와 미적인 자기의 주체화가 동시진행으로 이루어진다. 이 시기의 투어리즘은 그러한 여성중심의 새로운 소비문화나 사고·행동의 양식이 시작하는 것과 연동하면서 환기되고 있었다. 그 강력한 장치가 『anan』, 『non·no』였다. 이들 잡지는 1970년대 이후 주로 10~20대 여성을 타겟으로 해서 그녀들의 라이프스타일을 연출하고, 생활의 모델을 제공하는 역할을 담당해왔다. 그래서 창간 당시는 '디스커버 저팬'과 연동하면서 리조트 패션을 소개하면서 그녀들을 투어리즘 소비의 주역으로 연출한 것이다.

1970년대 초엽 국토공간 내부로 침투한 관광의 시선은 시각미디어와 밀접히 연동하면서 〈국토〉의 풍경을 이미지 소비의 대상으로서 재편하는 것과 동시에, 특히 젊은 여성을 주역으로 하는 형태로 〈국민〉을 그러한 이미지의 소비자로서 재편하고 있었다. 이는 마치 일본 열도 전체가 박람회 회장이나 테마파크 세계의 내부인 것처럼, 새로운 미적 · 시각적 리얼리티에 의해 〈국토〉와 〈국민〉 전체가 뒤덮여 가는 프로세스이기도 했다.

4. 3개의 에피스테메와 거대 이벤트의 효용

본 장에서는 고도성장기 〈국토〉와 〈국민〉의 재편의 여러 양상들을 검토하면서 이후의 논의를 준비해 왔다. 여기까지의 논의를 '개발', '이벤트', '교통', '관광'이라는 4개의 차원으로 구분해, 복귀 후 오키나와로의 연결을 고찰해 보면, 다음과 같이 도식화할 수 있다.

이 도식으로부터, ① 개발의 에피스테메, ② 속도와 이동의 에피스테메, ③ 관광의 에피스테메라고 하는 고도성장기 일본사회

KEY WORD

문화장치
원래는 미국 사회학자 밀스C. R. Mills가 사용한 개념. 이 책에서는 어떤 정치적 · 경제적 목적(예를 들어 오키나와의 일본으로의 통합이나 경제진흥)을 실현하기 위해 구체적인 내용과 방양을 부여하는 미디어나 이벤트를 문화장치라 부른다.

국토공간의 미디어화
국토와 미디어의 상호침투에 의해 국토공간 그 자체가 하나의 시각 미디어로 기능하는 것. 미디어화한 공간은 보는 이에게 그 장소의 아름다움이나 지역성을 전달하고 호소한다.

차원	1960년대 전반	▶	1960년대 말~1970년대 초엽	▶	1972년 복귀 후의 오키나와
개발	전국통합 개발계획	▶	신전국통합개발계획	▶	오키나와진흥개발계획
이벤트	도쿄올림픽	▶	오사카만국박람회	▶	오키나와해양박람회
교통	도카이도 신칸센	▶	고속도로·자동차화	▶	국도 58호선·오키나와 자동차도
관광	해외여행 자유화	▶	디스커버 저팬	▶	〈푸른 바다〉의 아열대 리조트

를 움직이고, 국토공간을 크게 변용시켜온 3가지 에피스테메, 즉 앎의 틀을 발견할 수 있다. 이들은 상호적으로 밀접한 관계를 맺으며, 국토공간의 새로운 리얼리티를 구축했다. 그리고 이들을 일거에 작동시키는 기폭제가 된 비일상적 장치가 도쿄올림픽과 오사카만국박람회라고 하는 2개의 커다란 국제 이벤트였다. 도식화해보자.

개발 → 국제 이벤트 → 교통(속도와 이동)
└──────────────┘→ 관광

이들 중 가장 기반이 되는 것은 개발이다. 개발의 에피스테메를 도입할 때 그 땅에 거대 이벤트를 유치하면, 거액의 재정을 투입해서 개발을 하는 것의 정당성이 부여된다. 더욱이 공사 기한을 개최에 맞추지 않으면 안 되기 때문에 단기간에 개발의 효과를 집약할 수 있다. 이러한 이벤트에 의한 지역개발은 오늘날까지 올림픽이나 월드컵, 박람회, 축제, 테마파크 등에서 되풀이되어 온 방식이다.

더욱이 거대 이벤트를 개최하면, 대규모의 관객이 회장에 가기 위한 교통수단이 필요하게 되고 그 이벤트에 관객이 방문하는 것 자체가 커다란 매스투어리즘이 된다(19세기 영국에서 철도여행이 보급된 것도 세계최초의 만국박람회인 런던박람회 시기였다). 따라서 개발의 에피스테메는 거대 이벤트를 매개하는 것에 의해 속도와 이동의 에피스테메와 관광의 에피스테메도 일거에 그 공간에 현실화하는 것이 가능하게 되는 것이다. 올림픽과 만국박람회를 통해일본의 사회·공간·신체는 크게 변화해갔다.

이들 4차원의 관계의 구조는 복귀 후의 오키나와에서도 동일하게 발견된다. 개발은 오키나와 진흥개발계획, 교통은 국도 58호선과 고속도로, 관광은 〈푸른 바다〉의 아열대 리조트 이미지가 복귀 후 오키나와의 새로운 리얼리티를 구축해간다. 그리고이들의 기폭제가 된 것이 최대의 귀국 기념 이벤트인 오키나와해양박람회이다. 다음 장에서는 해양박람회와 오키나와의 〈개발〉의관계에 초점을 맞추면서 이들 4차원의 관계를 살펴보도록 하자.

오키나와 발신 사회학자 타다 오사무의 홈페이지
타다오사무 · 닷컴

'작은 것으로부터 대학 개혁' 중앙의 관료들이 주도하는 것이 아니라, 학생이나 교원, 그리고 학교 바깥의 일반인들이 주체가 되어 지금 바로라도 시작할 수 있는 것. 그러한 바람을 담아 내가 2002년 11월부터 착수하고 있는 것이 '오키나와 발신 사회학자 타다 오사무의 홈페이지 타다오사무 · 닷컴(http://w1.nirai.ne.jp/tada)이다.

HP는 자신이 할 수 있는 것. 생각하고 있는 것에서 시작해서 조금씩 갱신해가면 된다. 그렇게 생각하고 가볍게 시작해봤다. 처음엔 탑 페이지, 프로파일, 대학강의 소개, 연구업적 코너. 오로지 사회학자 타다 오사무의 자기소개. 다음으로 링크모음과 일상의 아무렇지 않은 본심을 말하는 〈타다 오사무의 사적인 중얼거림〉. 그 내용이 조용히 호평을 얻었지만, 이것만으로는 독자와 적극적인 관계를 맺을 수 없다. 그래서 시작한 것이 〈타다 오사무 탑 게시판〉. 여기서부터 독자인 학생이나 일반 유저들과의 쌍방향 커뮤니케이션이 실현되어 조금씩 가속화해갔다. 〈수업의 감상 · 질문 코너〉에서는 90분 수업으로는 정리할 수 없는 감동의 여운이나 학생의 감상 · 질문, 그 응답 · 보충설명 등을 올린다. 지적 호기심을 내비치며 어떤 책을 읽고 싶은 사람에게는 해설이 붙은 〈추천 도서 코너〉. 독자에게 시각적으로도 친근하게 다가가기 위해 〈타다 오사무 갤러리〉에 사진을 올린다. 정평이 난 것은 독자 여러분들의 투고를 올린 〈독자들의 자유로운 중얼거림〉. 반 년 만에 내용이 충실해졌다. 이 홈페이지를 통해 학생들과는 교실에서 '지금―여기'의 대면적 공간과 인터넷 상의 가상공간을 연동시키는 형태로 커뮤니케이션을 보다 농밀하게 할 수 있었다. 일반인들과도 교실이나 캠퍼스를 초월해 다양한 교류나 정보교환이 가능하게 되었다. 이렇게 개설 후 1년 반이 지난 현재는 방문자 수가 4만 명을 넘었다. 독자 여러분들의 지원과 협력이 있어 작지만 공공성을 가진 미디어로 성장할 수 있었던 것이다.

사적인 것을 통해 공공성에 근접해간다는 것. 오늘날의 복잡하고 세분화된 사회에서는 모두가 관심을 공유할 수 있는 '공적'이라는 것은 간단히 발견할 수 없으며, 있다 하더라도 매우 한정되어 있다. 여기서 반대로 우선은 철저하게 개인적인 것, 사적인 것에 매달려보는 전략이 있다. 오늘날의 정보 사회, 인터넷사회에서는 사적인 것이 점차 공적인 장으로 노출되고 있다. 공과 사의 관계가 이제는 크게 변화하고 있는 것이다. 물론 그 리스크에는 주의를 기울이지 않으면 안 되지만, 동시에 그 새로운 가능성에도 도전해보고 싶다. 내 자신이 타다오사무 · 닷컴에서는 전례 없이 철저하게 자신을 드러내왔다. 컬추럴 타이푼(Cultural typhoon: 국제학술대회)에서 긴장한 채 두근두근하는 자신의 모습으로부터 감동에 겨워 울었던 장남의 탄생 다큐먼트까지… 그러자 생각지도 않은 많은 사람들과의 공명, 울림과 만날 수 있었다. 내가 여기까지 자신의 개인사를 노출시키는 것은 학자 · 연구자 그룹으로 완결하지 않고, 학생이나 일반 사람들과의 커뮤니케이션을 소중히 하고 싶었기 때문이다. 현재, 새로운 코너로 〈타다 오사무 다이어리〉에서는 매일 사진을 첨부한 일기를 공개하고 있다.

이 책을 하나의 만남의 계기로 해서 이번에는 당신과 만날 수 있기를 기다려본다. 타다오사무 · 닷컴에서 기다리고 있겠습니다. 꼭 한 번 접속해 주세요.

제2장
오키나와의 〈개발〉과 해양박람회

1. 오키나와를 둘러싼 개발의 에피스테메의 등장

일본 - 미국 - 류큐의 흥정

전국통합개발계획~신전국통합개발계획으로 이어지는 〈국토개발〉의 흐름에 오키나와가 편입된 것은 1969년 11월 오키나와 반환 결정 직후부터였다. 본토의 정재계가 복귀 후의 국토개발을 구상하기 시작하며, 산업기반(인프라)의 정비, 공업화, 관광개발이라고 하는 방향성이 결정된다. 이는 장기경제개발계획~신전국통합개발계획~오키나와진흥개발계획으로 추진된다.

이러한 공식적인 프로세스를 훑어보면 일견 순조롭게 진행되어간 것처럼 보인다. 하지만 그 내실을 보면 미군통치 시대의 기득권익을 지키려고 하는 미국 측과 새롭게 주도권을 장악하고자 하는 일본 본토와 양자 사이에 끼인 오키나와 삼자 간에 복잡한 정치적 흥정이 있었다. 예를 들어 개발구상 안에 '오키나와의 공업화=기업유치'라고 하는 발상이 있지만, 거기서 '본토자본인가 미국 외자인가'라고 하는 미일 자본사이의 대립이 새롭게 발생하고 있었던 것이다.

1969년의 시점에서는 류큐 정부나 오키나와 경제계는 미국 외자를 지역 사회에 이익이 되는 것으로 환영하고 있었다. 본토 기업이 아직 오키나와 진출에 소극적이었기 때문이다. 단 그 배경에는 오키나와 반환에 뒤따른 기지 고용노동자의 대량해고 문제가 있었다. 미국 측은 오키나와를 아시아의 시점으로서, '"군사적 요충지keystone"에서 "경제적 요충지"로' 이행시키고 싶다고 표명하였다. 이 겉보기 좋은 방향전환에 류큐 정부가 스스로 몸을 위탁하고자 한 것은 오키나와가 여전히 처해 있는 콜로니얼한 (식민지적) 상황을 반영한다.

거기에 비집고 들어가 있는 것이 일본 정부와 본토기업이었다. 통산성은 미국 기업이 오키나와를 경유해서 일본에 진출해

KEY WORD

콜로니얼/포스트콜로니얼

콜로니얼은 '식민지의'라는 형용사. 명확히 식민지가 아니더라도 실질적으로 '식민지적'이라고 할 수 있는 상황은 종종 있으며, 여기서는 오키나와의 상황을 나타내고 있다. 또한 최근 '포스트콜로니얼', '포스트콜로니얼리즘' 이라는 용어가 자주 사용되고 있다. 포스트콜로니얼이라는 것은 식민지 이후에 식민지화의 문제를 다시 되묻는 상황이나 자세. '포스트'라고 해도 식민지의 문제가 결코 과거사로 끝난 것이 아니라 예를 들어 오키나와의 미군기지를 보더라도 지금 여전히 콜로니얼한 일상이 자리하고 있음을 자각적으로 파악하고자 한다. 자세한 내용은 姜尙中 編, 『ポストコロニアリズム』(作品社, 2001)이 이해하기 쉽고 읽을 만하다.

오는 것을 경계하고, 에너지 · 전자공업 · 석유 등의 업계에 강한 규제를 가했다. 이렇게 해서 1969년경부터 급격히 '본토와의 일체화'라는 이름 아래 본토기업의 오키나와 진출이 주축이 된다. 흥미로운 사실은 외압에 대항하는 형태로 '국익'이나 '본토와의 일체화'라는 이름 아래 어떤 내셔널리즘이 나타나기 시작했다는 점이다. 분명히 그것은 경제주의와 밀접히 연결되어 있었다. 따라서 통산성과 본토기업은 강하게 결탁했다. 양자는 〈개발〉의 차원에서 '오키나와 현'이라고 하는 새로운 국토 공간에 대해 주도권을 발휘해 간다.

이 시기 〈개발〉이라고 하는 일견 중립적인 틀 아래, 복귀 후의 오키나와라고 하는 장소/시장을 둘러싸고, 일본 · 미국 · 류큐 각각의 이익과 생각들이 서로 얽혀 있었다. 그 결과 일본 정부와 본토 기업이 우위에 서면서, 일련의 개발계획에도 커다란 영향을 끼쳐간다.

오사카만국박람회에 대한 시선

그렇다면 이러한 흐름 속에서 해양박람회는 어떠한 기능을 완수해 가는가? 주목해야 할 것은 1970년 3월에 오사카에서 개최된 제 5회 오키나와 경제진흥간담회이다. 본토와 오키나와의 정계 · 재계인으로 이루어진 간담회가 본격적인 경제 진흥 논의를 시작한 것은 오키나와 반환이 현실화한 이 시기부터이다. **논의의 초점은 본토기업이 진출하기 쉬운 조건을 어떻게 만들 것인가**이며, 그 '기폭제'로서 해양박람회가 구상되어간 것이다.

그럼, 이 회의가 열린 일시와 장소(3월 19~20일, 오사카)에 주목해보자. 수일 전인 3월 14일, 오사카에서 만국박람회가 개막했다. 오사카를 향한 전례 없는 민족대이동이 막 시작된 참이었다. 만국박람회와 함께 오사카는 한층 각광을 받으면서 극적인 변모가 진행 중이었다. 그리고 바로 그 장소에서 복귀 후의 오키나와의 경제 개발, 해양박람회의 구상이 논의되어 간다. 명백히, 오사카만국박람회는 해양박람회의, 그리고 오사카 개발은 오키나와 개발의 모델이 되고 있었다.

실제로 간담회 다음날에는 만국박람회 견학도 프로그램에 들어 있었다. 오키나와의 정계·재계인들은 마쓰시다관, 미쓰비시 미래관 히타치 그룹관, 미쓰이 그룹관, 스미토모 동화관 등 본토계 자본의 파빌리온 군을 방문했다. 축제[오마쓰리] 박람회의 공간에 스펙터클화된 본토자본의 힘은 오키나와 측 요인들의 눈에 압도적인 존재감을 보여주었음에 분명하다. 본토자본이 복귀 후의 오

오사카만국박람회 마쓰시다관

오사카만국박람회 미쓰비시 미래관

키나와 개발을 떠맡을 것이라는 사실을, 오키나와 측 출석자들이 받아들이는데 충분한 시각적 충격impact을 주었을 것이다.

또한 오키나와 측 요인들은 국제박람회를 개최한다는 것의 매력에 대해서도 실감하게 됐다. 오사카만국박람회의 인기나 개발효과를 직접 보면서, 오키나와에서도 똑같은 박람회를 개최할 수 있다면 상당한 경제효과를 얻을 수 있다는 현실적인 기대를 고양시킨 것이다.

메이지기 이래, 정부가 박람회를 개최하고 거기에 민간인·기업을 참가시켜온 것처럼, 박람회를 기폭제로 한 정부주도형의 식산흥업의 존재방식은 오사카만국박람회에도 되풀이되었다. 그것이 복귀 후의 오키나와에도 도입된다. 오키나와 측의 출석자들은 오사카만국박람회를 응시하면서, 복귀 후의 오키나와 개발도 응시하고 있었다. 따라서 그 만국박람회장 옆에서 이루어진 오키나와 경제진흥간담회의 초점은 본토 기업의 오키나와 진출이자, 해양박람회의 유치였다.

개발장치로서의 해양박람회

그렇다면 그 간담회는 해양박람회에 어느 정도의 위치를 부

메이지의 박람회

메이지 시대에는 국내 한정으로 '내국권업박람회'가 있었다. 단, 그 모델은 당시 런던이나 파리, 빈 등에서 개최되던 만국박람회였다.

KEY WORD

여했던 것일까. 오키나와 측의 아리무라 다카시有村喬 나하 상공회의소 부회장은 아시아에 가까운 지리적 위치나 〈아열대〉 특유의 산호·열대어 등을 강조하며, 오키나와에서 해양박람회를 개최할 것을 호소했다. 하지만 '가장 중요한 이유'로서 그가 거론한 것은 해양박람회 그 자체보다도 오히려 본토기업의 유치나 관광객의 증가, 인프라 정비나 만국박람회 부지이용이라고 하는 파급효과에 대한 기대였다.

오키나와 측이 이 정도로 해양박람회를 요청한 배경에는 기지경제에서 벗어나 자립경제를 확립한다고 하는 과제가 있었다. 하지만 동시에 그 때까지의 아마미奄美나 오가사와라小笠原에 대한 경제원조가 투자액에 비해서는 경제효과가 약하다는 것에 대한 걱정도 있었다. 해양박람회에 의해 복귀기념(=축제성)과 경제개발(=실질성)을 연결시키면(제 3장), 더 대규모적인 개발이 가능하다고 생각했던 것이다. 더욱이 그 모델로서 올림픽을 개최한 도쿄나 만국박람회를 개최한 오사카가 있었다. 결국 오키나와 측 요인들에게 있어서 해양박람회를 유치하는 것은 개발노선으로서 도쿄나 오사카의 뒤를 잇는 것이자, 아마미나 오가사와라와는 다른 길을 가는 것이었다.

한편, 본토 측 인사인 후쿠시마 하치로福島八郎, 미쓰이 물산 부사장은 오키나와 측에 찬동하면서도, 해양박람회는 단순히 관광개발을 위한 것만이 아니라, 오키나와 산업전체의 개발을 목표로 해야 한다고 주장했다. 이 발언자가 해양박람회에서 활약한 미쓰이 물산의 부사장이었다는 점이 흥미롭다. 해양박람회는 오키나와 경제 전체의 방향을 정하는 개발 장치로서의 역할을 부여받았던 것이다.

관광개발 · 인프라 정비 · 해양박람회

한편, 관광개발에 대해서는 어떠한 논의가 이루어졌는가. 관광개발에 대해서 기조보고를 행한 도나키 슈테渡名喜守定, 오키나와 관광개발사업단 이사장은 복귀 후의 경제진흥 방법으로는 축산이나 공업을 새롭게 육성하는 것보다 관광 쪽이 빠르다고 생각하며, '관광입현'을 내걸고 본토정부의 정치적 · 재정적 원조를 요청하자고 주장했다. 그는 특히 오키나와 본섬 근해의 게라마慶良間 제도가 갖는 관광의 미적 매력을 강조하면서, 이곳에 해양박람회를 유치하여 본토정부나 대기업의 거액의 투자를 끌어들여 수려한 관광미를 갖춘 오키나와를 만들고 싶다고 주장했다. 산업전체의 개발장치로 간주된 해양박람회이지만, 관광개발만 보더라도 역시 중요한 기폭제로 생각되었던 것이다.

이러한 오키나와 측의 주장에 대해 본토의 경제인이나 관료는 대상을 한층 좁혀, 도로 · 공항 · 선박 · 항만 등 인프라 정비를 거론했다. 실제로 이 시점에서 이들 교통이 정비되지 않은 것(특히 인근 섬들)은 오키나와 관광 최대의 장애였으며, 따라서 인프라 정비는 급선무였다.

여기서 해양박람회와 관광개발은 서로 겹쳐진다. 해양박람회 그 자체가 수백만 명의 관광객을 예상한 일대 관광 이벤트였고, 따라서 관광기반의 정비가 필요했다. 관련공공사업도 교통망 정비에 가장 많은 예산이 배분된 것은 필연적이었다. 해양박람회는 이후의 관광 리조트 오키나와에 필요한 여러 요소를 선취해서 이를 단번에 실현하는 기폭제로서 자리매김 되었다.

여기에는 제 1장에서 언급한 개발·교통·관광이라고 하는 세 개의 에피스테메와 함께 이들의 기폭제로서의 거대 이벤트·해양박람회가 빠짐없이 등장했다. 그것들이 서로 밀접히 관계를 맺어가면서, 복귀 후의 오키나와의 리얼리티를 새롭게 구축하고자 했던 것이다.

2. 개발자원으로서의 〈오키나와〉의 발견

〈오키나와〉의 자기정의

이상의 오키나와 경제진흥간담회를 계기로, 오키나와의 개발계획은 차츰 본격화해간다. 그리고 **1970년 9월의 장기경제개발계획**(류큐 정부)**→1972년 10월의 신전국통합개발계획으로의 편입**(경제기획청)**→같은 해 12월의 오키나와진흥개발계획**(오키나와개발청)이라고 하는 일련의 공식적인 개발계획이 정비되어 간다.

여기서 〈오키나와〉는 일정한 특징을 부여받았다. 특히 장기경제개발계획의 발표주체는 류큐 정부(이후의 오키나와 현)이다. 그러한 오키나와의 자기이해·자기정의는 오키나와 현의 새로운 아이덴티티를 공식적으로 확정, 이후의 방향성을 결정짓는 것이었다.

무엇보다 이러한 〈오키나와〉의 자기에 대한 시선은 이미 **순수한** 〈현민〉의 것이 아니다. 계획정책의 단계에서 신전국통합개발계획을 작성한 시모코베 아쓰시下河辺淳를 위시해 20명이 넘는 중앙관료가 조언지도자로서 오키나와를 방문, 깊은 영향력을 행사했기 때문이다. 류큐 정부는 신전국통합개발계획의 〈국토개발〉의 시선을 내부로 포섭해가면서 그 영향 아래 〈오키나와〉의 자기상을 만들어 간 것에 지나지 않는다. 하지만 그것은 '현민 스스로 주체성을 갖고 뛰어난 지혜와 총력을 결집해 추진'하고, '전 현민의 창조적 정신과 자립의식의 고양을 도모한다'는 것으로서 제시되었다. '현민'의 '주체성'의 발휘란 어디까지나 신전국통합개발계획의 〈개발〉의 프레임 속에 한정되어 있었다.

그 기본구상에는 '본 현의 특성'에 대해, 다음의 8개 항목이 열거되어 있다.

⑴ 지리적 조건의 유리성

⑵ 자연적 조건의 유리성

⑶ 진취성과 국제성이 풍부한 현민 기질

⑷ 풍부한 노동력

⑸ 국제교류협력방면의 우위성

⑹ 풍부한 민속 문화

⑺ 태풍 빈발의 불리함

⑻ 인근 섬들離島群을 끼고 있는 불리함

중요한 것은 이것들이 어디까지나 오키나와의 '**개발 가능성**'의 **시점에서** 거론되고 있었다는 것이다. 이하에서는 키워드를 골라내서 주요한 논점을 추출해보기로 한다.

⑴ 지리적 조건으로는 '본 현'=오키나와가 '우리나라'=일본의 '최남단'에 위치하며, '본토와 동남아시아지역과 거의 가운데'라고 하는 위치가 '남쪽의 현관'으로서 개발가치를 갖는다고 하는 것이다. 이러한 오키나와의 지리적 위치는 그야말로 역사적으로는 태평양전쟁에서 본토의 '방파제'가 되기도 하고, 전후에는 미군의 아시아 거점으로 활용되어 왔다. 하지만 여기서는 그러한 부정적인 **역사성**을 도려내고, **순수한 공간**으로서의 〈오키나와〉로 바꿔 읽어간다. 이것이야말로 〈개발〉이라고 하는 지의 작용이다.

⑵ 자연적 조건으로는 오키나와가 일본의 '유일한 아열대지역'이라는 것을 활용한 농업개발이 가능하다는 것이다. 또한 '남국 특유의 푸른 하늘', '색조 짙은 해원海原', '산호초' 등의 '자연경관'에 미적인 시선이 향해져, '**국민의** 레크리에이션의 장'으로서 관광개발에 적합하다고 간주된다.

관광개발은 '자연경관'을 미적인 대상으로 인공적으로 재구성하는 작업이다. 그 풍경은 개발의 〈대상=객체〉로 화하고, 〈주체〉로부터는 명확히 구별된다. 류큐 정부는 암묵적으로 오키나와의 공간을 신체로부터 떼어내 객체로서 가공하고자 했다.

동시에 '현민'에 대해서도 〈개발〉의 시선이 드리워졌다. ⑶'진취성과 국제성이 풍부한 현민 기질'이 역사의 인용을 통해 말해지고 있다. 15~16세기의 중계무역이나 20세기의 해외이민, 오늘날의 외국인과의 교류(즉 미군과의 교류)가 예로 제시된다. 이러한 현민 기질을 '하나의 커다란 원인'으로서 '우리나라의 국제교류 협력의 장으로서 현의 토지를 개발할' 때 활용해야 한다는 것이다. 또한 (4)로 현민의 인재력은 양적으로도 63만 명의 풍부한 노동력을 가지고 있다는 것이다. '현민'이라고 하는 〈인간〉 그 자체가 개발의 〈자원〉으로서 틀지어진다.

(5)의 국제교류협력 면으로는 열대농업연구센터 · 국제회의장 · 열대의학 · 해양연구기관 등의 설치가 거론된다. 이들 오키나와 특유의 테마 군을 청사 시설로 구체화하는 것은 〈오키나와〉 이미지를 구체화 · 현실화하는 효과를 갖는다.

주체/객체

'관찰하는 주체(Subject)'와 '관찰당하는 객체(Object)'의 관계는 다양한 분야에서 재고찰되는 문제다. 의료에서 의사와 환자, 교육에서 교사와 학생, 가족에서 부모와 자식, 미디어에서 찍는 사람과 찍히는 사람, 사회조사에서 연구자와 대상자. … 이들 모두 행위하는 주체 측이 우위의 입장에 있다. 나는 대학 수업에서 이것을 〈S⇒O 도식〉을 그려 종종 이야기한다. 오키나와연구에서 오키나와에 대한 본토 연구자의 시선이나, 본토 미디어가 송출하는 〈오키나와 이미지〉도 S⇒O 도식으로 설명할 수 있는 것이 많다.

국제성

2000년 규슈 · 오키나와 정상회담에서도 비슷하게 오키나와 현민의 '국제성'이나 '온화함'의 이미지가 활용되었다. 오키나와에서는 미군과의 관계가 '국제성'으로 독해되는 경우가 종종 있지만(제 5장), 그 때에는 대개 류큐 왕조시대의 역사가 인용된다.

KEY WORD

이상의 오키나와 특유의 지리·자연·인재·시설에 보다 구체적인 내용을 부여하는 것은 무엇일까. 그것은 〈문화〉이다. (6)에서는 오키나와 고유의 '풍부한 민속 문화'가 상찬된다. 하지만 이것도 개발가능성의 시점에서 생활 속에서 '영위되는 문화'로부터 관상이나 연구를 위해 '보여주는 문화', '보이는 문화'로의 변질을 강요당한 것이다.

지금까지 열거한 것이 개발에 활용될 수 있는 오키나와 현의 장점이다. 한편 (7)잦은 태풍피해와 (8)인근 섬들 간의 거리는, 오키나와 현의 불리한 특징이다. 하지만 이것들도 교통이나 전기·수도 등의 인프라 정비에 의해 극복할 수 있는 것으로 간주된다. 오키나와의 장점도 단점도 함께 〈개발〉을 정당화하는 여러 요인으로 자리매김된 것이다.

신전국통합개발계획 속에서의 〈오키나와〉

지금까지 열거한 것들에 기초해서 복귀 후, 신전국통합개발계획 속으로 '오키나와 개발의 기본구상'이 보완되어, 오키나와는 8번째 블록으로 독립했다. 만약 후쿠오카 중심의 규슈 블록에 들어가면 오키나와는 머나먼 남쪽의 변경이 되기 때문이었다. 오키나와 블록을 정당화하기 위해서는 '일본 안에서도 독특한 개성을 갖는 지역'으로서, 다른 블록과의 차별화·개성화를 도모할 필요가 있었다.

무엇보다 이 차이화·개성화란 어디까지나 〈국토공간〉이라고 하는 균질적·추상적인 일본의 내셔널한 공간 속으로 오키나와가 포섭되고, 통합되어 가는 프로세스이기도 했다. 신전국통합개발계획의 지도 아래 〈개발〉은 이러한 내셔널한 통합을 경제적으로 실현시켜간다. 따라서 오키나와 블록의 '개성'도 개발가능성의 시점을 찾아가게 된다. 오키나와의 〈자연〉, 〈아열대〉, 〈바다〉는 어디까지나 '국토', 즉 〈개발〉의 대상으로서 응시되었다.

그렇다면 전체 국토에서 오키나와는 구체적으로 어떠한 위치를 부여받았는가.

"오키나와는 제 2차 세계대전의 태평양지역에서의 최후의 그리고 최대의 격전지가 되어 오키나와 현민은 말할 수 없는 비참한 희생을 치르고, 더욱이 전후 오랜 기간에 걸쳐 본토와의 단절이 계속되었다."

우선, 오키나와전투에 대한 역사인식으로부터 시작된다. 현민은 비참한 희생을 치른 데 더해 전후에도 본토와 단절되고, 광대한 미군 기지나 도서성, 태풍 등 여러 요인 때문에 발전이 뒤쳐져 본토와 커다란 격차가 생긴 것을 지적한다. 하지만 그 후 논리가 크게 바뀐다.

"한편으로 오키나와는 우리나라의 최남단에 위치해, 본토와 동남아시아 여러 나라와의 거의 중앙에 위치하고, 국제교류에 있어서 유리한 지리적 조건을 갖고 있다. 또한 크고 작은 70여개의 도서와 남북 400km, 동서 1,000km에 이르는 광

대한 해역으로 이루어진 우리나라 유일의 아열대 해양지역이
며, 풍부한 태양 에너지, 풍부한 해양자원, 다채로운 관광자
원 등 천혜의 자연 조건이 갖춰져 있다.”

'한편'이라고 하는 접속사는 오키나와의 어두운 과거로부터 눈
을 돌려, 긍정적인 지리적·자연적 조건으로 시점을 바꿔간다.
신전국통합개발계획에서 〈개발〉의 틀은 명백하게 과거의 부정
적인 〈전쟁〉, 〈기지〉로부터 현재~미래의 긍정적인 〈개발〉로 라
는 오키나와의 리얼리티 전환·갱신을 포함하고 있다. 이후의
부분은 다음과 같다.

"이러한 훌륭한 특성을 충분히 살리는 것에 의해, **자립적 발
전**의 기초조건을 정비, **기지경제로부터의 탈각**을 도모하고,
평화경제로의 이행을 적극적으로 추진하지 않으면 안 된다.”

여기서 〈개발〉은 〈평화〉와 관계를 맺는 것으로 보다 정당성
을 부여받는다. 또한 신전국통합개발계획의 도입이 '기지경제로

KEY WORD

전체화와 개별화
푸코(이 책 26~27페이지)가 제기한 문제. 전체적인 균질화와 개별적인 차이화
라는 것은 상반되는 것이 아니라 오히려 동시병행적으로 진행하는 프로세
스이다. 개개 요소는 전체로 편입되면서 상호 관계 속에서 차이화·개별
화되간다.

부터의 탈각'과 연결되고 있다.

그렇다고 해도 이 '기지경제로부터의 탈각'이란 실은 기지 그 자체의 온존(및 기지문제의 은닉)과 양립할 수 있는 것이었다. 국책상, 미군기지로부터는 탈각할 수 없다. 하지만 그것이야말로 기지의 리얼리티와는 별개로, 또 하나의 리얼리티를 만들어낼 필요가 생긴다. 그것이 〈개발〉이었다. 이후 오키나와라는 섬 공간에 기지와 개발이 펜스를 사이에 두고 각각의 평행적 세계를 구성하고, 리얼리티의 이중성이 만들어진다. 오키나와에서 신전국통합개발계획의 〈개발〉이라는 지는 이러한 독특한 기능도 발휘하는 것이었다.

그렇다면 구체적으로 신전국통합개발계획은 오키나와 블록을 어떻게 개발하려고 했는가. 그 수단은 역시, 신전국통합개발계획의 근간을 이루는 교통·통신망의 정비였다.

오키나와진흥개발계획: 〈지〉의 권력장치

신전국통합개발계획에 기초해 1972년 12월 오키나와진흥개발계획이 책정되었다. 계획 기간은 1972~81년도의 10개년이었다(제1차). 그 내용은 다음의 11개 항목으로 이루어졌다.

제 1 기본방침
제 2 교통통신체계의 정비
제 3 수질원의 개발 및 에너지의 확보
제 4 생활환경시설 등의 정비

제 5 사회복지의 확충과 보건의료의 확보

제 6 교육 및 문화의 진흥

제 7 자연환경과 국토의 보전 및 공해방지

제 8 산업의 진흥개발

제 9 여가생활의 충실과 관광의 개발

제 10 직업의 안정과 노동복지의 향상

제 11 인근 섬들의 진흥

제 1의 '기본방침'에서는 본 개발계획의 목표를 제시한다. '**본토와의 낙차 시정**', '전역에 걸친 **국민적 표준의 확보**', '지역특성의 활용에 의한 자립적 발전의 기초조건 정비', '평화롭고 밝고 풍부한 오키나와 현의 실현'이 그것이다.

'본토와의 낙차 시정', '국민적 표준'이라고 할 때, 오키나와진흥개발계획은 명백하게 오키나와에 일정한 척도를 가져오고 있다. 오키나와나 현민이 도달해야 할 표준점이 있으며, 본토나 다른 국민은 이미 달성하고 있다고 하는 암묵적인 견해이다. 이것

BOOK GUIDE

볼프강 작스Wolfgang Sachs 편, 「'탈'개발'의 시대: 현대사회를 독해하는 키워드 사전脱「開発」の時代—現代社会を解読するキイワード辞典」, 晶文社 1996

개발 · 환경 · 평등 · 원조 · 필요 · 빈곤 · 기술 등 얼핏 보기에 자명하며 중립적인 19개 키워드의 의미를 재고하며, 이것들이 암묵적으로 포함하는 '개발은 좋은 것'이라는 관점을 근본적으로 의심하기. 우리가 보통 곧 그만 멈춰버리는 사고를 활성화하고 '과연'하고 끄덕이며 새로운 첫걸음을 내딛게 해주는 양서. '힘으로서의 지의 가이드'.

이야말로 오키나와에서 개발의 에피스테메의 작용이다. 외재적으로 설정된 기준이 무조건적으로 옳은 것으로 받아들여지고, 거기에 도달하지 않은 〈오키나와〉는 '저개발지역'으로서, 수량적으로 측정된다. 그리고 〈개발〉의 정당성이 승인된다.

이러한 〈개발〉의 지는 일견 정치나 이데올로기에 관여하지 않는 **순수하게 기술적·경제적인** 생활이나 산업의 기반건설을 행하고 있는 것처럼 생각된다. 하지만 〈개발〉은 그 자체로 정치성을 띤 환상이다. 이 환상은 인프라나 경제효과라고 하는 물질적인 효과에 직접 연결되어, 현실의 내부에 뿌리를 내려간다. 그리고 이를 통해 새로운 방향으로 사회를 만들어간다. 오키나와진흥개발계획은 복귀 후의 오키나와에 〈개발〉의 환상을 가져와, 지향해야 할 '표준'으로 오키나와 사회를 나아가게 하는, 지의 권력 장치로서 작동하고 있었던 것이다.

앞의 11개 항목은 실로 여러 방면에 걸친 포괄적인 계획이다. '전역에 걸친 국민적 표준의 확보'로서 모든 영역에 본토화·표준화라고 하는 〈개발〉의 시선이 향해져 있었다. 그 중에서도 중점을 둔 것이 인프라(=생활·산업기반)의 정비로, 제 2~6이 여기에 해당한다. 특히 제 5의 병원·복지시설과 제 6의 학교의 의미는 크다. '본토와 같은 수준'으로 학교나 병원을 정비하는 것은 오키나와 사회에 **학교화와 의료화**를 추진하는 것이기 때문이다.

일리치의 시점: 학교화·의료화·차車사회화

일리치I. Illich의 시점을 빌린다면, 학교화란 '이해하고', '생각하는' 인간의 행위를 교육 서비스에 위임하는 것이며, 의료화란 인간의 신체·건강·생명을 의료 서비스에 위임하는 것이다. 단, 교육이나 의료는 단순히 기술적인 서비스를 제공하는 것만은 아니다. 〈지〉나 〈건강〉의 기준을 바깥으로부터 가져와 규정하고, 수익자가 '건전'한가 어떤가를 측정하는 것이다. 이에 의해 인간의 〈지〉, 〈건강〉은 통제 아래 놓이게 되며, 사람들은 서비스의 소비자로 전환된다. 교육·의료가 침투함에 따라 서비스에 대한 의존도는 높아지며, 교육이나 의료 제도가 '필요' 그 자체를 창출해가는 사태가 발생한다.

오키나와진흥개발계획에서 의료와 교육의 '본토와 같은 수준'의 실현은 현민의 〈신체〉나 〈지〉라고 하는 인간의 근원적인 측면으로부터, 이를 추진해가는 것이었다고 말할 수 있을 것이다. 이들의 지원을 받으면서 진흥개발계획이 전지역적·포괄적인 〈개발〉을 실시할 때 진행되는 사태는 보다 포괄적·전체 공간적

PERSON

이반 일리치(Ivan Illich 1926~2002)

현대 산업사회가 내포하고 있는 모순을 문명론의 시점에서 맹렬하게 비판해온 사상가. 학교화·병원화·수송화·젠더 등, 폭 넓은 영역에 걸쳐 논의를 전개했다. 그것은 예를 들어 다음과 같다. 우리들은 학교에서 배우면 배울수록 스스로 생각하는 방법을 잃어 버린다. 우리들은 의료에 의존하면 의존할수록 자신의 건강이나 생명을 의료 관리에 위임하게 된다. 우리들은 교통서비스를 받으면 받을수록 스스로 걷는 힘을 잃어버리게 된다. 그가 발신하는 경종은 실로 예리하며, 그 독특한 시점에는 배울 점이 많다. 저서로 『학교 없는 사회』, 『병원이 병을 만든다』, 『그림자 노동』, 『전문가들의 사회』, 『깨달음의 혁명』 등.

인 서비스사회이자, 새로운 관리사회였다. 교통 · 에너지 · 상하수도 · 의료 · 복지 · 교육 등의 인프라 정비와 함께, 현민은 어느새 이들 서비스의 〈소비자〉로 포섭되어 간다. 각종 서비스에 의해 현민은 '필요'를 충족하는 동시에 그 서비스가 일정한 방향에서 관리하는 수동적인 존재가 되어가는 것이다.

복귀 후의 오키나와에서 대규모 인프라 정비의 정치적 의미는 이 시점에서 이해할 수 있다. '본토와 같은 수준'이라는 이름 아래, 오키나와의 〈국토〉와 〈국민〉은 새롭게 규격화되고 재편제된다. 전공간적으로 시스템화된 관리 · 통치가 실현되어 가는 것이다.

한편 일리치는 학교 · 의료와 함께, 교통의 문제도 논의한다. 그 시점은 신전국통합개발계획~오키나와진흥개발계획에서 교통, 특히 도로가 중시되었던 사정을 고려할 때 힌트가 된다. 거기서 나타나고 있었던 것은 **수송화 · 속도화**, 즉 **자동차 사회화**라고 하는 사태이다. 자동차를 운전할 때, 우리들은 능동적으로 차를 움직이고 있다는 느낌을 받지만, 실은 **교통 서비스**를 받고 있는 것이다. 자가용차나 버스 · 택시로 공간을 이동할 때 우리는 그 거리를 걷는 **시간**을 구매하고 있다고도 생각할 수 있지만, 결국 **속도의 서비스**를 받고 있는 것이다.

오키나와진흥개발계획을 통해서, 급속히 오키나와 본섬에 주요도로가 깔리고, 각각의 떨어진 섬들에 일주도로가 정비되어가는 것은 교통 서비스로서, 서비스 사회 도입의 일환을 이루고 있었다. 현민은 반은 강제적으로 새로운 교통 서비스에 가입하지 않을 수 없었다. 이는 공간의 차원에서 관리사회화가 진행되는 것이기도 했다. 오키나와진흥개발계획에서의 도로 정비는 복귀 후의 오키나와에서 〈국토〉와 〈국민〉의 재편을 **기술적**技術的으로 완수하는 작업이기도 했다.

오키나와진흥개발계획에서 관광과 해양박람회의 자리매김: 〈아열대〉의 테마파크

그렇다면 개발계획 내에서 관광과 해양박람회는 어떻게 자리매김 되었는가. 이는 제 9항목 '우리나라 유일의 아열대 해양 지역'이라고 하는 지리적 · 자연적 조건이 관광의 문맥에서는 **미적 · 시각적 차원**에서 자원으로 활용되는 것으로 평가되었다. 신전국통합개발계획의 제 8블록 · 오키나와에는 〈아열대〉, 〈해양지역〉으로서의 개성화 · 차이화가 시각적으로도 요청된다.

개별적 · 구체적으로 거론된 관광개발의 내용은 다음과 같다.

1. 자연환경 및 전통문화의 보존과 이용
2. 오키나와 국제해양박람회 개최와 해양개발
3. 도시적, 문화적 시설의 정비
4. 관광객 수용 태세의 정비

1에서는 자연환경을 관광 〈자원〉으로 하는 관점으로부터, '보호와 이용의 촉진'이 도모되었다. 특히 경승지는 '자연공원의 관리체제를 강화'해서, 해양성 레크리에이션 기지나 아열대식물원 등을 건설한다는 것이다. 또한 녹지가 적은 현토의 '전체 현 녹화'의 욕망도 커져갔다. 특히 전통문화에 있어서도 오키나와의 전통예능이나 민예품의 보호육성이나 박물관 · 향토관 · 물산관 · 문화촌 등의 정비 · 확충이 관광개발의 관점에서 구상되었다.

관광개발의 틀 안에서 〈자연〉, 〈바다〉, 〈아열대〉, 〈녹지〉, 〈전통〉, 〈문화〉, 〈역사〉라고 하는 일견 자명한 카테고리가 자각적 · 반성적인 시선을 받으면서 테마화된다. 이것들은 인공적으로 손이 가해져 〈환경〉의 일부로서 연출되어, 박물관 · 전람회적인 공간 속에 패키지화된다. 이러한 관광개발은 오키나와의 공간 전체를 〈아열대〉의 테마파크로 변화시켜가는 작업이다.

개발의 에피스테메에 의한 〈국토〉와 〈국민〉의 재편제를 교육은 〈지〉의 차원에서, 의료는 〈신체〉의 차원에서 떠받치고 있었다. 이와 동일하게 관광개발은 〈미〉의 차원에서 지지하고 있었다. 여기서는 개발의 에피스테메가 관광의 에피스테메와 연동하며, 오키나와의 공간적 리얼리티를 일정한 방향으로 만들어간다.

한편, 해양박람회는 오키나와진흥개발계획 속에서 오키나와 개발의 중요한 계기로 자리매김 되었다. 국제교류 · 관광진흥 ·

테마화 · 테마파크
디즈니랜드나 유니버셜 스튜디오를 떠올리면 알 수 있듯이, 테마파크는 하나의 통일적인 테마 아래 인공적 · 전체공간적으로 만들어진 환경세계. 여기서는 오키나와의 공간 그 자체가 〈아열대〉나 〈바다〉라는 테마에 따라 재편되어가는 사태를 테마화 · 테마파크화라고 기술하고 있다.

KEY WORD

해양개발의 추진력이 되는 것뿐만 아니라, 인프라 정비의 기동력으로서도 기대를 모았다. 회장 부지를 중심으로 모토부 반도는 리조트 지대로 위치 지어졌다(제 7장 참조). 해양박람회의 공간은 리조트화의 중심 모델이 되고, 오키나와 전역으로 확산해가게 된다.

3. 해양박람회의 관련 공공사업: 속도와 이동의 에피스테메

도로에 의한 공간적 리얼리티의 재편

오키나와진흥개발계획과 해양박람회의 관계를 직접 나타내는 것은 해양박람회의 관련 공공사업이다. 이 관련 사업이야말로 도쿄올림픽이나 오사카만국박람회에서도 선보인 축제형 개발의 방식이다.

해양박람회의 회장이 오키나와 본섬 북부로 결정되자 나하로부터 85킬로 떨어진 회장까지의 교통 · 숙박 · 상하수도 등 공공시설 미정비가 문제가 되었다. 거기에 개발계획이 책정되어 해양박람회의 관련 공공사업이 갖추어졌다. 정부가 투입한 예산은 1800억 엔에 달했다. 회장의 건설비가 300억 엔이었기 때문에 해양박람회 그 자체보다 규모가 훨씬 크다. 특히 도로에는 압도적인 금액이 투입되어, 고속도로 · 오키나와자동차도와 국도 58호선의 건설 · 정비에 총 722억 엔이 투입되었다. 이 두개의 주요 도로는 오키나와진흥개발계획과 해양박람회의 결합을 상징한다.

한편, 관련사업 중에 철도는 포함되지 않았다. 오키나와 전투에서 괴멸적인 타격을 입은 오키나와에는 전후에 철도가 없었다. 그 대신에 자동차의 보급은 빨라서, 복귀 이전에 이미 꽤 많은 수가 보급되었다. 그림 2-1의 자동차보유대수 그래프로부터 이를 확인할 수 있다. 복귀 후·해양박람회 전인 1974년에는 21만대로, 9년 사이에 약 여섯 배로 늘었다. 한편 오키나와자동차도로와 58호선의 공사는 1973~75년, 해양박람회 준비기에 집중적으로 이루어졌다. 해양박람회 관련공사로서의 도로정비는 바로 이러한 급속한 자동차화에 대응하고 있었다.

현 전체의 도로 개량 비율·포장 비율도 이 시기 비약적으로

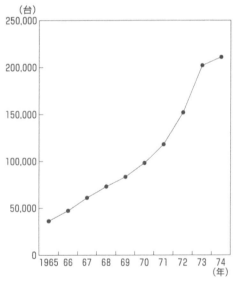

[그림 2-1] 오키나와 본섬에서 자동차 보유대수의 추이
(출처) 오키나와개발청 오키나와종합사무국개발건설부[1977]

향상했다. 현 도로는 1971~78년도 사이에 개량 비율이 37.2→
59.9%, 포장 비율이 30.6→80.3%, 시정촌 도로도 개량 비율이
20.7→36.0%, 포장 비율이 19.9→53.4%로 상승한다. 현민에게
있어 친근한 풍경을 이루고 있던 길이 일거에 아스팔트로 포장된
다. 해양박람회를 기폭제로 한 도로 정비는 공간적 리얼리티의
변용을 가속화시켰다.

해양박람회와 함께 그림 2-2의 간선도로를 주축으로 해서,
오키나와 본섬 전체가 '하나의 도시처럼' 연결되어 간다. 이는 실
로 신전국통합개발계획의 이념 그 자체였다. 이를 통해 오키나
와 본섬은 〈국토〉
로서 추상적 · 균질
적인 공간관리 하에
놓이게 되었다. 해
양박람회는 이 국가
적 프로젝트를 비일
상적인 축제성의 측
면으로부터 추진해
가고 있었다.

또한 자동차 사
회의 진행은 오키나
와에 교통 서비스가
침투해가는 프로세
스이기도 했다. 해양

[그림 2-2] 관련공공사업 개략도

박람회의 관련사업은 오키나와 사회에 전공간적인 〈속도〉를 도입하고, 교통 서비스의 체계를 확립했다. 특히 서해안의 국도 58호선은 중핵도시인 나하와 해양박람회회장 사이의 거리를 전례 없는 〈속도〉로 연결시켜 공간을 압축했다. 이는 직접적으로는 해양박람회의 관광객을 위해, 간접·장기적으로는 현민이나 관광객을 위해, 나하~북부간의 교통 서비스 체계를 도입하는 것이었다.

이상은 해양박람회를 계기로 한 속도와 이동의 **에피스테메**의 도입이자 오키나와에서 〈국토〉와 〈국민〉의 재편의 한 양상이다. 이는 제 1장의 도쿄올림픽에서 오사카만국박람회 흐름의 연장선상에 있다. 원래 세계 최초의 만국박람회인 1851년 런던만국박람회도 철도여행의 보급과 밀접히 연동하고 있었다. 실은 박람회와 교통·속도·이동은 항상 연동하고 있다. 직접적으로는 대량의 관객을 박람회장에 수송할 필요 때문이지만, 간접·장기적으로는 박람회장이 위치한 도시의 교통을 단번에 개발하는 효과

와카바야시 미키오若林幹夫, 『**도시의 알레고리**都市のアレゴリー』, INAX 出版, 1999
도시·공간·교통을 생각할 때, 힌트를 주는 내용을 풍부하게 담고 있는 뛰어난 책. 근대도시는 '共同體'가 아니라 '共異體'이다. 즉 '차이를 공유하고 이동을 공유하는 사회'라고 하는 식견은 많은 시사점을 준다. 와카바야시의 저서는 그 외에 『지도의 상상력』(講談社, 1995) 『도시로의/로부터의 시선』(青弓社, 2003) 등이 있다. 그의 도시론은 항상 개성적이고 흥미로우며 풍부한 사회학적 상상력을 제공해준다.

BOOK GUIDE

를 갖는 것이다. 해양박람회에 있어서도 교통에서의 속도와 이동의 에피스테메는 복귀 후 오키나와의 공간적 리얼리티를 단번에 만들어내었다.

〈아열대〉와 〈바다〉의 전시display 장치: 오키나와다움의 연출

동시에 이러한 공간적 리얼리티의 변용 속에서, 달리는 자동차 안에서 보는 오키나와의 풍경에 대해, 지각의 존재양식이 근본적으로 변했다는 점도 중요하다(제 4장, 쉬벨부시W. Schivelbusch의 논의를 참조). 이는 공간 변용의 미적·시각적 차원이다. 〈속도〉의 도입에 의해 도로 위의 자동차 안에서 풍경을 파노라마적으로 응시해가는 새로운 시각의 구도가 침투해 간다. 오키나와의 풍경이 관광이라는 시선의 대상=객체로 화해, 소비되어 가는 사태이다.

특히 본섬 서해안을 종단하는 '해양박람회도로' 국도 58호선에는 관광도로의 역할이 부여되었다. 도로 연변에는 각종 시각적·미적인 연출효과가 두드러졌다.

실은 이 58호선은 복귀 전에는 '군사도로 1호선'으로 불렸다. 미군이 군사관련 차량의 운송을 위해 포장 정비를 한 도로였던 것이다. 근린 주민의 편의나 안전은 무시되고, 사망 사고도 많이 일어났다. 따라서 이 이행은 단순한 경제개발 이상의 의미를 가지고 있다. 오키나와 본섬의 대동맥을 이렇게 변모시키는 것은 오키나와에서 〈기지의 리얼리티〉를 벗겨내고, 새롭게 〈관광의 리얼리티〉를 창출한다는 점에서 상징적인 의미를 지녔던 것이다.

중앙분리대나 보행자 도로에 나무를 심거나 미적 경관의 확보, 환경과의 조화를 꾀하는 공사가 시행되었다. 사업주체인 오키나와개발청·오키나와종합사무국은 다음과 같은 식수植樹의 기본방침을 만들었다. ①오키나와의 특색을 띨 것, ②지역시정촌의 의견을 참고해서 시정촌마다 수종의 변화를 가지게 할 것, ③식물환경으로부터 적합 여부를 판정할 것, ④주위의 경관과 조화를 이루게 할 것, ⑤중앙분리대부분은 운전자의 시각유도나 야간에 반대편 차량 헤드라이트 빛 차단을 겸할 수 있는 것으로 할 것, ⑥공급량이 확보될 수 있을 것, ⑦접목이 용이할 것, ⑧유지관리 작업이 용이할 것.

　①로부터 58호선의 식수 사업은 〈오키나와다움〉의 연출을 의도하고 있었다. 이는 실로 앞서의 개발계획에서 본 바 있는 〈오키나와〉의 자기 정의가 공간적으로 구현되는 프로세스이다. 〈아열대〉, 〈남국〉이라고 하는 오키나와의 자연적·지리적 조건이 미적인 이미지로서 활용된다. 그 이미지를 대상화한 것이 아열대식물이다. 결국 〈**자연→이미지→물질**〉이라고 하는 흐름이다. 심은 나무들은 어디까지나 만들어진 〈오키나와〉의 이미지를 매개하는 인공적인 산물이며, 〈원시적인 자연〉과는 거리가 먼 것이다. '남국의 오키나와다운' 아열대식물이 해양박람회도로·58호선 연변에 심어진다. 오키나와진흥개발계획의 〈개발〉 이념은 간선도로라고 하는 공공성 높은 공간에 물질적인 현실로서 자리잡아갔던 것이다.

　이들 녹지는 주위의 경관, 서해안의 〈푸른 하늘, 푸른 바다〉

와 겹쳐져 조화를 이루어 간다(④). 바야흐로 58호선은 〈아열대〉
와 〈바다〉를 연출하는 〈오키나와다움〉의 전시장치로 기능하기
시작했다. 결국 58호선은 단순히 나하로부터 해양박람회회장까
지를 왕복하는 이동 수단으로서 통과해 지나가기 위해 존재하는
것만은 아니다. 회장까지의 도로 자체가 이미 〈아열대〉와 〈바다
〉의 테마파크로 변하고 있었던 것이다. 이 도로 공원road park은
속도와 이동에 의해 열린 새로운 시각적 풍경이었다.

특히 본토로부터 온 여
행객은 나하에 있는 본토
계 자본의 호텔에서 관광
버스에 몸을 싣고, 이 도
로 공원을 파노라마적으
로 보고, 〈남국·오키나와
〉의 이미지를 맛보면서,
해양박람회회장으로의 긴
85킬로미터를 왕복했다.
본토계 호텔~58호선~해
양박람회회장이라고 하는
자기완결적인 일련의 테마
공간 속으로 관광객들은
빨려들어 간 것이다.

해양박람회의 〈바다〉라
는 테마 세계는 결코 회장

당시 58번 국도(차탄촌)

중앙 분리대에 심은 소철(나고시)

안에서 완결되지 않고, 회장 외부 오키나와의 공간에까지 확장되고 있었다. 오키나와의 〈국토 공간〉 그 자체가 〈아열대〉와 〈바다〉의 테마에 따라 새롭게 변화되어 갔다. 이는 신전국통합개발계획의 제 8블록 오키나와가 아열대 해양지역으로서 개성화·차별화되는 과정의 미적·상징적 차원이기도 했다.

이미지에 의해 인공적·재귀적인 산물이 된 아열대식물은 이미 오키나와 원산에 한정되지 않고 그 배치도 종류도 완전히 조작할 수 있다. 식물의 선정기준은 앞의 기본방침에서 ③식물환경으로부터 적합 여부, ⑥공급량이 확보될 수 있을 것, ⑦접목이 용이할 것, ⑧유지관리 작업이 용이할 것 등 식수의 물리적·기술적인 여러 조작이 우선되었다.

덧붙여, ②지역시정촌의 요망도 기준의 하나가 되었다. 58호선은 나하시·우라조에浦添시·기노완宜野湾시·차탄北谷촌·카데나嘉手納촌·요미탄読谷촌·온나恩納촌·나고名護시를 종단하였다. 이들 지역에서 58호선은 단순히 〈오키나와다움〉만이 아니라, 각 자치체의 개성적인 이미지를 연출하는 장치로서의 역할을 담당하는 '지역의 정면 무대'가 되기도 했던 것이다.

또한 ⑤중앙분리대의 나무들은 교통안전의 기능도 겸하였다.

도로 공원road park
도로 그 자체를 공원으로 파악해 자동차로 달리면서 풍경을 즐기는 〈남국〉, 〈아열대〉의 도로공원으로 만드는 기법은 미야자키 현이 이미 시행한 적이 있고, 오키나와의 관광개발 모델이 되었다.

KEY WORD

쾌적성과 안전성은 박람회나 테마파크 등 소비 공간의 2대 요건이다. 58호선의 식수연출도 시각적인 쾌적성과 교통상의 안정성이라고 하는 요건을 충족시킨 것으로 도로 공원로의 지향성은 명확하다.

나무는 이상의 점을 감안하여 선정되었다. 히비스커스(1만 그루), 아카리파·부겐빌리아·테란세라·코코야자 등의 야자류, 소철·철쭉·아메리카데이고 등이 다수 심어졌다. 이 중 소철·철쭉·일부 야자 이외에는 어느 것도 원래는 오키나와 자생 식물이 아니었다. '왜 오키나와의 수종을 선정하지 않았는가'라는 비판의 목소리도 높았지만, 위에 기술한 여러 기준을 충족시키지 못했기 때문이다. 특히 옛날부터 오키나와에 있었던 '향토수종'의 다수는 공급량을 충족시킬 수 없었다. 어디까지나 이상의 규격에 적합한 것이라고 하는 관점에서 이들 외래의 '아열대수종'이 새롭게 도입되었던 것이다.

복귀 후의 오키나와에서 〈아열대〉나 〈남국〉의 이미지는 실로 인공적으로 창출된 것이었다. 해양박람회도로 58호선은 돌관공사에 의해 오키나와의 자연을 대규모로 해체해가면서, 동시에 그것을 대신하는 형태로 그 내부에 새로운 〈아열대의 자연〉을 심어나갔다. 이는 〈자연〉의 콜로니colony화이자, 식수 테크놀로지에 의해 매개된 국토공간 재편성의 일환이었다. 해양박람회를 기폭제로 해서 현민을 에워싼 오키나와의 공간은 확실하게 변용해간다. 그래서 그 이후 관광리조트로서의 〈오키나와〉 이미지는 공간 속으로 물질화되고, 자명해지고, 문자 그대로 '뿌리를 내리게' 되는 것이다.

콜로니화colonization

사회학자 기든스가 모더니티론 속에서 사용한 용어. 그가 말하는 '미래의 콜로니화'는 끊임없이 변화에 직면해 장래를 예측할 수 없는 근현대 사회에서 가능한 안전한 미래를 확보하고자 하는 것(예를 들어 보험이나 수험). 일반적으로 콜로니화는 이제까지 손이 닿지 않는 곳에 있어 지식이나 제어가 불가능했던 대상을 자신의 것으로 하며 통제가능한 것으로 바꾸어가는 것(원래의 의미 '식민지화'에도 이것은 해당한다). 〈자연〉의 콜로니화란 〈자연〉을 인간사회에 적합하도록 바꾸어 관리 하에 두는 것이다. 원래 아열대의 자연은 인간의 손이 닿지 않은 야생성의 공간이다. 하지만 식수 테크놀로지에 의해 인위적으로 구축된 '아열대스러움', '자연스러움', '오키나와스러움'은 인간에게 좋은 것으로 사육되어 미적인 관상의 대상이 되어간다. 더욱이 그것은 오키나와를 관광 리조트화하기 위해 연출 장치의 하나로 작동하고 있었다.

히비스커스

오키나와에서 '아카바나'라 불리며 옛날부터 사랑받았지만, 원산은 중국 남부 · 인도라고 알려져 있으며, '불상화'라고도 불린다. 오키나와에는 16세기 무렵에 전해졌다는 설이 있다.

유이 레일(ゆいレール)

● 역사의 새로운 한 페이지

2003년 8월 10일, 이 날은 오키나와에서 특별한 날이었다. 구상 30년만에 오키나와 도시 모노레일인 「유이 레일」이 개통한 날이다. 58년만의 오키나와 전후 최초의 철도. 아침부터 텔레비전이나 신문 등의 캠페인도 굉장해서 덩달아 개통 당일에 타봤다.

집에서 가장 가까운 역인 기보儀保 역에서 탑승. 200년에 오키나와에 온 이래 계속 '공사중'이라는 인식밖에 없었던 역이 겨우 이용가능하게 되어 감격. 에스컬레이터로 올라가서, 자동판매기에서 표를 구입. 이러한 행동 자체가 지금까지 오키나와에는 없었던 것이다. 그것이 눈앞에서 연출되자 신기한 느낌이 들면서, 오사카 근처에 온 듯 한 감각마저 느낀다. 모노레일에 맞춰 옥상을 녹화한 역 주변의 건물. 이동 중인 자동차에서 보는 풍경과는 다르다. 높은 위치에서 나하·슈리를 조망한다.

2량 편성인 차 안은 만원. 대부분의 사람들이 여느 때와는 다른 각도에서 풍경을 바라보는 데 전념하고 있다. 정차하는 역마다 사람들이 타고 차내가 만원이 되어 좋은 사진은 찍을 수 없게 되었다. 종점인 나하공항역에 내려 유턴. 줄서서 기다리는 사이, 승하차 관리를 하는 직원이 우연히 텔레비전 특집방송에 나왔다. 여성운전사였다. 소리를 높여 이런저런 이야기를 들을 수 있어 좋았다. 운전 면허를 획득하기 위해 JR 규슈에서 10개월 간 수업을 받았다고 한다.

돌아오는 길에, 가장 뒷 차 끝 좌석에 앉아 차장의 업무과 공항 주변의 풍경을 바라본다. 새롭게 파노라마적으로 지각되는 풍경. 나하 신도심, 오모로마치おもろまち역에 내린다. 내 안에 확실하게 나하 도시공간의 의식지도가 각인되었다. 이 날은 오키나와 역사의 새로운 한 페이지가 될 것이 확실하다.

● 3개의 에피스테메, 특히 속도와 이동의 에피스테메

유이 레일의 탄생은 이 책의 논의와도 밀접하게 연관된다. 3개의 에피스테메 가운데, 가장 기반이 되는 것은 〈개발〉이다. 개발의 에피스테메는 생활이나 산업에 필요한 인프라를 정비하고, 지역경제를 활성화한다. 이 중에서 가장 거액의 투자가 이루어진 것이 교통이다. 해양박람회의 관련 사업에서 철도 부문은 계획되지 않았지만(!). 대신 도로에 집중해서 자동차 사회가 가속되었다. 오키나와라는 섬 공간에 유례 없는 속도와 이동성이 도입되었던 것이다. 장소와 장소를 선으로 연결해 이동해가는 듯한 새로운 인식지도가 사람들 마음속에 형성되어 간다.

교통에서 속도와 이동의 에피스테메의 작용은 단지 공간 이동의 편리성만이 아니다. 이동하면서 차 안에서 풍경을 파노라마적으로 보면서 가는 시각성의 효과도 중요하다. 이것은 관광의 에피스테메의 도입과도 연결된다. 관광객이 나하의 공항이나 호텔에서 58호선을 북상하면서 해양박람회장으로 향해 갈 때, 서해안의 〈푸른 바다〉와 도로의 〈아열대〉 나무들에 미적인 관광의 시선을 향하면서 "아~ 오키나와에 왔구나~"라고 실감해가는 구도가 만들어진 것이다.

● 테마파크화하는 나하 · 슈리

이러한 이야기들은 30년 후, 이 유이 레일에도 공통되는 것이다. 유이 레일은 나하공항과 슈리성을 연결하는 것만이 아니라. 신도심 개발이나 구도

개통 첫날, '축' 글씨가 붙어있는 유이 레일

역에서 조망하는 나하의 거리 풍경

슈리성과 레일의 대조

심의 재개발 등과도 연동하고 있다. 이 새로운 공간 개발은 종래의 자동차 사회·오키나와는 완전히 다른 형태의, 철도에 의한 새로운 속도와 이동성을 도입하는 것에 의해 실현되게 된다(도로가 이미 포화상태인 나하에서). 더욱이, 이 철도라는 이동형태는 역이나 차 안에서 보는, 새로운 도시공간의 파노라마적인 지각의 구도를 열어젖혔다. 현민에게 있어 익숙한 풍경이 다른 각도에서 파노라마적으로 보이면서 시각적인 소비 대상이 되어 갈 때, 나하·슈리는 그 자체가 테마파크화되어 간다.

하지만 이러한 현실의 방향성은 과연 앞으로도 성공적일까 하는 의문이 우선 남는다. 또한 이 이동형태에 의해 새로운 일상이 만들어지고, 테마파크화에 의해 오락성이 도입되겠지만, 그것에 의해 지역개발·공간개발의 이러한 방향성이 암묵적으로 승인된다. 그렇게 '이쪽 방향 외에 다른 방식이 있었을 지도 모른다'는 다른 가능성은 이제 사라지게 된다.

● **시간 지체(time lag)로서의 유이 레일**

전후 58년, 복귀 후 31년 만에 실현된 이 모노레일에는 아마 연장자들일수록 독특한 감회가 있을 것이다. 하지만 만약 복귀해서 바로 해양박람회에 맞춰 나하공항으로부터 모토부의 해양박람회장까지 철도로 이어져 본섬을 횡단하는 형태가 되었다면 오키나와는 과연 어떻게 되었을까. 아무래도 이번 유이 레일 열기는 30년의 시간 지체를 가지고 출현한 것처럼 생각하지 않을 수 없다. 그리고 그것 자체가 복귀 후 오키나와의 어떤 중대하고 본질적인 부분을 드러내고 있는 듯이 생각되는 것이다(보다 상세한 본격적인 논고는 「ユリイカ」 2004년 6월호 「夢のタイムラグ：ゆいレールと沖繩」 참고).

제2부

오키나와해양박람회
속으로 들어가기

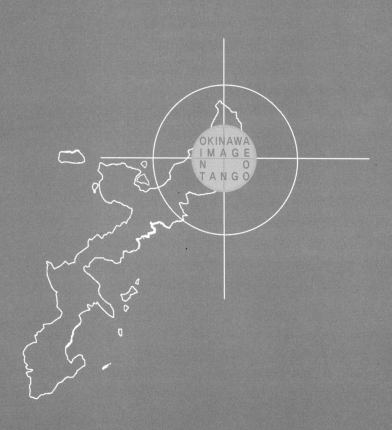

제3장
〈바다〉를 둘러싼 이미지 정치학image politics

1. 정치적인 축제로서의 오키나와해양박람회

'푸른 하늘, 푸른 바다'라는 오키나와 이미지는 어디에서 온 것인가. 명백하게 1975년의 복귀기념 이벤트인 오키나와해양박람회에서다. 왼쪽에 있는 것은 해양박람회의 심볼 마크인데, '푸른 하늘, 푸른 바다' 바로 그것이다. 해양박람회란 이 심볼을 복귀 후의 오키나와에 부여해준 거대한 축제였다.

해양박람회의 영향력은 관련 공공사업 측면에 머무르지 않는다. 해양박람회의 전시내용 그 자체가 오키나와 이미지의 탄생과 관련되어 있었다. 여기서부터는 해양박람회의 구체적인 내용을 자세히 살펴보도록 하자. 이번 장에서는 우선, 박람회란 어떠한 것인가, 또한 해양박람회가 박람회의 어떠한 흐름 속에 있었는가를 간단히 파악해두고자 한다.

● 표 3-1 오키나와국제해양박람회의 개요

회기	1975(쇼와 50)년 7월 20일 ~ 76년 1월 18일의 6개월, 183일간
회장	오키나와 본섬 북부 · 모토부 반도
출전참가	35개국, 3개의 국제기관, 1개의 자치령 (특별박람회로서는 당시 사상 최대)
관객 동원수	348만 명(당초 예상 450만 명에 못 미침)

[주] 국제박람회사무국BIE로부터 승인된 정식 만국박람회. 1970년 일본만국박람회(오사카만국박람회)가 '일반박람회'였던 것에 비해, '바다'를 테마로 한 '특별박람회'.

만국박람회의 역사에서 해양박람회: 실질성과 축제성

오키나와해양박람회의 개요는 표 3-1 그대로이다. 출전참가의 규모는 특별박람회 치고는 컸지만, 관객 수는 지리적 조건이나 오일쇼크(6장 참조) 때문에 예상보다 훨씬 저조했다. 그렇다면 왜 이러한 만국박람회가 복귀 후 오키나와에서 열렸던 것인가.

만국박람회란 여러 나라가 참가하는 국제 이벤트이다. 세계 최초의 만국박람회는 19세기 중엽의 런던박람회로, 전면이 투명한 유리 건축인 수정궁 '크리스탈팰리스'를 회장으로 한 것으로 유명하다. 런던 박람회의 성공 이후 각국이 뒤를 이어 차례차례 만국박람회를 개최해왔다. 다음 페이지인 표 3-2에 표기된 만국박람회는 모두 수백만~수천만 명의 입장객을 동원했다. 특히 오사카만국박람회는 사상 최고인 6,420만 명이다.

이들 만국박람회의 주도권을 쥐고 있었던 것은 대부분 각국 정부였다. 만국박람회는 국가가 거액의 자본을 투입하는 거대 프로젝트이며, 2005년의 아이치만국박람회도 이 연장선상에 있다. 만국박람회는 무엇을 위해, 어떠한 효과를 목표로 개최된 것일까.

만국박람회의 효과는 **실질적 효과와 축제적 효과**의 두 가지로 구분할 수 있다. 실질적 측면은 말하자면 경제효과이다. 19세기 초기 만국박람회는 새로운 기술이나 물산을 전시해서 산업진흥을 위해 국민을 교육하는 측면이 강했다. '산업사회의 학교'로서의 박람회이다. 하지만 이러한 경향은 20세기에는 약해지고, 만국박람회는 보다 오락화된다. 오히려 전체적으로는 대규모 관객동원에 의한 경제 효과 쪽이 크다. 이미 1851년의 런던만국박람회 때는 토마스 쿡T. Cook에 의해 철도단체여행이 산업화되어 대중 투어리즘이 확립되었다.

만국박람회와 관련해 대규모 공공사업의 실시도 실질적인 경제효과에 연결된다. 광대한 회장의 건설뿐만 아니라, 회장 주변의 도로·철도 등의 인프라 정비, 회장의 부지이용 등 일련의 대형 프로젝트가 부상한다. 예를 들어 파리는 19세기 후반 다섯 차

● 만국박람회의 실질적 효과와 축제적 효과

실질적 효과	축제적 효과
산업사회의 학교	내셔널리즘
관광객 동원	식민지주의
공공사업	상업적인 소비의 축제
고용창출	신기술에 의한 미래 이미지 연출

● 표 3-2 대표적인 만국박람회의 축제적 의의 · 상징적 건축 · 스펙터클 장치

연도	개최지	축제적 의의	상징적 건축	스펙터클 장치
1851	런던	만국 산업의 성과	수정궁	투명유리건축
1876	필라델피아	미국독립 100주년		
1889	파리	프랑스혁명 100주년	에펠탑	세계를 부감
1893	시카고	신대륙 발견 400주년	화이트시티	관람차
1900	파리		에펠탑(조명)	빛의 연출 야경
1904	세인트루이스	루이지애나 매수 100주년		인류전시
1939	뉴욕	내일의 세계	트라이론과 페리스퀘어	삼각탑과 구형
1970	오사카	성장의 지속과 조화	태양의 탑	
1975	오키나와	일본복귀/ 해양	아쿠아폴리스 오키나와관	푸른바다 이에지마

[출전] 요시다 미쓰구니吉田光邦, 『도설 만국박람회의 역사図説万国博覧会史 1851-1942』 思文閣出版 및 요시미 슌야吉見俊哉, 『박람회의 정치학博覧会の政治学』, 中公新書, 1992 등을 기초로 저자 작성.

례에 걸친 파리만국박람회를 기폭제로 해서 개조되었다. 박람회 도시인 것이다. 고용창출이나 도시개발 등을 포함해, 경제성장을 일거에 실현하고자 한 것이 만국박람회의 실질적 효과이다.

한편, **박람회**란 다수의 관객에게 **널리 전시를 보여주는 행사**이다. 즉 **시각성**을 전제하는 시각적 이벤트인 것이다. 만국박람회는 '관객이 전시를 보는·보러 오는' 시각성이 있기 때문에야말로, 경제를 활성화할 수 있다. 하지만 시각성과 관련되는 것은 이러한 실질적인 경제효과만이 아니다. 또 하나, 관객의 주목을 끄는 것에는 **축제적 효과**가 있다. 박람회는 올림픽과 더불어 근대사회가 만들어낸 거대한 비일상적 축제이다.

만국박람회는 각국의 기념이벤트로서 국가의 아이덴티티를 표현하기 위해 개최된 경우가 많다. 전전 만국박람회의 축제적 의식은 국위 발양의 내셔널리즘과 밀접하게 관계 맺어 왔다(표 3-2). 식민지주의적 전시도 다수 이루어져, 1904년의 세인트루이스만국박람회에서는 식민지 마을을 재현하여 대규모의 '인류전시'가 열릴 정도였다.

하지만 1939년의 뉴욕만국박람회를 경계로 해서, 전후에는 기업의 상업주의commercialism가 전면에 등장하기 시작한다. 박람회는 거대한 광고공간으로서, 대중적인 소비의 축제가 되어간다. 이 흐름은 일본의 오사카만국박람회에도 이어져 디즈니랜드나 유니버셜스튜디오 등의 테마파크로 계승되어 일상화해간다.

이러한 축제는 각 시대의 신기술을 활용해 관객을 시각적으로 매료시켜 왔다. 런던만국박람회의 주회장인 수정궁은 투명한 유리 건축으로, 자연의 태양광을 조명으로 받아들여, 균질적인 밝기의 전시공간을 체현했다. 시카고만국박람회에서는 관람차가 최초 등장하고, 1900년 파리만국박람회에서는 전기조명의 도입에 의해 휘황찬란한 야경이 연출되었다. 이들은 이후 일상생활이나 경제활동 속에 편입되고 이용된다. 결국 만국박람회는 가까운 미래의 테크놀로지를 선취해서 활용하고, 시각적인 스펙터클의 효과를 연출함으로써 관객에게 〈미래〉 이미지를 축제적으로 연출해왔다. 이러한 흐름을 계승하면서 해양박람회가 어떻게 오키나와의 〈미래〉를 연출했는가에 대해서는 이후 고찰하기로 하자.

하나 덧붙인다면, 만국박람회의 축제성을 구현한 것은 상징으로서의 건축물이다. 런던에는 수정궁, 파리에는 에펠탑, 오사카에는 오카모토 타로岡本太郎가 디자인한 태양의 탑이 있다. 이들이 오키나와해양박람회에서는 아쿠아폴리스나 오키나와관으로 계승되어 갈 것이다.

일본의 거대 이벤트에서 오키나와해양박람회

이상 〈실질성/축제성〉의 관점에서, 만국박람회의 역사를 간략히 살펴보았다. 오키나와해양박람회는 이러한 역사 안에 자리매김 된다. 하지만 보다 직접적으로 연결되는 것은 일본의 고도성장기, 도쿄올림픽으로부터 오사카만국박람회로의 흐름이다. 일본의 거대 이벤트의 흐름을 보면, 1964년 도쿄의 올림픽을 시작으로 1970년의 오사카만국박람회, 1972년 삿포로올림픽, 1975년의 오키나와해양박람회, 1981년 고베포토피아박람회, 1983년 도쿄디즈니랜드, 1985년의 쓰쿠바과학박람회, 1980년대부터의 지방박람회 붐과 테마파크 건설 붐, 1990년 오사카 꽃과 나무 박람회, 1998년의 나가노 올림픽, 2001년 오사카의 유니버셜스튜디오저팬과 도쿄 디즈니 씨sea, 2002년의 월드컵, 2005년의 아이치만국박람회로 계속된다.

이들 이벤트 문화와 거기에 수반하는 지역개발에 있어 축제성은 바로 실질성과 결합되었다. 이들 시각 이벤트는 다수의 국민을 동원하는, 비일상적·축제적 효과를 발휘해 왔다. 이 축제성과 연동하는 형태로 고속도로나 신칸센을 필두로 하는 인프라 정비나 지역 활성화·고용창출이라는 경제적 실질성의 효과가 도모되었고 오늘날까지 되풀이되어 온 것이다.

1975년의 오키나와해양박람회는 이상과 같은 세계 만국박람회의 역사와 일본 국내의 이벤트 문화의 역사가 교차하는 지점에 있다. 이것이 복귀 후 오키나와의 운명을 방향 짓게 된다. 그렇다면 이제 드디어 해양박람회를 살펴보라. 해양박람회를 오키나와에서 개최하는 실질적·축제적 의의는 도대체 무엇이라 했을까.

2개의 축제성

해양박람회협회는 당시, 해양박람회의 기본적인 성격으로서 다음 세 가지 항목을 내걸고 있었다.

⑴ 해양을 테마로 하는 세계 최초의 국제박람회라는 것

⑵ 오키나와에서 개최되는 박람회라는 것

⑶ 박람회의 성과가 장기적으로, 그리고 주변으로 퍼지면서 발전한다는 것.

우선 ⑶은 명백하게, 실질적인 경제효과를 의미하고 있다. 복귀 후 오키나와 진흥개발계획과 세트로 성립된 경제 진흥의 커다란 프로젝트로서의 측면이다.

한편, ⑴, ⑵는, 해양박람회의 축제적 측면이다. 해양박람회는 오키나와에 있어, 식수제植樹祭 · 국민체육대회 이후 계속된 최대의 **일본복귀 기념이벤트**였다. 하지만 동시에 **〈해양〉을 테마화한 축제**이기도 했다. 거기에는 어떠한 정치적 의미가 있으며, 오키나와와는 어떻게 연결되었는가.

1970년대는 해양 붐이었다. 1960년대가 인류가 달에 착륙한 '우주시대'였다고 한다면, 1970년대는 '해양의 시대'라고 선전되었다. 이 배경에는 세계 인구가 팽창하는 가운데, 자원문제가 심각해지는 시대상황이 자리하고 있었다. 그래서 육지도 우주도 어느 정도 개발을 완수한 인류의 '마지막 프런티어'로서의 바다라고 하는 인식이 높아지고, 해양의 연구와 개발을 추진해야 한다는 합의가 선진국들 사이에 형성되어 왔던 것이다.

바야흐로, 〈바다〉는 '인식해야할 대상', '개발해야할 대상'으로서, 하나의 객체object가 되었다. 그렇다면 인식 · 개발의 주체subject는 누구인가. 국가나 이데올로기의 벽을 넘어선 '인류'이다. 하지만 실제로는 이 인류를 '대표'하는 역할을 맡은 것은 미소를 위시한 선진국들이었다. 그들은 〈바다〉의 개발에 공통의 이익이 있기 때문에, 해양박람회에서 내셔널리즘이나 상업주의를 넘어선 '국제성'이나 '조화'를 강조했던 것이다.

해양박람회는 이러한 〈바다〉의 국제정세를 확인·강화하기 위해 가까운 미래의 해양개발을 이미지의 영역에서 선취하고, 그 이미지를 공간적으로 실현하는 이벤트였다. 거기에 오키나와의 일본복귀는 매우 중요했다. 해양개발 기념과 오키나와 복귀 기념이라고 하는 2개의 축제성이 해양박람회에서 겹쳐진다. 양자가 만나는 장소야말로 오키나와의 〈푸른 바다〉였다. 그 결과, 오키나와, 바로 **거기에 있던** 바다는 어떠한 역할을 할당받게 되었을까.

2. 테마와 기본이념: 부드러운 〈개발〉 이미지

테마 '바다-그 희망찬 미래': 누구에게 있어?

한 마디로 말하면, 해양박람회는 〈개발〉의 사상을 복귀 후의 오키나와로 이식하는 의식이었다. 그렇다면 그 내용은 구체적으로 어떠한 것이었는가. 우선, 테마와 기본이념을 보도록 하자. 이는 해양박람회의 전체적 사상과 방향성을 가장 공식적으로 보여주고 있다.

1972년, 해양박람회협회의 테마 위원회에서는 '개발'이라고 하는 단어를 둘러싸고 집중적인 논의가 이루어졌다. 이미 이 단어는 자연파괴를 초래한 것으로서 평판이 좋지 않았기 때문에, 테마에 포함시키지 않는 편이 낫지 않은가 하는 의견이 나왔다. 하지만 결국, "인류의 미래에 있어, 개발 없는 진보는 있을 수 없다"는 결론에 도달, 해양오염·환경파괴를 수반하지 않는 '개발의 정신'에 기초해 테마·기본이념을 생각해가자는 식으로 정리되었다.

이러한 논의는 당시의 시대상황을 농밀하게 반영한다. 1960년대의 고도성장은 일본에 급속하게 경제적 풍요로움을 가져다 준 것과 동시에, 심각한 공해를 초래했다. 해양박람회의 준비기는 '반공해'나 '반개발'의 여론이 높아진 시기이다. 바다에 관해서도 유조선의 석유유출 등의 사건이 빈발하고 있었기 때문에, 테마위원회의 고민은 당연한 것이었다.

그렇다고는 하나, 개발 그 자체를 방기할 수는 없다. 그래서 **개발 그 자체를 바꾸는 것이 아니라, 〈개발=악〉이라고 하는 '개발' 이미지 쪽을 바꿔가는 이미지 전략이 중요하게 된다.** '개발'이라고 하는 말이 갖는 마이너스 이미지를 제거하고, 보다 부드럽고 깨끗한 이미지로 바꿔가는 방향성이다. 그 때문에 테마위원회는 '환경 보전'의 이미지를 '개발'에 포함시켜 양자를 세트로 하는 절충안을 취했다.

이렇게 결정된 테마가 **'바다-그 희망찬 미래'**이다. '개발'이라는 단어는 직접 사용되지 않되 초점을 모호하게 하는 형태로 해서, '개발' 사상은 여전히 보존된다. 여기서 그 영어 번역이,

"The Sea We Would Like to See"로 되어 있는 것에 주의하도록 하자. 결국 이를 다시 번역하면, '우리들이 보고 싶은 바다'이다. 바다의 '희망찬' 미래상이란 도대체 누구에게 있어 '희망찬' 것인가. We='우리들' 인간에 다름 아니다. 굳이 무리해서 독해한다면, 이 테마는 바다를 '우리들' 인간이 보고 싶어 하는 방향으로 전환시키고자 하는 식민주의적colonial 의지를 표현하고 있었던 것이다.

[그림 3-1] 오키나와 국제해양박람회 기본이념(전문)

[1] 끝없이 펼쳐진 우주공간의 한 구석에 흰 구름을 두른 듯 푸르게 빛나는 지구는 전 인류의 공동의 운명을 태우고 날아가는 우주선이다. 그 지구는 "물의 혹성"이라는 별칭이 시사하듯 3분의 2가 바다로 뒤덮여 있다. 그리고 바다는 모든 생명이 태어나는 고향이자, 우리들 인류를 보듬는 어머니이다.

[2] 산해진미라는 옛 표현이 있다. 이는 우리들 선조가 바다를 자원의 보고로 잔주해 왔고, 그 때문에 그 은혜에 감사해야 함을 가르쳐준다. 또한 인류사회는 먼 지역과의 왕래, 민족의 이동, 문화의 전달, 물자의 교류에 의해 눈부신 발전을 이룩해 왔지만, 그것은 바다길이 열렸기 때문에 가능했던 것이다. 이처럼 바다를 떠나 인류의 역사를 말하는 것은 불가능하지만, 인구가 팽창하고 욕망이 다양해지면서, 해양의 이용과 개발은 더욱 중요해지고, 인류의 바다에 대한 의존도는 한층 심해지고 있다. 그리고 바다에는 아직 많은 가능성과 매력이 내장되어 있다.

[3] 해양과학은 최근 100년간 놀라울 정도로 바다의 실태를 규명하고, 그 구조와 변화의 흔적을 가르쳐주었지만 바다 속에는 한층 많은 미지의 수수께끼가 숨겨져 있다. 특히 그 대부분을 차지하는 광대한 심해는 차가운 심연과 중압에

차단되어 어떤 의미에서는 달보다도 먼 존재이다. 하지만 인류는 바다 밑에 잠들어 있는 자원을 동경하고, 그 개발과 해양공간의 이용을 목표로 비약적으로 진보발달한 과학기술을 동원해서 이들 장애를 극복해나가고 있다.

[4] 바다는 육지에 비하면, 훨씬 광대하지만 그 바다도 유한한 공간이며, 예전에는 무진장하다고 생각되던 해양자원에도 당연히 한도가 있다는 것을 잊어서는 안 된다. 자연스럽게 태어난 것을 보호할 뿐만 아니라, 스스로 길러내는 양식어업으로의 전환이 필요하다고 제창되는 것도 그 때문이다. 또한 푸른 옷을 입고, 빛나는 태양 아래 저렇게 광채와 아름다움을 과시해 온 어머니 바다도 맹목적인 산업 개발로 그 고유의 정화작용의 한도를 넘어서서, 점차 오염되고 병든 바다로 변화하고 있다.

[5] 인류는 바야흐로 이 위기를 각성하고, 깊게 반성하며 새로운 시점에서 영지를 결집시켜 깨끗하고 풍요로운 바다를 재현할 필요에 직면해 있다. 거기에는 평화적인 국제협력 아래 해양의 바람직한 미래를 찾아 환경의 보전과 개선에 적합한 개발의 방법을 발견해내는 것이 필요하다.

[6] 여하튼 바다와 인간과의 대화를 통해 자연과의 조화를 도모하고, 최대한으로 해양의 은혜를 양수하여 인간의 진정한 행복을 가져오는 새로운 해양문화의 수립을 지향하면서, 이 오키나와국제해양박람회를 개최하고자 한다. 바다의 아름다운 미래상의 탐구는 인류가 당면한 공통의 과제이며, 그것이 이 박람회가 목표로 하는 것이다.

[7] 오키나와는 구로시오 조류에서 태어나, 고대로부터 민족문화교류의 중계지로서의 역할을 담당해왔지만, 눈부시게 빛나는 아열대권의 태양빛 아래 지금도 여전히 오염을 모르는 산호초의 바다에 둘러싸여 있다. 이 바다를 무대로 세계인들이 서로 모여 이 제전을 통해 이해와 사랑을 심화시켜, 감격과 기쁨을 함께하는 것이 우리들의 진정한 소망이다.

실선	① 휴머니즘
이중실선	② 〈바다〉에 대한 반성적 인식, 프론티어 의식
점선	③ 환경보전의식
파선	④ 발전지향

기본개념에서의 4가지 지향성

이러한 테마의 사상을 보다 구체적으로 말하고 있는 것이 그림 3-1의 해양박람회의 기본이념이다. 기본이념으로부터는 4개의 지향성을 해석할 수 있다. ① 휴머니즘, ② 〈바다〉의 반성적 인식과 프론티어 의식, ③ 환경보전의식, ④ 개발지향이다. 실제로 이 지향들을 통해 기본이념을 살펴보도록 하자.

첫 번째 단락은 '지구=운명공동체로서의 인류의 우주선'이라는 ①휴머니즘으로부터 시작해 '지구의 3분의 2가 바다', '인류를 포함하는 모든 생명의 어머니'라고 하는 ②〈바다〉에 대한 반성적 인식으로 이어진다. 인류와 바다의 밀접한 관계를 일반적인 차원에서 전달하고 있는 것이다.

두 번째 단락은, 화제를 역사로 돌린다. '바다의 산물, 산의 산물'이라는 표현으로부터의 연상에서, '바다=자원의 보고'라고 하는 ④개발지향이 모습을 드러낸다. 인류와 바다의 깊은 관계사로부터(①, ②), 해양개발의 중요성이 도입된다(④). 세 번째 단락에서는 해양과학이 등장한다. 그 역할은 〈바다〉에 대한 반성적 인식이다(②). 아직 밝혀지지 않은 바다의 신비에 대해, 과학기술을 한층 발달시킴으로써 개발을 진행하려는 것이다(④).

네 번째 단락에서는 ③환경보전의식이 등장하고, ②프런티어 의식과 ④노골적인 개발지향을 중화시켜 간다. '어머니 바다'에 대한 미적인 시선, 노스탤지어. 이와 대치하는 것이 '맹목적인 산업개발'의 마이너스 이미지이다. 이는 지금까지의 프런티어 의식이나 개발지향과는 완전히 반대의 서술이다. ③이 ②, ④에 반성을 강요하고 있다. 다섯 번째 단락에서는 이 반성 아래 '환경의 보전과 개선'(③)과 거기에 '어울리는 개발 방침'(④)이 결합한다. 과거의 반성을 되새겨 '희망찬 미래'를 찾아가는 것이다.

여섯 번째 단락은 총괄에 들어가, ②, ③, ④와 결합된 ①휴머니즘이 새롭게 등장한다. '바다와 인간의 대화'(①, ②), '자연과의 조화'(①, ③)에 의해 '최대한으로 바다의 혜택을 향수하는 것'(개발=④)이 보다 부드러운 형태로 가능하게 된다. 그 결과 인간은 '진실한 행복'을 손에 넣고, 새로운 해양문명을 수립할 수 있게 된다(①). 여기서 '오키나와국제해양박람회'의 개최가 선언된다. 4개의 지향성이 일체가 되어 '바다의 희망찬 미래'를 목표로 하는 축제의 장이 해양박람회인 것이다. 즉 해양박람회의 사상을 도식화하면 이렇게 된다.

③ 환경보전

① 인간=주체 S ⟶ O ② 〈바다〉=객체

④ 개발

이는 '개발'을 방기하는 것이 아니라, 환경보전과의 결합을 통해 '개발'의 이미지를 변화시키고자 한 앞의 테마의 사상과 합치한다. 기본이념은 이러한 발상을 스토리화한 것이었다. 그렇다면 거기에 오키나와는 어떻게 편입되어 가는가.

기본이념 안에서의 〈오키나와〉

일곱 번째 단락에서 마지막으로 〈오키나와〉가 등장한다.

'오키나와는 구로시오 조류에서 태어나, 고대로부터 민족문
화 교류의 중계지로서의 역할을 담당해왔지만, 눈부시게 빛
나는 아열대권의 태양빛 아래 지금도 여전히 오염을 모르는
산호초의 바다에 둘러싸여 있다.'

'구로시오', '아열대', '산호초', '문화교류의 중계지'로 오키나
와 이미지가 부각된다. 오키나와의 '여전히 오염을 모르는 산호
초의 바다'는 〈바다의 희망찬 미래〉를 이미지화하기 위한 현실
적인 상징이 된다. 앞에 과거형으로 쓰이고 잊혀진 〈푸른 바다〉
가 오키나와에는 지금 여전히 눈앞에 펼쳐져 있다. 이 일반적인
과거와 오키나와 현재와의 시간 격차가 미래로 반전해서, 해양
개발의 의지에 새로운 기회를 부여한다. '오염을 모르는' 오키나
와의 〈푸른 바다〉에서야말로 해양오염의 과거를 **반성과 함께 망
각하고**, 새로운 '희망찬' 개발을 해양박람회라고 하는 축제의 장
에 소리 높여 선언할 수 있는 것이다.

한편, '문화교류의 중계지'로서의 오키나와는 사람들의 교류
를 강조하는 점에서, ①휴머니즘의 상징이 된다. 마지막 문장에
서, 오키나와의 바다를 무대로 '세계의 사람들이 서로 모여', '이
해와 사랑을 깊게 하고', '감격과 기쁨을 함께 한다'고 하는 휴머
니즘이 서로 뒤섞인다.

이상과 같이 해양박람회의 기본이념에서 4개의 지향성은 서로 밀접하게 관계를 맺으면서, '부드러운 해양개발'의 스토리를 엮어내었다. 그 안에서 최후에 등장한 〈오키나와〉는 이 스토리를 시각적으로 표현하는 상징의 역할을 맡고 있었던 것이다.

　이상의 스토리는 해양개발의 이미지를 조작하기 위한 일종의 '정치' 그 자체이다. 이러한 〈바다〉를 둘러싼 이미지 정치학에 복귀 직후의 〈오키나와〉는 활용되고, 포섭되어갔던 것이다. 그렇다면 이러한 해양박람회에 의해 오키나와는 어떻게 변모한 것인가, 장을 바꿔 검토해보도록 하자.

제4장
관광 리조트로서의 오키나와 이미지의 탄생

1. 〈오키나와〉의 미적 리얼리티의 전개

해양박람회와 〈美〉

해양박람회에 의해 오키나와의 바다는 '환경에 친화적인 해양개발'의 상징이라는 역할을 연출하게 되었다. 이 결과, 복귀 후의 오키나와는 어떻게 변해갔는가? 여기에서는 특히 오키나와의 미적·시각적인 측면에 주목하겠다.

철학자 칸트는 〈眞〉, 〈善〉, 〈美〉의 세 영역을 다음과 같이 나누어 고찰했다.

〈眞〉 '…이다'	사실 확인
〈善〉 '…해야 한다'	시각적 가치판단
〈美〉 취미·기호	쾌−불쾌와 관련된 미의식

이 분류를 빌리면, 앞 장의 논의는, 해양과학이라는 사실인식 =〈眞〉과, 해양개발이라고 하는 실천=〈善〉에 한정되었다. 그렇다면 〈바다〉를 둘러싼 〈美〉의 영역이란 무엇인가? 그것은 해양레크리에이션이다. 〈바다〉에 대해 관광의 시선이 향하는 측면이다.

〈眞〉 해양과학 '바다는 … 이다'

　　　　　〈바다〉의 반성적 인식

〈善〉 해양개발 '바다를 … 해야 한다'

　　　　　〈바다〉에 대한 프런티어 의식

〈美〉 해양 레크리에이션

　　　　　〈푸른 바다〉의 시각적 · 신체적 쾌락

해양박람회는 해양의 과학 · 개발 · 레크리에이션이 하나가 된 축제였다. 그래서 해양박람회를 통해 고양된 〈오키나와〉와 그 〈바다〉에 대한 미적인 시선은, 이후의 관광 리조트로서의 오키나와 이미지의 형성에 커다란 영향을 끼쳐간다.

그 단서는 1972년 해양박람회협회의 '해양박람회 기본구상'에 전형적으로 나타나 있다.

박람회의 구성에 있어서는 아름답고 웅대한 바다 그 자체가 해양박람회 최대의 상징이라는 인식 하에, 가능한 장소의 중점을 바다에 두고 관객에게 바다를 주체적으로 체험하게 한다.

파리만국박람회의 에펠탑이나 오사카만국박람회의 태양의 탑처럼, 이제까지 만국박람회의 상징은 기념비가 되는 건축물이었다. 하지만 해양박람회에서는 '아름답고 웅대한 바다'라는 자연의 풍경 자체가 최대의 상징으로서 활용되고, 이벤트 공간 속으로 편입되어 간다. 이것은 오키나와가 이제부터 성취해야 할 중대한 변화를 암시했다.

'오키나와의 아름다운 바다와 자연은 **더할 나위 없이 소중한 국민적 재산**이며, 이를 충분히 보존하고, 활용하는 것이 우리들의 의무이다. 따라서 … (중략) … **현지의 아름다운 자연과 경관을 충분히 살려가는 형태로** 박람회를 구성한다(강조 필자).

여기서는 일본 국민이 소유한 '재산'으로서 '오키나와의 아름다운 바다와 자연'이 이야기되고 있다. 〈바다〉에 대한 미적인 시선이 어떤 합리주의와 결합되어 있는 것이다. 그것은 〈바다〉를 미적인 전시대상으로 고정시키면서 충분히 활용해간다. 그렇다면 기본적으로 〈바다〉를 어떻게 '살려가려고' 한 것인가?

〈바다〉의 활용

1971년 10월에 해양박람회의 오키나와 개발이 각의로 결정된 후, 류큐 정부(이후 오키나와 현)는 본섬 북부의 모토부 정本部町 ·

중부의 요미탄 촌読谷村・남부의 이토만 시糸満市・미야코宮古・야에야마八重山, 이렇게 다섯 개의 후보지 가운데 박람회장을 선정하기로 했다. 그 때 고려된 요소는 **①오키나와의 복귀기념 이벤트라는 것, ②오키나와의 아열대성 해양환경을 상징적으로 활용할 것, ③오키나와의 관광지화를 촉진할 것, ④인프라 정비**였다. 이것들은 류큐 정부가 해양박람회를 통해, 복귀 후의 오키나와의 방향성을 어떻게 정하고자 했는지 잘 보여준다.

앞 장의 〈실질성/축제성〉의 시점에서 본다면, ①복귀기념 이벤트라고 하는 축제성과 ④인프라 정비라고 하는 실질성은 연동한다. 오키나와의 일본복귀를 기념하는 것에 더해, 국제이벤트이기도 하다는 강력한 축제적 의의가 있으면, 대량의 세금을 투입해 도로를 정비하는 것도 정당화될 수 있다. 특히 최대의 경제효과를 낳는 것은 회장을 오키나와 본섬의 북부로 하는 경우로, 가장 넓은 범위에서 인프라를 정비하고 북부의 산업・고용을 활성화하는 것이 가능해진다.

한편, ②〈바다〉의 상징적 활용과 ③오키나와의 관광지화도 연결되는 것은 당연하다. 오키나와의 〈바다〉는 연구나 개발뿐만 아니라 관광에도 활용할 수 있기 때문이다. 이 ③으로부터 해양박람회가 **오키나와를 관광리조트화 하는 장치**로서 설정되는 것이 명백해진다.

여기서 '바다를 **상징적으로 활용한다**'는 것은, 이미 존재하는 오키나와의 〈바다〉에 새로운 의미를 부여하면서 인공적으로 활용해가는 것이다. 하지만 원래 오키나와는 무엇을 위해 〈바다〉

를 활용하고, 또 무엇을 위해 해양박람회를 개최할 필요가 있었던 것일까. 거듭 말하면, 오키나와는 자신의 〈바다〉에서 무엇을 찾고, 해양박람회에서 무엇을 찾으려고 한 것인가.

리얼리티의 방향 부여

해양박람회의 공식기록에 따르면 오키나와 현에 있어 해양박람회 개최의 목적은 '전후 27년에 걸친 본토 정권과의 단절로 생긴 오키나와 현민의 소외감을 없애고, 본토와 오키나와의 일체감을 양성함과 더불어 본토에 비해 현저히 뒤쳐진 공공시설을 정비하고, 현민 복지와 생활의 향상에 이바지하는 것'이라고 되어 있다.

즉 해양박람회에서는 복귀에 따른 오키나와의 일본으로의 병합, 이에 뒤따르는 오키나와의 지위 향상, 그리고 일본의 새로운 내셔널 아이덴티티national identity의 표출이라고 하는 정치적인 목적이, 오키나와의 산업 진흥·인프라 정비라고 하는 경제개발과 연동하고 있었다. 더욱이 이들의 주요 정책은 박람회라고 하는 문화적 이벤트에 의해 매개되었다.

문화 이벤트는 단순히 커다란 프로젝트big project로서 거대한 투자효과를 산출하는 것만이 아니다. 특정한 정치적·경제적 목적에 일정한 문맥과 방향성을 부여하는 효과도 부수된다. 여기에 최근 문화연구 진영이 문제제기한 '**문화 속의 정치**', '**문화의 정치학**'(책 34페이지)을 주의 깊게 독해할 이유가 있다.

해양박람회가 오키나와에 부여한 문맥·방향 부여란 바로 〈바다〉이다. 오키나와 현은 앞서의 정치적·경제적 목적을 달성하기 위한 자원을 〈바다〉나 〈아열대〉라고 하는 오키나와의 자연·기후·지리적 조건에서 찾는다. 그 때, 이들 자연의 시각적 이미지를 전면에 내세우는 형태로 오키나와의 새로운 미적 리얼리티가 구축되어간다.

다만 무엇을 강조해서 보여줄 것인가는 다른 무엇인가를 감추는 것이기도 하다. 해양박람회의 공간 속에 새로운 오키나와의 미적 리얼리티를 연출하면서 오키나와의 무엇이 감추어지고 있었던 것일까.

평행적 세계로서의 미적 리얼리티

복귀와 해양박람회를 통해 오키나와는 극적인 변모를 달성해 가지만, 현민의 기대에 반해 기본적으로는 변하지 않은 채 남겨진 것이 있었다. 그것은 바로 미군기지의 존재이다. 미일안보체제의 계속을 전제로 오키나와 반환교섭을 하는 가운데, 일본은 오키나와의 미군기지 존속을 중심으로 한 동맹관계의 재편강화를 하나의 조건으로 요구하고 있었다. 다른 한편 오키나와 현의 '기지경제로부터의 탈각'을 외치면서 이를 대신하여 관광개발에 의한 경제 진흥책을 모색해간다. 그 기폭제가 해양박람회였다. 중요하게는 이 시기부터, 오키나와에 대한 일본 정부의 '당근과 채찍アメとムチ' 정책이 시작되었다. 기지 온존과 해양박람회는 표리관계에 있었다.

다시 말하면, 기지를 둘러싼 오키나와의 현실은 일본의 국책상 아무것도 달라진 게 없다. 따라서 이러한 **오키나와의 현실은 그대로 둔 채, 이미지 쪽으로 주의를 기울여 새로운 오키나와의 이미지를 구축하는 전략**이 중요하게 되었다. 〈기지〉, 〈전쟁〉, 〈운동〉이라는 리얼한 현실영역과는 달리, 또 하나의 〈오키나와〉, 평행적 세계로서의 〈푸른 바다〉, 〈관광 리조트〉의 〈오키나와〉를 환상영역에서 구축하는 것이 해양박람회의 과제가 되었던 것이다.

오키나와에서 실제로 살면서 생활하는 현민의 입장에서 본다면, 이러한 환상영역의 스펙터클 · 해양박람회에 대한 위화감을 갖게 되면서, 정신을 차리고 거리를 두게 되는 것은 당연할 것이다. 말하자면 이러한 '환상영역'은 단순한 비현실이나 허상이 아니다. 이후 오키나와 관광의 현실에서 본다면 오히려 '푸른 바다의 리조트'라고 하는 오키나와 이미지는, 현실을 산출하는 힘을 갖는, **현실에 뿌리를 내린** 환상이었다. 서론(「들어가며」)에서 서술한 것처럼, '이미지/현실'='허상/실상'이라고 하는 도식이나 '이미지에 대한 현실의 우위'라는 발상은, 적어도 여기서는 유효하지 않다. 오키나와를 둘러싼 **리얼리티의 이중성**이 새로운 형태로 발생했다고 해야 할 것이다.

오키나와의 전쟁 · 기지 · 운동이라고 하는 생생한 현실이나 그 기억은 여전히 뿌리 깊게 남아있다. 하지만, 그렇기 때문에 그것과는 별개의 차원에서 미적인 〈오키나와〉 이미지를 구축하고, 이를 통해 생생한 현실영역을 포장하면서 순수한 시각적 쾌락을 위해 주목을 받는 관광 리조트 오키나와로서의 새로운 현실과 아이덴티티를 구축하고자 한 것이다.

2. 회장/해상의 풍경landscape: 이에지마伊江島를 둘러싼 지각양식의 변용

오브제화한 이에지마: 예배적 가치에서 전시적 가치로

류큐 정부는 오키나와 본섬 북부의 모토부 반도를 회장으로 선정했다. 예상되는 최대의 인프라 투자 효과는 물론, 모토부 지역의 바다나 섬들이 갖는 아름다움 때문이다. 도심인 나하로부터 80km 떨어져 있어 편도 2시간이 걸리는 장소이지만, 그 풍광명미風光明媚 자체가 해양박람회의 전시에 이용될 것이었다.

모토부 반도 주변의 아름다운 바다와 섬들이 그 자체로 박람회 회장의 이미지를 구성하고, 전시의 오브제가 된다. 이는 종래의 만국박람회에서 보듯 유휴지를 대대적으로 가공하는 방식과는 다르다. 하지만 거기에는 역시 중대한 공간변용이 있었다. 해양박람회의 유치에 의해 대규모 관광의 시선에 노출된 순간, 모토부의 〈바다=자연〉의 풍경은 결정적인 변용을 이루어낸 것이다.

오키나와에는 바다의 저편에 선조들의 원래 고향·낙토가 있고 그곳에서 여러 신들이 방문한다고 하는 '니라이카나이二ライカナイ' 신앙이 역사적으로 뿌리내려 있다. 그런데 해양박람회

현재 해양박람회 공원 중앙 게이트에서 바라본 이에지마

에 도입된 〈바다〉를 응시하는 순수한 시각적 쾌락의 틀frame은 이러한 신앙과는 관계가 없으며, 오히려 대조적으로 해양레크리에이션의 욕망을 환기해가는 방향성을 갖는다. 오키나와의 지역적인 역사·전통에 뿌리내린 신앙·가치관으로부터, 모토부의 〈바다〉의 풍경을 미적인 이미지로서 잘라내서 관광의 시선의 오브제로 변화시켜가는 것이다. 실로 벤야민이 『기술복제시대의 예술작품』에서 지적한 '숭배적 가치에서 전시적 가치로'의 전환을 모토부의 〈바다〉에서도 볼 수 있다.

이에지마는 특히 해양박람회회장 북쪽 게이트(현재의 해양박람회 공원 중앙 게이트)로 들어가면, 바로 정면에 보이는 위치에 있었

예배적 가치에서 전시적 가치로
벤야민의 고찰에서 이 논의는 예술이라는 측면에 초점이 맞춰져 있다. 기술복제의 등장에 의해 예술은 위기에 직면했다. 작품의 구성성은 약해지고, 예배적 가치보다 전시적 가치 쪽이 높아진 것이다. 즉, 대상에 대한 예배적·신앙적인 헌신이 약해지고, 순수하게 '보는', '보여주는' 감상의 측면이 커졌다. 이 책에서는 이를 응용해서 공간에 대한 지각의 존재방식에도 같은 변화가 나타난다는 점을 지적하고 있다.

발터 벤야민(Walter Benjamin 1892~1940)
독일의 문학자·사상가. 프랑크푸르트학파의 1인. 유대계 출신이며, 나치스 시대에 파리 등지로 망명. 『기술복제시대의 예술작품』을 위시한 논고들은 이후 미디어론·도시론 등의 계보에 선구적 역할을 했다. 미디어나 테크놀로지에 매개된 근대사회의 리얼리티를 생각하는 데 있어 그의 작업은 불가결하다. 이 책에 등장한 부어스틴이나 쉬벨부시도 그의 영향을 받았다.

KEY WORD

PERSON

다. 그 전면에는 커다란 붉은 기와의 오키나와관이 위치해 있고, 그 배경을 이루는 형태로 이에지마가 치솟아 있었다. 결국 이에지마는 오키나와관과 세트로, 관객이 회장에 들어가면 가장 먼저 보는 오브제가 되었다. 게다가 이에지마는 광대한 회장 안의 어떤 위치·각도에서 보더라도, 아쿠아폴리스와 나란히, 바다를 미적으로 응시하는 구도의 중심을 이루는 존재였다.

이에지마의 중앙 기복부는 '탓츄タッチュー'라는 이름으로, 그 고장에서는 배의 안전이나 건강, 풍작의 기원이 이루어져 온 친숙한 곳이다. 이 지역적인 문맥과는 무관하게 해양박람회의 시각적인 오브제가 된 이에지마는 '예배적 가치에서 전시적 가치로'의 이행을 전형적으로 나타내고 있다.

물론 생활공간으로서의 이에지마는 해양박람회의 시각적 오브제로 머무르지 않는다. 오히려 그 반대로 이에지마는 아하곤 쇼코阿波根昌鴻의 활동으로 대표되듯이, 〈전쟁〉, 〈기지〉, 〈운동〉이라는 오키나와의 여러 모습을 작은 섬 공간 안에 계속해서 농축시켜 왔다. 오키나와전투의 격전. 미군점령으로부터 전후 2년 가까이 동안, 섬 바깥으로의 주민들의 강제퇴거, 귀향 후에도 안주하지 못한 채 토지를 둘러싼 미군과 농민의 계속된 공방·긴장관계. 이는 상상을 초월하는 죽음의 공포와 빈곤 속에서 계속되어 왔다. 아하곤들의 反기지평화운동…. 오키나와전투 이후 이에지마는 복잡한 역사를 거쳐 왔으며, 지금도 미해병대의 보조비행장은 섬 면적의 약 35%를 차지하고 있다. 이에지마는 면적 약 23km²의 작은 섬이지만, 오키나와의 전후사와 현재를 상

누치도다카라의 집 반전평화자료관

징하고 구체화해왔다고도 할 수 있다.

이러한 역사를 증언하는 것으로서, 이에지마에는 아하곤이 설립한 '누치도다카라ヌチドゥタカラ의 집 반전평화자료관'이 있다. 리조트 방문이 목적인 관광객은 통상 이곳을 찾지 않지만, 그 풍부한 전시물은 이에지마의 생생한 역사에 대한 인식을 심화시켜준다. 미군의 탄환이나 모의폭탄, 군복, 전쟁 중의 생활용구 등, 전쟁과 기지피해의 증거품이나 사진이 대량으로 전시되어 있으며, 직접 손으로 만져 확인할 수도 있다. 언어로는 형용하기 힘든, 섬 내에서의 장절한 하루하루를 전시품들은 피부감각으로 호소하고 있다.

한편, 이 전시품과의 **촉각적 가까움**은, 해양박람회에서 미적인 오브제(=객체)가 된 이에지마와의 **시각적** (멀리 떨어진) **거리감**과 정확히 대조적이다. 후자의 〈이에지마〉는 전자의 리얼한 역사 · 현실과는 완전히 관련 없는 형태로, 미적 · 시각적으로 추상

아하곤 쇼코(阿波根昌鴻 1903–2002)
이에지마에서 미군과의 토지투쟁의 선두에 서서 반전평화운동의 상징적인 존재가 된 인물. 저서로 『미군과 농민米軍と農民』(岩波新書, 1973), 『命こそ宝』(岩波新書, 1992) 등이 있다.

PERSON

화되어 '전시적 가치'를 부여받는다. 섬 안의 농밀한 3차원적 공간으로부터 모토부 반도에서 보는 이에지마의 이차원적 전경이 분리되어 평행적 세계로서, 〈바다〉의 박람회라는 추상공간이 구축되어 가는 것이다. 이에지마를 둘러싼 시각양식의 변용이다. 이것은 도대체 오키나와에 있어 어떠한 사건인가. 사회학의 성과를 빌려 고찰을 계속해 보자.

쉬벨부시의 시점: 파노라마적 지각

독일의 사회학자 쉬벨부시Wolfgang Shivelbusch의 『철도여행의 역사』는 19세기의 철도여행 탄생을 예로 들어 근대의 산업화에 의해 여러 테크놀로지가 도입된 결과, 공간·시간의 지각의 존재 양상이 크게 변용한 것을 규명한 역작이다. 이하에서는 이 책의 논의에 응용하기 위해 그의 시점의 핵심을 추출하고자 한다.

그림 4-1에서 보듯, 기복이 있는 지형에 직선적인 철도가 매설된 순간부터, 자연의 불규칙함은 선로의 규칙성으로 대체되었다. 산을 깎아서 만든 도로·터널·고가교 등에 의해 인공적으로 균질적인 풍경이 열리고, 여행자의 공간지각의 존재양식이 크게 변화했다는 것이다.

그 이전의 탈것은 주로 마차였다. 마차는 천천히 달리기 때문에 마차와 승객은 풍경 속에서 일체가 되었다. 이와는 대조적으로 열차에서는 기계의 테크놀로지에 의해 〈속도〉

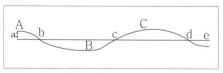

[그림 4-1] 자연의 지형에 대한 철도노선의 도입
(출처) 쉬벨부시 『철도여행의 역사』

가 실현되고, 풍경과 승객을 〈보는 주체〉와 〈보이는 객체〉로 이분시켰다. 그리고 양자의 사이에 속도라고 하는 실체 없는 경계가 들어감으로써 개개의 풍경은 일시적으로 스쳐지나가고, 균질적·획일적으로 응시되는 객체=대상으로 변한다(주체/객체는 74페이지).

여기서 생기는 지각을 쉬벨부시는 '파노라마적 지각'이라고 말한다. 파노라마는 주위 360°의 거대한 풍경화를 조망할 수 있는 시각적인 오락으로 19세기 유럽에서 유행했다. 열차에서 풍경을 보는 눈과 파노라마를 보는 눈이 공통적인 것은, 보는 주체가 대상과는 별개의 차원의 공간에 속하며 초월적인 위치에 있

「기술복제시대의 예술작품」

사진과 영상과 같은 복제기술의 발달에 의해 원본과 복제본의 차이가 사라지고 예술작품의 일회성, 아우라는 소멸된다. 클로즈업이나 슬로우모션과 같은 기법은 육안으로는 파악할 수 없었던 지각의 지평을 열었다. 이러한 그의 논의는 오늘날 우리가 살고 있는 다양한 일상에도 응용할 수 있는 시점을 제공해주고 있다. 예를 들어 '바로 지금' 살아 있는 자신에 대해, 인터넷상의 익명의 자신은 누구인가. 그것은 다른 '원본과 복제본', '실상과 허상'의 관계보다 훨씬 복잡하다.

지각양식의 변화

이것은 벤야민이 제기하고 쉬벨부시가 계승한 근대사회의 문제 중 하나이다. 다양한 테크놀로지에 의해 매개된 세계를 살아갈 때, 우리들의 오감(시각. 청각. 촉각. 후각. 미각)의 존재양상은 어떻게 바뀌고, 조직화되는가. 그러한 신체, 지각 레벨의 정치를 파악하는 작업이 중요한 것은 이러한 변용이 무의식중에 신체에 작용해, 자명한 것처럼 간과되어버리기 쉽기 때문이다.

다고 하는 점이다. 결국 파노라마적 지각에서는 **풍경이 객체화**되는 것과 병행하여, 순수한 **관광의 시선의 주체화작용**이 생기게 된다.

더구나 그의 고찰이 시사하는 풍요로움은 이러한 철도여행의 시각체험과 1851년의 런던만국박람회장인 수정궁의 유리건축의 시각체험을 동렬로 논하고 있다는 점이다. 실제로 영국에서 철도여행의 보급은 런던만국박람회가 주도했다. 그러한 의미에서 이러한 지각작용은 계보적으로 오키나와해양박람회와 연결된다. 열차에서는 속도가 풍경으로부터 승객을 분리시킨다. 비슷

BOOK GUIDE

볼프강 쉬벨부시, 『철도여행의 역사: 철도는 시간과 공간을 어떻게 변화시켰는가』(궁리, 1999)
근대의 테크놀로지와 함께 시간·공간에 대한 사람들의 사회적 경험이 어떻게 변했는가를 규명한 획기적인 책. 철도여행의 탄생을 만국박람회나 백화점의 공간지각과 결합시킨다. 쉬벨부시의 저서는 그 외에도 『어둠을 여는 빛: 19세기의 조명의 역사』, 『낙원·미각·이성: 기호품의 역사』 등이 있으며, 이들 저서들도 근대의 지각양식의 변용을 다루고 있는 흥미로운 책들이다.

KEY WORD

수정궁crystal palace지각양식의 변화
세계 최초의 만국박람회인 1851년 런던만국박람회의 주회장. 거대한 철과 유리 건축으로 영국의 절대적 공업력을 과시함과 동시에 새로운 건축공간의 모습을 제시했다. 그것은 전면이 투명한 유리벽이기 때문에 빛과 그림자, 밝음과 어둠의 대조가 없는, 밝음만의 공간이다. 거기서는 전통적인 원근 감각이나 안팎의 구별이 해체된다. 그 균질적인 공간에 세계 각지에서 떼어낸 풍경이나 산물이 전시되었다. 이 시점에서 전기 조명은 아직 발명되지 않았고, 유리건축은 비일상적인 전시효과를 부여하는데 중요한 시각장치가 되었다.

하게 수정궁에서는 유리가 외부의 자연환경으로부터 빛만을 추출해내어 박람회의 전시품에 독특한 조명효과를 만들어냈다. 종래의 두꺼운 벽과는 대조적인 얇고 투명한 유리는 수정궁의 내부공간을 외부로부터 격리시켜 '실체 없는 경계'로서의 역할을 했다.

사진의 시선: 추상화된 리얼리티

그렇다면 오키나와해양박람회는 어떠한가. 〈속도〉나 〈유리〉에 해당하는 것은 무엇인가? 해양박람회 전시의 오브제가 된 이에지마와 그것을 미적으로 바라보는 관객과의 사이에는 어떠한 '실체 없는 경계'가 개재하고 있는 것일까.

그것은 바로 **카메라의 파인더**이자 **사진의 시선**이다. 이에지마를 미적인 오브제로 포착하는 관객과 이에지마와의 사이에는 많은 경우 카메라의 파인더가 들어가 있다. 그것은 '있는 그대로의 자연'을 찍는다고 하면서 투명성의 환상을 찍는 '실체 없는 경계'이다. 이 '있는 그대로의 자연'의 모사는 실제로는 사진이라고 하는 시각화의 테크놀로지에 의해 가능하게 되었다.

〈보는 관객/보이는 풍경〉, 〈주체/객체〉를 거리화·이분화하고, 또한 매개하는 것이야말로 카메라의 파인더이다. 〈찍는 주체〉는 〈찍힌 객체〉로서의 오키나와의 바다 및 이에지마의 풍경과 단절된 별개 차원의 공간에 속해 있다. 이 점에서 〈사진의 시선〉도 파노라마적 지각의 하나이며 철도의 〈속도〉나 수정궁의 〈유리〉와 동일한 효과를 갖는다. 〈파인더〉가 '실체 없는 경계'로서 개재하는 것에 의해, 오키나와 바다 **풍경의 객체화**와 함께 순수한 **관광의 시선의 주체화 작용**이 생기는 것이다.

이 파노라마적 지각의 효과가 있기 때문에, 이에지마를 둘러싼 리얼리티는 '이미지/실생활', '전경/섬 내 공간'으로 이분화·이중화된다. 해양박람회의 관객은 이에지마 안의 역사적인 장소로부터 바다를 사이에 두고 별개 차원의 공간에 위치하게 된다. 관객이 있는 곳은, 〈바다

에메랄드비치에서 보는 이에지마

〉라고 하는 테마 박람회의 순수한 시각적·미적 리얼리티의 공간이다. 여기에 원근법적인 카메라의 시선을 주입할 때 이에지마의 이차원적 무시간적인 전경이 벗겨지고, 시각적·미적인 오브제가 연출된다. 그 자체가 해양박람회의 전시의 일부가 되면서 〈전쟁〉, 〈기지〉, 〈운동〉을 둘러싼 이에지마의 농밀한 **3차원의 역사적 장소**와의 관계성이 사라져 가는 것이다.

이러한 공간의 변용은 〈사진의 시선〉에 의한 상징적 효과이다. 〈생활의 장으로서의 이에지마·오키나와〉라고 하는 전체적 공간 속에서 전경의 미적인 이미지가 도려내어져, 카메라의 프레임 속에 담겨진 〈보이는 이에지마·오키나와〉로 추상화된다. 신체감각의 오감을 통해 느껴지는 **장소**로부터 **시각**만이 돌출하

는 **스펙터클**로. 모토부 반도의 바다와 섬들이 '전시적 가치'를 높여갈 때, 리얼리티의 전체성으로부터 시각성·스펙터클성을 추출·강조하는 **리얼리티의 추상화**가 진행하고 있었던 것이다.

〈자연〉의 환상

사진은 '있는 그대로의 자연'을 찍었다고 하는 환상을 부여하지만, 실제로는 '자연'으로부터 멀어지게 한다. 사진의 프레이밍에 의해 잘려져, 스펙터클화된 〈자연〉은 어디까지나 '자연'의 대리(=표상representation)로 새롭게 구성된다. 해양박람회에서는 여러 가지 테크놀로지를 활용해서 〈자연〉이나 〈풍경〉 그 자체를 인공적으로 창출하는 지의 시스템이 회장 안을 뒤덮고 있었다. 푸른 〈바다〉든 아열대의 식물이든, '있는 그대로의 자연'의 **사진적 지각**은 이러한 지의 시스템의 사후적 효과인 것이다. 여기에는 해양박람회 이후의 오키나와의 관광 리조트화나, 관광객과 〈오키나와〉와의 **지각적 관계**의 존재양식이 이미 선취된 형태로 나타나 있었다.

상징적

공간이 바뀌었다고는 해도모토부의 바다도 이에지마도 물리적으로는 대부분 변하지 않았다. 하지만 해양박람회의 시선은 명백히 모토부의 바다나 이에지마에 대한 지각이나 의미, 가치를 변화시켰다. 이것을 (물리적 변용과 비교해서) '상징적 변용'이라 부른다. 즉 주관 레벨에서의 변화이다. 이는 마법과 같은 효과로 장소가 갖는 분위기나 의미가 싹 바뀐다.

KEY WORD

한편 해양박람회에 오는 사람들은 이미 사전에 아쿠아폴리스의 〈푸른 바다〉와 모토부 반도의 미적 경관을 팜플렛이나 가이드북, 잡지의 화보, 텔레비전의 영상 등으로 보고 알고 있었다. 사람들은 실제로 박람회장에 올 때, 그 풍경의 그림 같은 picturesque 아름다움을 기시감을 가지고 확인하며 체험하고 있었던 것이다.

또한 1970년대, 카메라는 이미 일본의 8할 이상의 가정에 보급되어 있었다. 1970년의 오사카만국박람회에서 사진업계는 '보자, 찍자, EXPO 70' 캠페인을 실시한 결과, 칼라 필름의 판매량이 흑백 필름을 웃돌았다. 해양박람회에서도 사람들은 회장을 산보하면서, 촬영 장소를 발견하면 가족이나 커플 등의 단위로 기념사진을 찍었다. 단체여행객을 위해 오키나와관을 뒷 배경으로 단체사진을 찍는 장소도 있었다. 결국 사람들은 회장에 오기 전 뿐만 아니라, 회장에 와서도 〈사진의 시선〉을 통해 회장/해상의 풍경을 찍고 있었다. '사진 찍기'라고 하는 관점이 회장의 공간지각의 존재양식을 지배하는 규준이 되었던 것이다. 〈관광의 시

KEY WORD

상징적representation

표상 · 대리 · 대표 · 재현 · 상연 등의 의미를 갖는 representation은 '再'라는 접두사 're-'가 붙어 있기 때문에, 어떤 본질적인 존재presence를 2차적으로 반영한 것 · 대신하는 것 · 반복되는 것이라는 뉘앙스가 있다. 하지만 이 representation 그 자체가 고유의 성질을 가지고 새로운 현실을 만들어내는 사태에 주목할 필요가 있다.

선〉은 〈사진의 시선〉이기도 하다.

사진적인 이미지가 자율화해서 평행적 세계를 구축한다. 그것을 공간적으로 물질화·구현화한 세계가 해양박람회의 광대한 회장이었다. 2차원적인 이미지를 3차원화한 세계는 디즈니랜드와 동일하게, 회장 바깥의 생활세계에 준거·대응을 필요로 하지 않는, 자기준거적·자기완결적인 〈바다〉라는 테마공간이다. 이렇게 해서 〈오키나와〉를 둘러싼 리얼리티의 이중화가 해양박람회라고 하는 거대 이벤트를 통해 확실하게 진행되고 있었다.

자기준거

시스템론의 관점에서 시스템이 외적인 환경에서 어느 정도 자율화해서 스스로의 원칙에 기초해 자기를 만들어가는 것을 가리킨다. 이 책은 이 점을 응용하고 있다. 해양박람회는 오키나와에 바다가 있기 때문에 열렸지만, 한 번 시작되면 거기에는 독자적인 〈바다〉의 테마 세계가 전개된다. 회장 바깥의 실제 오키나와와 대응하지 않더라도, 회장 안은 자기완결적인 공간을 만들어내고 더욱이 그것은 반대로 오키나와의 〈미래〉의 모델로 간주된다. 이러한 자기준거적인 공간의 전형은 디즈니랜드다. 바깥인 우라야스浦安가 아닌 디즈니의 이미지 세계에 준거한 공간이며, 그것이 반대로 도시개발의 모델이 된다. 그리고 이러한 테마에 의한 자기준거적인 공간의 개발은 바야흐로 여기저기 도시·관광지·지역에서 이루어지고 있다.

KEY WORD

결국 19세기 영국의 철도여행과 런던만국박람회의 연동에 대응하는 현상은 해양박람회에서도 나타난다. 오키나와해양박람회 개발계획에 의한 대규모의 도로정비가 해양박람회와 세트가 되어 진행된 것이 그 예다(제 2장). 나하와 모토부 반도를 연결하는 국도 58호선은 직접적으로는 해양박람회를 위해 정비되고 장기적으로는 서해안의 리조트화를 촉진했다. 이 도로 인프라의 도입은 버스나 렌트카에 탄 채 서해안 연안의 〈푸른 바다〉를 파노라마적으로 지각하고, 절호의 포인트에서는 카메라를 꺼내 셔터를 누르는 것처럼, 〈관광의 시선〉을 오키나와에 도입한 예이기도 했다. 도로개발과 자동차화motorization에 의한 〈속도〉의 개발이 오키나와의 풍경지각과 공간의 존재양식에 커다란 변용을 가하면서 미적 리얼리티를 편입시킨 것이다.

'보는-보이는' 관계

지금까지 카메라의 파인더가 〈촬영된 풍경=객체〉와 〈찍는 관객=주체〉를 이분화하는 작용에 초점을 맞춰왔다. 하지만 실은 사진의 효과는 그것만이 아니다. 관객은 〈찍는 주체〉로 고정화되지 않고, 자기 자신이 〈찍혀진 객체=오브제〉가 되기도 하며, 사진이 나온 후의 〈사진을 보는 주체〉가 되기도 하기 때문이다. 또한 찍혀진 측은 단순히 수동적인 것이 아니라, 찍는 측·보는 측을 능동적인 시선으로 발견하기도 한다. 〈사진의 시선〉의 구조는 한층 복잡한 것이다. 거기에는 〈찍는 주체〉, 〈찍혀진 객체〉, 〈사진을 보는 주체〉라는 삼자의 시선이 중첩되어, 중층

적인 '보는-보이는' 관계를 만들어내고 있다.

해양박람회 회장에서 관객은 풍경에 대해 거리를 두면서 초월적인 주체가 되는 것만이 아니다. 동시에 풍경과 일체화되어 오브제 쪽으로 움직여, 이차원적으로 도려내진 이미지의 세계로 스스로 빠져 들어가기도 한다. 이는 관객과 풍경의 탈-분화(일체화)이자, 양자의 분화와는 대조적인 측면이다. 다시 말하면 해양박람회의 〈사진의 시선〉에는 관객(주체)과 풍경(객체)의 분화와 탈-분화라는 양면이 있다. 〈주-객〉의 분리·거리화와 일체화는 여기서 모순되는 것이 아니라 오히려 상호보완적이다. 사람들은 풍경을 거리를 두고 그것과 일체화하면서 풍경을 미적으로 즐기는 것이다.

탈-분화de-differentiation
영국 사회학자 스콧 래쉬S. Lasch가 제시한 개념(『포스트 모더니티의 사회학』, 法政大学出版局, 1997). 근대라는 시대는 주체/객체나 다양한 영역으로의 분화/차이화differentiation의 시대라고 이야기되지만, 래쉬는 그것과 병행해서 일단 분화한 것이 경계를 넘어 침투하는 탈-분화도 있다고 지적했다.

KEY WORD

실제로 이러한 관객과 풍경의 거리화와 일체화는 그 자체로 해양박람회의 프로듀서들이 꽤 의도적으로 연출한 효과였다. 그들이 구축한 것은 '보는−보이는' 관계의 공간시스템이자, 철저한 스펙터클의 세계이다. 350만 명이 넘는 관객들은 이 안에 편입되어 자신의 사진을 찍을 때, 자기 자신이 이 스펙터클의 일부가 되고 있었다. 하지만 그것은 무엇을 위한 것인가. 박람회의 폐쇄된 세계의 내부에서, '보는−보이는' 관계, 〈사진의 시선〉의 상호관계에 놓인다는 것은 어떠한 의미를 갖는 것인가.

3. 스펙터클과 관리의 공간

스펙터클의 권력

사진은 19세기에 탄생한 이래, 점차 권력과 긴밀한 관련을 맺었다. 사진은 신분증명서나 면허증, 패스포트, 지명수배 등, 특정 개인을 시각화하며 파악하는 권력의 정보장치로서 기능하고 있다. 단 〈찍힌 객체〉가 〈권력의 객체〉만은 아니며, 반대로 초상肖像이 보는 자에 대해 〈권력의 주체〉가 되는 경우도 있다. 메이지기 일본에 사

아쿠아폴리스 전경

진이 도입되던 시기, 천황의 초상사진御眞影은 전국의 신민화·국가통합에 커다란 영향력을 미쳤다. 〈찍힌 객체〉도 보는 자를 〈시선의 주체〉로 하며 권력을 행사하는 경우도 있다.

따라서 중요한 것은 사진을 매개로 한 [보다–보이다]의 관계이며, 〈사진의 시선〉이 침투한 스펙터클의 공간이 어떤 권력과 밀접히 관계 맺는 측면이다. 이러한 스펙터클의 권력은 보는 자의 시각에 직접 작용한다.

해양박람회에서 스펙터클의 권력을 대표하는 것은 정부출전의 아쿠아폴리스이다. 그 거대한 해양도시는 오키나와의 아름다운 〈푸른 바다〉에 구속되어 주최국 일본의 위용을 시각적·미적으로 표출하는 효과를 발휘하고 있다. 더욱이 그 때 정치적인 언어나 논리적인 언설·이데올로기는 개입하지 않는다. '백문이 불여일견'이라는 말 그대로다. 아무 말도 하지 않는 일본 정부의 화신은, 오키나와의 〈푸른 바다〉를 활용해가면서, '문답무용 間答無用'으로 국가로서의 일본의 존재를 미적·상징적으로 표현한다. 이 〈바다〉의 스펙터클에 **부정성이나 비판**의 계기는 없다. 있는 것은 단지 〈바다〉라는 테마 세계의 **긍정성과 중립**뿐이다. 그것을 통해 결과적으로 오키나와의 일본으로의 통합과 새로운 해양개발의 방향성이 비언설적·스펙터클적으로 긍정된다. 관객은 이 스펙터클에 매료되어 우선 이 구조물을 사진에 담는다. 하지만 이 촬영행위는 대상을 '있는 그대로 찍는다'라는 사진의 효과에 의해, 결과적으로 이 스펙터클의 권력을 암묵적으로 긍정하며 그 정당성을 가치중립적으로 승인하는 행위이기도 하다.

'국가의 화신·상징'이라는 점에서 아쿠아폴리스는 천황제와도 오버랩하고 있다. 실제로 당시의 아키히토 황태자는 해양박람회의 명예총재였다. 『공식가이드북』과 『공식기록』은 모두 권두에 명예총재의 초상사진과 「인사말」을 게재하고 있다.

지금까지도 바다의 중요성은 사람들의 뇌리에 각인되어 있다고는 할 수 있어도, 그 바다를 아름답게 보존하고자 하는 노력은 유감이지만 충분했다고 생각할 수 없습니다. 아름다운 오키나와의 푸른 바다를 볼 때 그 노력의 필요성을 절실히 느끼게 됩니다.

이 「인사말」에는 자연환경의 오염이라고 하는 시대문제의 구세주인 것처럼, '아름다운 푸른 바다' 오키나와가 설정되어 있다. 이 바다라고 하는 장소에서 바다에 대한 인식을 심화시켜 가

KEY WORD

스펙터클 사회

프랑스의 사상가·영화감독 기 드보르Guy Debord는 1960년대 스펙터클이 지배하는 사회에 경종을 울렸다(『스펙터클의 사회』, 울력, 2014). 그가 말하는 스펙터클은 단순한 미디어나 정치권력이 만들어내는 이미지가 아니라 그러한 이미지에 의해 매개된 사회관계이다. 사람들은 스펙터클 세계에 매혹됨으로써 결과적으로 그 강력한 방향성에 따라 관리되게 된다. 또한 푸코는 『감시와 처벌』(나남, 2016)에서 '스펙터클의 시대에서 감시의 시대로'의 이행을 이야기했지만, 스펙터클과 감시라는 두 개의 시선의 체제는 오히려 밀접하게 중첩된다.

야 한다고 명예총재가 강조할 때, 오키나와의 지방성locality은 추상화되고, 일본 정부의 존재감이 힘을 띠게 되며 정통성이 커진다. 이 효과는 실로 해양박람회회장의 〈푸른 바다〉에 나타난 아쿠아폴리스가 발휘한 효과와 상동적이다.

하지만 이러한 스펙터클의 권력은 박람회 회장의 안에서 도대체 무엇을 호소하려고 했던 것일까? 어떤 상징적 공간을 만들어내고 무엇을 실현하려고 했던 것일까?

통제control의 공간

해양박람회협회는 회장 구성의 방침으로서 〈바다=자연〉과 〈인간〉을 회장의 '주역'으로 설정했다. 하지만 그들이 동시에 표명했던 것은 철저하고 합리적인 공간관리의 사상이기도 했다.

〈바다=자연〉은 어디까지나 시각효과의 관점에서 적절한 시설의 배치와 관계된 통제의 대상이 되어간다. 다른 한편, 관객이 '주역'이 되는 것도 **회장의 공간세계를 수동적으로 받아들이는 한에서**였다. 관객은 〈바다=자연〉의 풍경에 시각적인 쾌락을 느끼면서, 회장 안을 산보하는 역할을 맡는다. 절경 포인트에서

장 보드리야르(Jean Baudrillard, 1929~2007)
프랑스의 사회학자·사상가. 주저로 『소비의 사회』(문예출판사, 1992)에서 현대의 소비사회를 분석하고, 사용가치가 아닌 기호가치가 소비되는 상황을 지적했다. 그 후 『시뮬라시옹』, 『아메리카』 등 다수의 저작에서 독창적인 문명비판을 전개하며 활약했다.

PERSON

는 풍경과 일체화되어 사진을 찍는다. 이러한 '자유로운' 〈인간〉의 역할 자체야말로 의도적으로 할당된 것이었다. 결국 회장 안에서는 〈바다=자연〉과 세트가 되어 〈인간〉도 협회·정부에 의한 공간연출의 〈객체=대상〉이 된다. 이에 따라 〈바다〉와 〈인간〉의 관계, 〈자연〉과 〈인간〉의 조화라는 이미지를 공간적으로 실현하는 것이 협회의 목표였다. 그 때의 무대장치가 되는 것이 공원·교통·건축·조명 등의 여러 테크놀로지이다. 특히 조경 기술은 〈자연스러움〉을 인공적으로 연출한다. 더욱이 해양박람회의 경우, 조경 기술은 오키나와의 〈아열대적인 것〉을 표출했다. 관객의 눈에 들어오는 〈자연〉, 〈아열대〉, 〈오키나와〉는 시각적인 직접성에 작용하기 때문에 '원래부터의 자연'이라는 환상을 부여한다. 하지만 그 환상 자체가 조원기술의 매개에 의한 사후적인 산물이었다.

따라서 여기서의 〈자연〉과 〈인간〉의 일체화·조화란, 고도로 발달한 테크놀로지의 매개에 의해 처음으로 성립한 것이었다. 해양박람회회장이 '자연과 인간의 조화'를 강조한 배경에는 당시 국내외적으로 공해·환경문제가 심각해지고 있던 것이 컸다. 하지만 회장 내에 실현된 '조화'는 그 자체 어디까지나 테크놀로지에 의해 자연과 인간을 통제하는 사상을 보다 철저히 한 결과였다.

오키나와 공간개발의 모델로서의 해양박람회
따라서 중요한 것은 이러한 회장의 공간구성이 오키나와의 공간 개발의 모델로서도 고려되고 있었다는 것이다. 〈바다〉라는 테마 아래 자기준거적·자기완결적으로 구조된 이미지 공간이야말로, 테크놀로지를 구사하여 실현된 이상적인 도시공간이다. 그리고 그것이 복귀 후 오키나와의 '희망찬 미래'를 선취해서 공간에 구현해 간 〈바다〉의 세계였다. 이것이야말로 보드리야르가 말한 '영토에 비해 지도가 앞서는 것', '시뮬라크르의 우위'이다. 여기에 있는 것은 **실재 영토의 모사가 지도인 것이 아니라, 지도야말로 영토를 만들어내는 사태**이다.

또 하나 중요한 것은, 이 〈바다〉라는 테마 공간이 일본 정부에 의한 오키나와의 재영토화라는 방향성의 시각적인visual 의사표명이었다는 것이다. 복귀 이전까지 형성되어 온 오키나와의 사회·문화를 받아들이는 것이 아니라, 새로운 시뮬레이션에 의해 오키나와를 재편제해가는 것이다. 그러한 국토개발의 방향성을 해양박람회를 통해 스펙터클적으로 지시하고 있었던 것이다.

시뮬라크르simulacre

'모조품', '모조'라고 번역되는 프랑스어로, 그 전에는 문화인류학에서 어떤 토지의 전통문화가 쇠퇴한 후, 다음 세대가 그 쇠퇴를 안타까워하며 부활시킨 '가짜문화'를 가리켜 사용되었다. 시뮬라크르는 어떤 원형이 되는 것을 모방하고 있다 해도 자유로운 시뮬레이션에 의한 이미지의 산물로, 이미 원형과는 별개의 독특한 존재이다. 보드리야르는 이것을 '원본 없는 복사본'이라고 표현했다. 해양박람회의 〈바다〉라는 테마 세계, 특히 아쿠아폴리스도 푸른 바다의 오키나와를 토대로 세워졌지만, 오키나와의 어디에도 없는(있을 수 없는) 가공의 시뮬라크르 도시이다. 하지만 이 시뮬라크르 도시는 반대로 오키나와 지역 개발의 '바람직한 미래'의 모델로, 현실적으로 기능하고 있는 것이다.

KEY WORD

아메리칸 빌리지

오키나와 차탄北谷의 서
해안 미하마美浜에는 아
메리칸 빌리지라고 하
는 도시형 리조트가 있
다. 이곳은 전후 미군이
바다를 매립해 만든 기
지 부지로 1981년에 반
환되었다. 쇼핑 · 레스토
랑 · 관람차 · 영화관 · 라이브하우스 · 야구장 · 호텔 · 주차장 등이 밀집
된 지역은 젊은이나 가족관광객들로 북적이는 현재 유수의 스포트다.

흥미로운 것은 '아메리칸 빌리지'라는 이름의 유래가 이 땅이 미국과의 관
계가 깊다는 사실에서 비롯되었다는 것이다. 실제로 이 공간은 캘리포니
아주 샌디에고의 몰 가를 모델로 하고 있다. 나도 오키나와에 정착해서
얼마 후 여기에 왔을 때, 오키나와면서 오키나와가 아닌 장소에 있는 듯
한 신기한 착각에 빠진 것을 기억하고 있다. 그것은 실로 '아메리카' 이미
지에 준거한 시뮬라크르의 공간이다.

잘 알려져 있듯, 차탄 정과 미국과의 깊은 관계라고 하는 것은 광대한 미
군기지의 존재에서 유래한다. 정리 축소가 이루어진 지금도 정 면적의 절
반 이상인 53.9%를 기지가 점유하고 있다(2003년 4월 현재). 오키나와전투
에서는 마을 전역에 미군이 상륙했고, 전후에는 지형이 좋은 평지가 미군
용지로 접수되어, 경사가 급한 지역부터 반환되었던 경위가 있다.

마을 중앙에 뻗어 있는 국도 58호선을 끼고 서해안에는 아메리칸 빌리지,
동쪽에는 미군기지라는 이 공간 배치. 전쟁의 미국과 소비의 미국이라는
전형적인 리얼리티의 이중성. 평행세계가 이 작은 마을 공간에 농축되어

구현되어 있다. 그리고 이 포스트콜로니얼한 풍경에는 주말에도 사람들로 몰린다.

제5장
시각 미디어로서의 해양박람회

1. 해양박람회의 공간배치zoning와 오키나와의 경계 설정

오키나와 각지의 〈바다〉의 테마화와 개성화

이번 장에서는 해양박람회의 내용으로 한층 깊이 세분해 들어가, 개개의 출전시설(파빌리온)을 보기로 한다. 그 전에 공간배치zoning라는 시점에서 회장 안과 회장 바깥을 관련지어 생각해보고 싶다.

해양박람회의 회장으로는 본섬 북부의 모토부 반도가 선택되었지만, 류큐 정부는 오키나와의 진흥개발을 위해 각지에 다음과 같은 해양박람회 관련시설을 건설하는 것도 일본 정부에 동시에 요청했다.

① 본섬 남부에는 **수산 센터**를 설치, 개발이 뒤쳐진 수산업의 추진을 도모한다.

② 본섬 중부에는 **국제해양회관·국제회의장**을 설치, 국제

교류의 장으로 한다.

③ 미야코宮古 제도지역에는 **재배어업 존**을 설치, 양식기지로서의 입지조건을 활용한다.

④ 야에야마八重山제도와 구메이 섬久米島에는 **학술연구센터**를 설치, 귀중한 자연환경을 활용한다.

⑤ 게라마慶良間제도에는 **해양성 레크리에이션 센터**를 설치한다.

모든 시설들은 〈바다〉와 관련되어 있고 오키나와의 진흥개발에 구체적인 공간배치를 부여하고 있다. 오키나와의 〈바다〉는 개발을 위해 **인공화·상징화되고, 테마화와 기능분화**를 추진해 간다. 즉 이것들은 해양박람회의 〈바다〉라는 테마를 오키나와 전역으로 확장해가는 것과 동시에 〈바다〉 안의 하위 범주를 각지에 할당해서 개성화하고 있다. 해양박람회의 테마 세계를 회

공간배치zoning

도시계획이나 특정한 지역의 개발계획 등에서 공간을 용도나 개념에 의해 나눠 배치하는 것. 예를 들어 도시계획에서는 주거지역·산업지역·공업지역 등, 지역에 따라 건물의 용도가 어느 정도 정해져 있다.

인공화·상징화

원래 있었던 오키나와의 자연적인 바다가 재귀적인 개발의 시선이 향해지면서 인공적으로 〈바다〉의 의미나 방향이 부여되는 것을 의미한다. 이 때, 오키나와 전역에 〈바다〉라는 테마가 할당되는 것이 테마화이며, 그 안에서도 몇 개 하위 테마를 각 장소가 개별적으로 받아들이는 것이 기능분화이다.

KEY WORD

장 안뿐만 아니라, 오키나와 전역으로 넓히고자 했던 것이다.

해양박람회회장 안의 하위 테마

흥미로운 점은 [〈바다〉라는 전 지역적인 테마와 그 안의 하위 범주로의 국소화 · 개성화]라고 하는 이 두 방향의 구도가 해양박람회의 회장 안에서도 공간배치의 기본이 되고 있다는 것이다. 메인 테마 〈바다〉 아래에는 다음과 같이 4개의 군(群, cluster)과 하위 테마가 있다.

해양박람회협회는 각 출전자의 자유로운 기획을 바랐지만, 완전한 방임으로는 전체를 통일할 수 없기 때문에, 일정 하위 테마에 기초해 각 출전을 분류 · 정리하고 공간배치를 했다. 물론 이것들은 관객들의 이해도도 고려하고 있었다.

결국 〈바다〉라고 하는 메인 테마에 의한 공간적 전체화와 서브 테마에 의한 공간적 개별화가 해양박람회회장의 내부와 외부에 동시병행하면서 진행되었다. 해양개발을 둘러싼 공간배치의 정치학으로서의 〈바다〉의 테마화는 회장 내부와 외부에서 연동하고 있었던 것이다.

여기서 편의적 · 직관적으로 양자의 하위 범주를 대응시키면,

어류군 '바다와 친해지기'	**과학 · 기술군** '바다를 열기'
민족 · 역사군 '바다에 살기'	**선박군** '바다를 가기'

〈어류〉에는 남부의 수산센터와 미야코의 재배어업 구역, 〈민족 · 역사〉에는 중부의 국제해양회관 · 국제회의장(역사적으로 오키나와는 국제교류의 거점이었다고 한다), 〈과학 · 기술〉에는 야에야마 · 구메이 섬의 학술연구센터, 〈선박〉에는 게라마 해양성 레크리에이션 센터가 대응한다.

해양박람회회장의 공간배치는 복귀 후의 오키나와 현의 공간배치에 선행하는 공간개발의 모델이 되기도 했다. 주목해야 할 것은 오키나와의 〈바다=자연〉에 대한 공간적인 재귀성의 작동이며, 오키나와의 해양공간에 대해 미래의 콜로니colony화(94페이지)를 실현하고자 하는 의지이다. 해양박람회는 복귀 후의 〈오키나와〉를 이미지에 의해 선취하며, 그 미래의 콜로니화를 공간적 · 스펙터클적으로 체현한 일종의 세계상의 연출 · 제시였던 것이다.

본섬 중부의 '국제성'의 정치적 의미

그런데 오키나와 본섬 중부에는 '국제성'의 테마가 할당되었다. 왜 중부인 것일까. '중부지역은 **외적 경제요인**에 의해 발전해온 장소이며, 주민은 국제적 협조성 및 우애, 친선의 국제적 경험이 풍부하다'는 일견 긍정적인 표현이 제시되어 있다. 하지만 실은 이 '외적 경제요인'이란, 미군 기지를 의미한다. 본섬 중부는 가데나嘉手納 · 후텐마普天間를 중심으로 미군 기지가 광대한 면적을 차지하고 있고, 주변지역의 경제도 미군에 크게 좌우되어 왔다. 말하자면 '기지의존 경제'이다. 해양박람회의 용지선정

위원회는 이를 염두에 두고, 중부를 '국제적 경험이 풍부하다'고 표현했다. 그래서 복귀에 의해 기지경제를 탈피할 것을 예견하고, 새롭게 산업을 진흥할 필요에서 '국제성'이라고 하는 테마를 할당했던 것이다.

결국 이 공간배치는 기지의 리얼리티로부터 〈국제성〉으로 본섬 중부의 공간을 바꿔 읽는 작업이었다. 그 때 해양박람회의 테마 세계가 활용된다. 광대한 기지와 인접한 식민지적 일상이 은폐되고, 〈국제성〉의 깨끗한 이미지가 부여된다. 위원회가 상정한 기지반환은 실제로는 진행되지 않고, 기지의 리얼리티와 〈국제성〉의 이미지는 서로 병립하면서 **리얼리티의 이중성**을 구성하게 되는 것이다.

물론 이상의 공간배치는 기지와의 관계에 의한 것만은 아니다. 하지만 이 점은 해양박람회가 오키나와에 끼친 상징적인 영향을 보는 데 있어 중요하다. 해양박람회는 역시, **회장 바깥의 오키나와 그 자체의 리얼리티의 방향**을 부여하는 기능도 수행하고 있었다. 이러한 의미에서 이후 보게 될 해양문화관이나 오키나와관이 설치된 **민족 · 역사군**은 아시아 · 태평양, 그리고 오키

KEY WORD

기지의존경제
1969년의 오키나와에서 기지관계 수입은 2억 920만 달러로, 최대의 달러 수입원이었다. 이 해의 오키나와 3대 산업과 비교하면 설탕류의 수출액이 4,458만 달러, 관광수입은 3,317만 달러, 파인애플의 수출액은 1,868만 달러로, 기지관계 수입이 이들 수입을 크게 상회한다.

나와에서 전쟁·기지·국제관계의 역사를 크게 바꿔 읽으면서 〈해양〉이라고 하는 테마로 새롭게 나아가는 정치적이며 상징적인 기능을 담당한 것이었다.

2. 정부출전시설

해양박람회의 주도권을 쥐고 있었던 것은 오키나와 현이 아니라 일본 정부였다. 정부 자신이 주최국으로서 최대 규모로 출전했다. 과학·기술군에 **아쿠아폴리스와 해양목장**, 민족·역사군에 **해양문화관**, 어류군에 **해양생물원**, 그리고 **해변공원**이 그것이다. 이들 전시내용으로부터 정부가 〈바다〉를 둘러싼 〈과학기술〉, 〈문화〉, 〈자연〉에 대해 어떠한 이미지를 가시화하고 현실화하고자 했는가, 그리고 지금까지 살펴 본 해양박람회의 사상이 어떠한 형태로 전시에 표현되었는가가 명백해질 것이다.

아쿠아폴리스: 가시성을 의무로 하는 상징

해양박람회를 대표하는 표상figure으로서, 오사카만국박람회의 태양의 탑에 필적하는 건축물은 해상에 떠 있는 아쿠아폴리스이다. 그 테마는 '**미래의 해상도시**'이자, 해양박람회의 전체테마 '바다-그 희망찬 미래'를 구현하고 있다. 그것은 육지로부터 그것을 바다와 일체적으로 보는 시각의 구도에 의해, 〈자연-인간-기술〉의 관계 맺음을 시각적·미적으로 표현하고 있다.

그래서 협회는 이 구조물이 어디에서도 관객에게 보일 수 있도록 회장의 중심에 배치했다. 아쿠아폴리스는 편재적인 가시성을 의무로 하는 상징이었다.

이 경우 상징이란 해양박람회 전체의 상징임과 동시에 바다의 〈미래〉라는 상징이기도 하다. 또한 그것을 눈에 보이는 형태로 만들기 위해서 최첨단의 과학·기술이 동원되었다. 이 해상도시는 과학·기술(테크놀로지)의 힘의 상징이기도 했다.

실제로 아쿠아폴리스는 '과학·기술군'에 속해 있었다. 반잠수·부유식의 건물로서는 당시 세계최대급이었다. 실로 과학기술의 진보를 측정하기 위한 실험도시지만, 그 실험 자체를 이해하기 쉽게 전시하고 관객을 즐겁게 하는 것을 목표로 하고 있었다.

환경창출형의 테크놀로지

한편 제 3장에서는 만국박람회의 역사를 돌이켜보면서, 수정궁이나 에펠탑, 관람차, 전기조명 등, 새로운 테크놀로지를 활용한 연출·전시가 〈미래〉 이미지를 축제적으로 연출하고 관객을

KEY WORD

가시성
보이는 것은 보이지 않는 것과의 관계 속에 있다. 가시성은 불가시한 구조와의 관계에 놓여 있는 것이다. 아쿠아폴리스나 이에지마(제 4장)가 과도할 정도로 가시성을 부여받은 것은 오키나와의 무엇을 보여주고자 하고, 무엇을 보여주지 않고자 했는가, 그 방향성을 파악하는 데 있어 중요하다.

시각적으로 매료해 왔음을 지적한 바 있다. 그들 전시는 이후의 일상생활이나 경제생활의 모델을 제공하는 것이었다. 그러한 의미에서는, 최신의 테크놀로지를 사용해서 미래의 해상도시를 연출한 아쿠아폴리스도 이 흐름을 이어받고 있다.

단, 도시사회학자 주킨Sharon Zukin은 1893년의 시카고만국박람회와 1939년의 뉴욕만국박람회 사이에는 테크놀로지의 전시 방법이 크게 변용한 사실을 지적하고 있다. 1893년, 새로운 기계장치는 예를 들어 관람차처럼, 개개의 생산물로서 직접 전시되었다. 하지만 1939년에 이르면 테크놀로지의 진보 이미지는 공업생산물로서가 아닌, 박람회의 풍경 전체 안으로 들어왔다는 것이다. 뉴욕만국박람회에서 테크놀로지의 진보는 전체의 테마 '내일의 세계' 안으로 편입되었다.

이러한 변용을 '**기계생산형 테크놀로지에서 환경창출형 테크놀로지로**'라고 이름 붙이는 것은 가능하다. 해양박람회도 뉴욕에서 오사카만국박람회에 이르는 흐름의 연장선상에 있다. 아쿠아

샤론 주킨Sharon Zukin
미국의 도시사회학자. 저서로 Landscape of Power(University of California Press, 1993), The Cultures of Cities(Blackwell Publishers, 1995) 등. 디즈니와 같은 대중문화(영화, 테마파크)가 경제의 네트워크를 만들어내고, 그것이 도시나 리조트의 시각적 공간에 전개되고, 지역개발을 이끌어내는 것을 규명했다. 이 책은 그녀의 논의에서 많은 것을 배우고 있다. 본문에도 서술했듯이 디즈니와 같은 판타지의 세계는 환경창출 테크놀로지와 결합되어 있다.

PERSON

폴리스는 실로 환경창출형 테크놀로지에 의해 만들어졌다. 그것은 〈바다〉의 미래도시라고 하는 〈환경〉이다.

이 해상도시는 주위의 환경보존이나 안전성의 확보, 정보 시스템에 의한 집중관리를 최첨단 기술에 의해 실현하고자 했다. 제 4장에서 보듯, 회장 전체의 '테크놀로지에 의한 〈자연〉과 〈인간〉의 관리'가 여기에서 집약적으로 표현된 것이다.

「테크놀로지에 의한 〈자연〉과 〈인간〉의 관리」,
여기에 집약적으로 표현되었다.

〈바다〉를 둘러싼 테크놀로지와 판타지의 결합

그렇다면 그러한 전시는 구체적으로 어떻게 구성되었던 것일까. 아쿠아폴리스는 '멋진 체험의 세계'를 하위 테마로 해서 관객을 바다 세계의 체험으로 유혹했다. 육지의 회장으로부터 기다란 아쿠아 대교를 건너는 사이, 관객들은 비일상의 세계로 빠져들어 간다.

아쿠아폴리스에서 관객들은 위와 같은 시민수첩을 받는다. 뒷면에는 '당신은 오늘부터 아쿠아폴리스의 시민이라는 사실을 증명합니다'라고 적혀 있고, 증명사진란까지 있다. 실로 체험적인 유사이벤트로서의 해양도시이다. 입구에서 에스컬레이터를 타고 올라가면 심해로 인도된다. 거무스름한 푸른 조명이 더해지고, 음향효과에 의해 관객 자신의 말소리가 변한다. 심해에서 발생하는 현상의 재현=대리(representation, 133페이지)적 연출이다.

에스컬레이터에서 내리면, '마리노라마 전실前室'로 들어가게 된다. 이곳을 걷는 관객은 물고기가 되어 해저를 떠도는 느낌을 받게 된다. 실내에는 심해생물의 영상이나 오브제가 배치되어, 오브제를 만지면 해양생물의 촉감을 확인할 수도 있다. 암흑을 통과하면, 화려한 바다 안의 세계, '마리노라마'가 펼쳐진다. 데쓰카 오사무 프로덕션이 만든 이 공간은 수심 20~30미터의 바다 속을 표현하고 있다. 사방의 벽과 천정은 아름다운 카리브 해의 사진으로 뒤덮여 있다. 오키나와가 아니다! 실로 오키나와의 푸른 바다 위에서 사진의 시선을 매개한, 〈푸른 바다〉의 대리(표상=representation) 체험에 불과하다. 관객은 무빙벨트에 탄 채, 물고기가 된 기분으로 바다 속 세계를 탐험한다. 헤엄쳐 오는 물고기의 오브제들은 눈·입·아가미·지느러미가 움직인다.

마리노라마에서 얕은 여울에 이르면, 무빙벨트는 '해조류의 숲'을 빠져나간다. 천정에 많은 해조류의 오브제가 드리워져 있다. 여기서는 아쿠아폴리스에서 실제로 이루어지는 클로렐라 오수처리를 전시하고 있고, 정화된 물은 조가비의 오브제에서 솟아나온다.

화려한 마리노라마

건물 바깥으로 나가면 바로 해상 20미터의 '갈매기 다리'로부터 눈 아래 펼쳐지는 아름답고 무서운 바다 풍경을 느낄 수 있다. 심해→여울→해상으로 올라가는 체험적 시선의 구도이다.

이상과 같이, 관리와 스펙터클이 철저한 해상도시의 공간은 바다를 둘러싼 테크놀로지와 오브제를 결합,

무빙벨트 (맨 앞은 안내역 아쿠라메이트)

일체화시킨 세계이다. 과학기술의 실태, 그 자체는 일반인으로서는 가까이 하기 힘들다. 그래서 과학기술의 정수를 집적한 해상도시를 관람객도 즐길 수 있도록, 환상적 체험환경으로서 연출한 공간이 아쿠아폴리스인 것이다.

이 유사 이벤트로서의 해상도시는 오키나와 바다에 실제로 떠 있다. 〈바다〉를 둘러싼 이미지와 현실이 탈—분화·일반화하는

사태이다. 오키나와의 바다에서, 표상(대리=representation)으로서의 〈바다〉라는 환상세계를 관객들은 즐기고 있다. 여기에 〈바다〉의 개발과 레크리에이션의 〈미래〉가 펼쳐지고, 오키나와의 바다로 계속해서 침투하는 것이다. 이미지의 〈바다〉 세계에 의해 새롭게 변해가며 만들어지고 있는 것은 현실의 바다 쪽이다.

해양목장과 해양생물원: 바다 세계의 통제와 스펙터클화

해양목장은, 해역을 망으로 둘러싸서 '물고기를 잡는' 것에서 '만들어내는 어업', '기르는 어업'으로의 전환을 시각적으로 호소하고 있다. 이 목표는 미래의 해양목장 모델을 출전, 그 실태와 중요성을 알리는 것이었다. 에워싸인 망 안에는 방어 · 마래미 · 도미 · 그 외의 오키나와 바다의 물고기들을 수만 마리 방목하고, 일정한 시간이 되면 자동적으로 모이를 산포한다. 물고기의 완전한 생태관리를 수행하면서, 그 실태를 수중 카메라로 촬영, 아쿠아폴리스 내에 전시하는 것이다.

이곳에서 물고기들은 철저한 관리와 스펙터클의 시선에 노출되어 있다. 관객들은 그것을 시각적 · 미적으로 즐기면서 암묵적으로 이러한 어업양식의 전환을 받아들이게 된다. 스펙터클화의 상징적 · 정치적 효과는 미적인 것과 동시에 중립적 · 긍정적 시선에 의해 언어의 교환을 매개하지 않고 정당성을 확보하게 된다. 해양목장은 바다 속 생태계를 통제하는 행위를 동시에 스펙터클화해서 사람들의 관람의 대상으로 하면서 자명한 것으로 승인하지 않을 수 없도록 하게 하는 시도였다.

한편, '어류군'의 중심인 **해양생물원**은 육지의 어류전시이다. 당시 세계에서 가장 큰 수조를 자랑하던 수족관은 '바다를 싹둑 잘라낸 것 같은 박력'이 넘친다고 회자되었다. '여기서 헤엄치는 물고기들을 보고 있으면 마치 바다 속에 있는 것과 같은 착각을 느끼게 됩니다.' 바다 세계를 잘라낸 것과 인간이 바다 속 세계에 들어가는 것이 상호적인 것이 되어, 관객들은 물고기들의 세계로 빨려 들어간다.

종래의 수족관이 주로 지식을 전달해 온 것에 비해, 이 수족관은 '원체험'으로서 물고기와 인간의 만남을 연출했다. 지식에서 체험으로의 이행이다. 그것은 어디까지나 〈바다와 물고기의 세계〉의 대리(=재현=표상: representation)지만, 거대수조나 연출기술에 의해 생명환경의 '원체험'같은 독특한 리얼함을 제공해준다. 이러한 '체험' 중시는 아쿠아폴리스와도 공통된다. 관객을 스펙터클 속으로 들어오게 함으로써 '인간과 바다의 깊은 관계'라고 하는 해양박람회의 기본 개념을 시각적 · 공간적 · 신체적으로 현실화시킨 것이다.

해양목장에서는 '양식 어업'을, 해양생물원에서는 '물고기를 보여주는 것'을 테마화했다. 양자가 함께 시각화시킨 세계관은, 물고기의 콜로니화, 해중생태계의 콜로니화이자, 테크놀로지에 의한 바다 속 세계의 통제를 증대시키는 것이다. 하지만 이것들은 '인간과 바다와의 깊은 관계'라고 하는 긍정적인 이미지를 부여받고, 관객을 매료하는 스펙터클로 연출되면서, 암묵적으로 정당성을 보증 받게 된다.

해변공원: 조경기술에 의한 〈아열대〉 이미지의 연출

해변공원은 약 27만 km², 회장의 4분의 1 이상의 면적을 점유하고 있었다. 그 공간적 · 시각적 역할은 크다. 이는 일본 최초의 세계적 규모의 아열대공원이었다. 오키나와적인 〈아열대〉와 〈바다〉가 조화를 이루고, 그것이 오사카만국박람회의 일본정원과 대비되는 개성으로서 강조되었다.

단 거기서 연출된 〈오키나와다움〉, 〈아열대다움〉도 어디까지나 조경 테크놀로지를 매개로 해서 인공적으로 구축된 것이다. 실제로 심어진 꽃과 나무는 전 세계의 열대 · 아열대 지역에서 가지고 온 것이었다. 그것들이 세트가 되어 〈아열대〉 오키나와 이미지의 연출 장치가 된다. 공원 내에는 야자 · 소철 · 히비스커스 · 부겐빌리아 · 메리골드(전륜화) · 사루비아, 그리고 오키나와의 현화인 데이고 등의 꽃들이 심어져 있다. 나무들의 초록을 배경으로 해서 이들 〈남국〉의 꽃들이 지닌 적색 · 백색 · 황색 · 자색 등 선명한 색채가 아로새겨져, 오키나와의 〈푸른 하늘, 푸른 바다〉와 아름다운 조화를 보여준다.

관객들은 이들 〈자연〉의 풍요로운 광경을 미적인 관광 · 사진의 시선으로 객체화하면서 산책하는 가운데 그 풍경에 스스로 일체화된다. 공원 내에는 다양한 명소가 있으며, 바다 · 꽃 · 석양 등의 풍경을 즐기기 위한 시각적 · 공간적인 배려가 이루어진다.

여기서 연출된 것도 아열대 이미지의 '체험'이다. 이를 통해 '인간과 아열대의 자연과의 깊은 관계성'을 구현하는 것이다. 해변공원은 오키나와의 〈아열대〉를 '자원'으로 활용하는 것처럼 관광개발의 〈미래〉를 선취하고 이를 회장공간에 체현하고 있었다. 실제로 이 공원은 박람회기 이후에는 아열대성 식물공원으로 남는 것이 결정되었고, 회장 부지는 본섬 북부 및 오키나와 전역의 리조트 개발 거점으로 결정되었다. 해변공원에 표출된 〈아열대〉 이미지에 준거하는 형태로 현실의 오키나와 관광개발·공간개발이 진행된 것이다.

또한 해변공원은 해양박람회 관련 사업인 국도 58호선의 식수사업(제 2장)과도 맞물린다. 해양박람회 방문객들은 대개 나하 방면에서 해양박람회 도로 58호선을 북상해서 회장에 도착했다. 이 58호선은 이미 서해안의 절경과 도로변에 심어진 아열대 식물에 의해, 〈바다〉와 〈아열대〉의 도로공원으로 연출되었고, 그 연장선상에 해양박람회회장이 있었다. 58호선과 해양박람회의 해변공원이야말로 오키나와의 〈아열대〉 이미지의 대규모 전시장치로서 이후의 오키나와 전역의 공간개발의 모델이 되어간 것이다.

해양목장과 해양생물원의 〈물고기〉에 비해 해변공원은 〈아열대식물〉의 콜로니화를 구현했다. 이는 인간의 테크놀로지에 의한 아열대 환경의 통제라고 하는 세계관을 암시하고 있다. 하지만 이것도 인간에게 시각적·체험적인 쾌적함을 제공하는 데 정당성을 부여하는 것이었다. 그리고 이는 아열대 리조트로서의 오키나와의 관광개발 그 자체를 정당화하는 비전과도 연결되어 간다.

해양문화관: 태평양 오리엔탈리즘 속에서의 〈일본〉

해양문화관은 정부 출전 시설로 '민족·역사군'에 속한다. 인문학적 관점에서 일본의 해양문화를 다른 태평양 지역과 비교하는 동시에 아시아·태평양에서 인간과 바다의 관계를 전시하고, 국제교류를 심화하고자 한 전시관이다.

즉 해양문화관은 아시아·태평양과의 관계를 통해, 〈일본인〉, 〈일본〉의 **문화적 아이덴티티의 명확한 확정**을 도모하는 것이었다. 이 점은 오사카만국박람회의 정부출전인 '일본관'과도 겹치지만, 벡터는 정반대이다. 일본관은 일본의 문화사·산업·자연·사계·전통·과학기술·미래구상 등을 포괄적으로 전시하면서 **안으로부터** 〈일본인〉, 〈일본〉을 명확히 규정했다. 한편 해양문화관은 아시아·태평양의 해양문화와 그 안에서의 〈일본〉을 전시하면서, **바깥에서** 〈일본인〉, 〈일본〉을 부각시켰다. 이것이 오사카만국박람회에 이어 오키나와에서 국제박람회를 개최하는 것의 상징적·정치적인 효용이기도 했다. 결국 이러한 〈바깥〉의 시점이야말로 오키나와의 지리적 위치로부터 나오는 것이었다. 오키나와는 일본의 내셔널 아이덴티티의 획정 작업에 있어 〈남쪽〉의 바다에서 공헌하는 역할을 부여받았다.

해양문화관의 테마는 '구로시오에서 살기'이지만, 당초에는 보다 명확히 '바다와 일본인'이었다. '구로시오'도 일본인과 바다의 관계성을 상징적으로 표현하고 있는 '바다와 일본인'이라는 아이덴티티를 명확히 규정하기 위해 오키나와를 **국내의 좌표축으로 해서** 남태평양의 섬들 쪽으로 시선을 향해 간다. 이것이야말로 일본판 오리엔탈리즘이자, **동일한 태평양 내의 〈타자〉**를 응시하며 〈자기〉(=일본인의 위치)를 규정한다는 점에서, **태평양 오리엔탈리즘**이라고도 이름붙일 수 있을 것이다. 이 방향성에 대해 인류학적 필드워크가 동원되었다.

전시품의 수집에는 인류학·민족학 전공의 대학원생 등 수십 명이 각지에 파견되어 폴리네시아·멜라네시아·미크로네시아·태평양 전역·동남아시아·유럽 일본에서 1495점 이상의 어구·배·생활용구·장식품·제구 등이 수집되었다. 이들을 진열할 때, ①프롤로그→②폴리네시아→③멜라네시아→④미크로네시아→⑤동남아시아→⑥일본 순의 6부 구성으로 스토리 전

KEY WORD

오리엔탈리즘

에드워드 사이드가 사용한 개념으로 동명의 저서가 있다. 오리엔탈리즘이란 서양이 이제까지 잘 알지 못하는 동양=오리엔트의 이문화세계에 대해 일방적으로 만들어 내고 강요해온 이미지나 이해의 방식. 서양의 식민지 지배 속에서 '오리엔트' 담론은 지적·관념적인 레벨의 권력 장치로 기능했다. 사람들은 형편에 따라 스테레오타입의 타자 '오리엔트' 상을 만들어내고 해석하며, 동시에 이를 통해 자신들의 입장을 확인한다. 그 지식이나 이미지에서, '바라보는 주체'는 '보이는 객체'에 대해 우위의 입장에 있다. 사이드의 이러한 '서양·동양'의 도식을 일본에 응용하면, '일본·오키나와', '일본·아시아', '일본·태평양' 등의 구도가 떠오른다. 단, 이것들이 '서양·동양'과 다른 점은 일본과 공통의 범주 속에서 타자가 발견된다는 점이다. 오키나와는 '일본 속의 이질적인 타자'이며, 아시아·태평양에는 일본도 포함되지만, '동일한 아시아·태평양 속의 이질적인 타자'에 대해 이국적인 시선을 향한다. 그리고 이러한 타자를 경유해서 '일본'의 상을 바깥으로부터 확정해간다. 이것이야말로 일본판 오리엔탈리즘이다.

개를 조직해서, 바다와 인간과의 관계를 관객에게 알기 쉽게 보여주었다.

실은 이 순번은 일본으로부터의 거리에 따라 먼 해역에서 가까운 지역으로 나아간다. 결국 해양문화관의 추상적 전시 공간 속에는 태평양 각지의 공간적 배치가 시간화되고, 이야기의 계열로 변환되어, 일본이라고 하는 현재(=중심)에 이른다. 물론 이는 관객이 보기 쉽게 하기 위한 것이다. 하지만 그러한 스펙터클화의 상황은 태평양 오리엔탈리즘의 시점을 정당화하고 있다. 공간적 차이를 시간적 차이로 변환하는 것에 의해 여러 해양문화는 〈일본인〉이 〈바다〉와의 사이에 갖고 있던 두터운 역사적 관련성을 상기시키며, 과거로 거슬러 올라가는 듯한 일종의 노스탤지어의 장치로서 기능하고 있는 것이다.

무엇보다 이들 태평양 여러 국가의 전시품이 빚어내는 해양문화의 세계는 〈일본적인 것〉을 직접 가리키지는 않는다. 오히려 **동일한 태평양 내에서의** 〈타자〉로서 나타나 있다. 이 타자는 〈일본인〉의 **'거울에 비친 자기'**이기도 하다. 광대한 태평양에서 강인하게 바다의 생활을 영위해 온 그들을 통해 동일한 태평양 내에서의 〈일본인〉도 간접적으로 지시되며, 마지막에는 직접적으로 정립된다. 여기서의 〈일

해양문화관의 전시품

본인〉의 아이덴티티는 오사카만국박람회의 '일본관'과는 대조적으로 태평양의 〈타자〉들을 경유해서 바깥으로부터 완만하게 규정된다. 그 때 민족학이 과학적인 정통성을 부여하는 역할을 수행한 것이다.

문화의 정치적 효용

아쿠아폴리스 · 해양목장 · 해양생물원의 〈바다〉, 해변공원의 〈아열대〉에 대해, 해양문화관은 〈문화〉를 표출했다. 하지만 왜 정부는 태평양에 대해 더욱이 오키나와에 〈문화〉의 시선을 향했던 것일까. 일본과 태평양, 그리고 오키나와의 관계를 물을 때, 해양문화관에서는 일절 언급되지 않았던 최대의 역사적 사건이 있다. 그것은 바로 태평양 전쟁이다. 또한 태평양에는 식민지 지배나 군사기지의 문제가 오늘날까지 여전히 남아 있다. 하지만 해양문화관은 아시아 · 태평양을 응시할 때 〈문화〉로 특화하는 것에 의해, 전쟁 · 식민지 · 기지라는 정치성이 강한 문제를 대상 외 · 영역 외의 것으로 분리했던 것이다.

무엇보다도 지금까지의 문화 연구의 문제의식에서 본다면, 문화는 실로 이러한 문제권과 밀접한 관련을 맺는다고 할 수 있지만, 해양문화관의 〈문화〉는 오히려 이들 생생한 문제권과 분리하는데 성공하고 있다.

그리고 실은 이 분리 자체가 **〈문화〉의 정치적 효용**이다. 오키나와를 통해 아시아 · 태평양의 광대한 〈바다〉와 마주할 때, 일본에게는 (오키나와 전투를 포함한) 아시아태평양전쟁의 역사를 대체하면서 깨끗한 이미지를 구축해가야 할 과제가 있었다. 해양문화관은 〈바다〉를 **인문학적 관점**에서 다룬다고 하는 기본개념 아래 각 해역의 전통적인 생활문화에 초점을 맞추었다. 그것은 '청소년에게 바다를 향한 꿈과 동경을 품게 하고', 국제교류를 촉진시킨다고 하는 아시아 · 태평양을 둘러싼 새로운 세계관의 구축 · 제시이기도 했다. 이는 광대한 해역의 역사를 대체하는 것과 더불어, 미래의 현실에 대해서도 〈문화〉라는 방향성을 부여하면서, 군사 · 정치와는 별개 차원의 현실을 구축한다고 하는, 그 자체 정치적이며 상징적인 기능을 담당하고 있었다. 물론

노스탤지어nostalgia

멀리 떨어진 고향이나 과거를 그리워하는 마음. 이국적인 시선은 종종 '자신들이 잃어버린 오래된 자연이나 문화가 여기에는 아직 남아 있다'는 노스탤지어와 결합한다. 야나기다 구니오의 남도론南島論 이래 오키나와도 오랫동안 '여기에는 본토에서는 상실해버린 일본의 원향이 있다'와 같은 시선의 대상이 되어 왔다. 〈츄라 상〉이나 〈나비의 사랑〉과 같이 최근 미디어에 표상된 〈오키나와〉 상이나 그 수용 방식에도 이러한 노스탤지어가 엿보인다.

거울에 비친 자기

사회학자 쿨리가 제시한 개념looking-glass self. 타자라는 거울에 비쳤을 때 떠오르는 자기의 모습. 타인을 관찰하고 있으면 자신을 이해할 때가 있다. 외국에 가서 타문화와 접촉하면 자국의 문화가 잘 보이게 된다. 타자를 참조 준거 틀로 해서 그 타자와의 관계나 차이에서 비교를 통해 자신을 자리매김할 수 있기 때문이다. 타자를 매개로 해서 형성되는 자기상. 자기상의 형성을 위해서는 '타자'가 필요하다고도 할 수 있으며, 그 때는 종종 인식상의 폭력도 발생할 수 있다(자기에게 있어 편한 '타자'상).

KEY WORD

이후에도 군사·정치의 영역은 계속 남아 있다. 하지만 그렇기 때문에 그것과 별개의 차원으로서 〈문화〉의 **평행적 세계**를 구축하는 **리얼리티의 이중성**의 효과가 중요해지는 것이다.

이러한 효과는 해양문화관에 한정되는 것이 아니다. 실은 해양박람회 그 자체가 동일한 기능을 하고 있었다. 해양박람회는 전체로서 전쟁·식민지·기지라는 문제권을 거의 제외하고 있었다. 하지만 해양이야말로 오랜 역사 속에서 전쟁이나 식민지 지배의 경로로 계속 이용되어 온 측면도 부정할 수 없다. 그럼에도 해양박람회는 결코 이러한 가치에는 스포트라이트를 비추지 않는다. 하물며 박람회가 열리는 오키나와에서 벌어진 과거의 지상전이나 광대한 미군기지의 존재에 대해서도 거의 언급하지 않는다. 그러한 마이너스의 측면이 있기 때문에, 그것과는 별개의 차원으로 〈바다〉와 관련해서 '개발', '환경보전', '관광·레크리에이션', '국제교류'라는 보다 깨끗한 이미지를 만들어 평행적 세계를 구축하는 것이 중요해지는 것이다.

하지만 '개발', '환경', '관광', '국제'는 그 자체로 선진국을 중심으로 새로운 형태로 〈바다〉를 콜로니화하고자 하는 방향성이기도 했다. 국제이벤트 해양박람회라고 하는 비일상적인 축제는 미적인 〈바다〉의 스펙터클을 통해, 이러한 새로운 〈바다〉의 콜로니화에 강력한 정통성을 부여하는 정치적 측면도 가지고 있던 것이다.

한편, 이상의 정부 출전에서는 〈바다〉, 〈아열대〉, 〈문화〉라고 하는 테마가 표출되었다. 실은 이들은 이후의 오키나와 이미지의 기본요소가 되는 것이기도 했다. 단지 정부 출전에서는 오키나와에 대한 직접적인 언급은 거의 없었다. 여기에 대해서는 나중에 다시 기술할 것이다.

3. 외국출전 · 민간출전

외국출전시설: 〈국제성〉의 디스플레이 장치

해양박람회에는 세계 35개국 · 3개의 국제기관 · 1개의 자치령이 출전참가해서 특별박람회로서는 당시 사상최대였지만, 오사카만국박람회의 76개국 · 4개의 국제기관 · 1개의 정청 · 6개의 주 · 3개의 도시와 비교하면 소규모였다. 또한 파빌리온도 오사카만국박람회에서는 많은 국가가 자비로 건설했지만, 해양박람회에서는 협회가 건물을 준비하여 많은 국가가 공동의 국제관에 들어갔다. 독립시설을 가진 국가는 이란 · 미국 · 이탈리아 · 소련 · 캐나다 · 호주뿐이다. 이 중 경쟁하듯 돌출적인 규모의 출전을 한 것은 미국(2500㎡)과 소련(2000㎡)으로 당시의 냉전 상황을 반영하고 있다(그 외는 500㎡).

각국의 출전 내용은 자국의 지리적 위치와 역사에서 바다와의 관련성, 현재의 해양활동 등의 소개가 중심으로 이를 통해 해양개발을 향한 의지를 시각적으로 어필했다.

이들 국가들이 회장에 결집하면서 〈국제성〉의 이미지가 시각화되었다. 이는 회장지인 오키나와에 〈국제성〉의 라벨이 할당되는 프로세스이기도 했다. 오키나와진흥개발계획의 '국제교류의 거점으로서의 오키나와'라고 하는 이념이 현실의 박람회 회장을 통해 구현해간다. 이 비일상적인 축제의 장으로 실현된 〈국제성〉의 이미지가 그 후 오키나와 현실의 방향성을 정하는 기능을 수행해간 것이다.

민간출전시설: 〈바다〉의 시각적 미디어

민간 출전은 스미토모 · 히타치 · 미쓰비시 · 후요芙蓉 · WOS · 미쓰이 · 산와三和 · 마쓰시다의 8개로, 오사카만국박람회의 30개와 비교하면 그 숫자는 적다. 각 출전에 있어 공통적인 특징은 영상 · 음향 · 이동 · 컴

WOS 구지라관

퓨터 등의 최신기술을 구사해서, 〈바다〉의 이미지 세계를 연출하고 관객에게 리얼한 '체험'을 제공하고 있었다는 점이다(표 5-1 참조).

이미 박람회는 단순히 전시물을 보는 것만이 아니라 연출된 이미지 환경 속에 관객 자신이 들어가 체험하는 전시형태가 되어 있었다. 이미지가 공간화되고 공간이 이미지화되는 **이미지와 공간의 상호침투**가 현실화된 것이다.

이러한 상호침투는 단순히 개개의 파빌리온이나 박람회 회장

미쓰비시 해양미래관	무빙시트로 여행을 떠나는 해양의 미래도. 최신기술에 의한 입체영상
WOS 구지라관	흰색고래 모양 건물. 배에서 물줄기 분출. 고동이 울리는 관내는 해저세계
후요 그룹 파빌리온	기계수족관, 바다생물을 손으로 만져보기. 30종의 기계생물 제작 전시
미쓰이 어린이과학관	어린이의 눈으로 사람과 바다의 관계를 다시 보기. 물의 오케스트라 등
스미토모관	오키나와산의 붉은 벽돌집. 5면의 거대 스크린에 바다의 위대한 모성과 신비를 소개
히타치그룹 해양도서관	비디오 도서관. 바다와 지구 · 바다와 생명 · 바다와 인류 · 바다와 낭만
해양 녹색관	기념주화. 빙산 형태의 건물. 남국 · 오키나와에 차가운 북극 세계를 재현
마쓰시다전기 영상출전	10억 년 전에 살았던 해파리 · 산호 등 강장동물의 생태를 상영

내에서만 이루어진 것이 아니다. 1970년대 이래 이미지와 공간의 상호침투는 일반도시나 관광지에서 또한 일상생활의 공간 환경에서도 현실화되어간다. 그러한 시각적 사회화의 방향성을 박람회와 같은 전시양식은 선구적으로 구현하고, 현실의 모델을 제시한 것이다.

특히 복귀 후의 오키나와에서, 또한 이 〈바다〉의 테마박람회에서 이미지와 공간의 상호침투를 선구적으로 실현하는 것은 오키나와 〈미래〉의 방향을 어떻게 규정하게 될까. 분명히 해양 리조트로서의 방향일 것이다. 공간으로 향하는 관광의 시선은 비주얼 미디어와 밀접히 연동하고 있다. 다수의 관광객은 가이드북·팜플렛·잡지·광고·텔레비전 등에서 이미 관광지의 풍경을 보고, 그 이미지를 가지고 현지에 온다. 동일한 의미에서 **해양박람회의 공간 그 자체가, 〈바다〉의 관광 리조트로서의 오키나와 이미지를 투영하는 거대한 시각 미디어로서 기능하고 있었다.** 해양박람회를 통해 〈푸른 바다〉의 오키나와 이미지는 완전히 확립된다. 그 이미지와 오키나와의 물질적인 공간이 상호 침투하여 '〈바다〉의 리조트 오키나와'라고 하는 방향성이 완전히 정착된다.

민간 출전은 백화요란百花繚乱과 같이 〈바다〉의 환상세계를 연출함으로써 시각 미디어의 일단을 담당했다. 그리고 이를 통해 그들은 자신들의 오키나와 진출도 동시에 정당화한다(제 7장). 민간 파빌리온 군은 〈바다〉의 시각 미디어인 동시에, 기업 그룹 자신의 존재와 활동을 알리는 거대한 광고탑이기도 했다.

『해양박람회 공식 가이드북』의 기업광고도 동일한 특징을 갖는다. 왼쪽 사진은 도시바東芝 컬러텔레비전의 광고이다. 오키나와의 〈푸른 하늘, 푸른 바다〉 위에 TV수상기가 떠오르고 있다. '추억이, 좋은 빛깔이 되살아납니다'. 여기에 표출되어 있는 것은 바로 시각 미디어를 통해 이미지와 공간이 상호 침투, 탈−분화해가는 상황이다. 이 작용은 종이 위·사진 속의 〈푸른 하늘, 푸른 바다〉에만 머무르지 않고, 현실의 오키나와의 바다에도 침투해간다. 〈푸른 하늘, 푸른 바다〉의 오키나와 이미지를 구축하는 것은 〈바다〉의 관광 리조트화라고 하는 오키나와의 현실을 구축하는 것이기도 하다. 기업 그룹들은 이 프로세스 속에서 오키나와를 둘러싼 새로운 시장을 개척하고자 했던 것이다.

4. 오키나와관: 〈오키나와다움〉의 연출

테마로서의 〈오키나와〉: 지방성locality의
귀속탈피disembedding과 再귀속re−embedding

한편 이상의 정부·외국·민간 출전에는 회장지 오키나와에 관한 내용은 거의 나오지 않는다. 추상적으로, 또는 세계의 〈바다〉나 〈아열대〉를 추상하고 있을 뿐이다. 모토부 반도의 이 회장 공간은 오키나와의 다른 지역과는 단절된 독특한 공간이 되고 있었다. 그 장소 고유의 로컬리티를 벗겨내고 해양박람회라고 하는 비일상적인 축제의 장으로서 내셔널한 것과 글로벌한 것이 결집하고 있었던 것이다. 이 공간은 바야흐로 오키나와이면서 오키나와가 아니다. 이는 세계화가 진행되는 가운데 이루어지는 지역공간의 귀속탈피(사람들이 지역사회에 머물러 있던 상황을 벗어나는 것)를 전형적·집약적으로 나타내는 상황이다.

다만 이러한 귀속탈피의 상황 속에서 실제로는 〈오키나와〉 그 자체가 새롭게 테마화된다. 오키나와 현이 출전한 **오키나와관**이 그것이다. 〈오키나와〉는 회장 공간에 새롭게 자리매김되어, 다른 파빌리온이나 테마와의 관계 속에 놓이게 되었다. 결국 진행되는 것은 세계화 속에서 로컬리티가 흔들리면서 귀속탈피가 이루어지는 것만이 아니다. 그것과 병행해서 로컬한 것은 새롭게, 의식적·자각적인 테마로서 재귀성을 향하게 된다. 이는 로컬한 것의 재귀속의 한 양상이다.

그런데 앞서의 정부 출전에서는 〈바다〉, 〈아열대〉, 〈문화〉라고 하는 오키나와 이미지의 기본요소가 추출되었다. 하지만 그

KEY WORD

글로벌/내셔널/로컬
근대·현대에서 사회·커뮤니티의 범위가 확대되고, 사람·상품·화폐·정보의 이동이 활발해진다. 이와 함께 지연·혈연의 '가까움'을 전제로 한 로컬한 지역사회는 흔들리고 있으며, 국민국가의 내셔널한 틀이나 나아가 국가를 초월한 글로벌화가 강해지고 있다. 그렇다고는 해도 글로벌화에 의해 로컬적인 것은 일방적으로 쇠퇴·소멸하지 않는다. 글로벌화가 일어나는 가운데 로컬적인 것은 새롭게 간주되고, 의미를 부여받고, 재편입된다. 이것을 '재로컬화'라고도 한다.

귀속탈피·재귀속
기든스의 모더니티론에서 사용되는 용어. 근대사회에서 사람들의 생활이 로컬한 지역공동체 안에 머물러 있는 상황을 벗어나는 것을 '귀속탈피'라고 한다. 기든스는 지역공동체의 '얼굴이 보이는 관계' 대신에 화폐나 전문가 시스템이라는 '귀속탈피 메커니즘'의 역할이 증대된다고 지적한다. 그렇다고 해도 앞에서 언급했듯이 근대에서 로컬한 것은 보다 자각적이며, 고유의 의미를 부여받고, 아이덴티티의 근거지의 하나가 된다. 이것을 '재귀속'이라고 한다.

것들은 직접적으로는 오키나와에 대해 거의 언급하지 않는다. 이는 무엇을 의미하는가.

아쿠아폴리스 · 해양목장 · 해양생물원은 〈바다〉를, 해양공원은 〈아열대〉를, 해양문화관은 〈문화〉를 표현하고 있다. 이 가운데 〈바다〉와 〈아열대〉에 관해서는 실은 오키나와 고유의 것이 아니어도 〈오키나와다움〉을 연출하는 것이 가능하다. 아쿠아폴리스의 인공적인 〈바다〉의 이미지 세계나 수족관의 물고기들의 세계는 오키나와의 해역과는 별개의 차원의 것을 회장에 가져온 것이었다. 하지만 이것들이 〈바다〉의 테마 세계를 시각화하는 것만으로, 더욱이 해양박람회를 오키나와에 개최하는 것만으로도 '바다의 오키나와'라는 브랜드화의 효과는 커진다.

〈푸른 바다〉의 오키나와 이미지는 오키나와의 바다에만 준거해서 만들어진 것이 아니다. 실제로 이 시기 오키나와의 관광개발은 하와이를 모델로 진행되었다. 동일하게 해변공원의 〈아열대〉 테마도 아열대식물을 심을 때 오키나와 원산의 것에 한정하지 않았다. 세계의 식물을 수집해서 아열대적인 환경을 인공적으로 연출하면서 〈오키나와다움〉을 빚어냈다. 〈바다〉와 〈아열대〉는 오늘날까지 관광 리조트로서의 오키나와 이미지의 기초를 이루고 있지만, 이것들은 오히려 오키나와 고유의 로컬리티를 약화시키는 방향으로 이미지화되었다.

하지만 〈문화〉의 경우는 사정이 아주 다르다. 해양문화관이 표출하는 문화는 오키나와의 〈문화〉를 대표할 수 없다. 일반적으로 문화는 세계화나 내셔널한 틀로의 포섭(예를 들면 복귀에 의한 본토화) 속에서 획일화·균질화 되어가는 한편, 무수한 다양화·개별화의 계속이라는 특질을 여전히 갖는다. 이것이야말로 현이 출전한 오키나와관이 〈문화〉를 테마화한 이유이다. 오키나와라는 지역을 추상화한 공간 안에서 오키나와 현은 오키나와 독자의 〈문화〉를 테마화함으로써 〈오키나와〉의 재귀속을 수행했던 것이다. 그것은 명백히 현이나 현민의 아이덴티티의 문제와 밀접한 관련이 있었다.

오키나와 문화인과 오키나와관: '보여주는 문화'의 확립

1970~1971년 류큐 정부(이후의 오키나와 현)는 해양박람회 유치에 쫓겨, 현의 직접 출전까지는 생각할 여유가 없었다. 원래 현 내에서는 해양박람회를 관련 공공사업에 의한 경제 진흥의 기폭제로서 자리매김 하면서, 오로지 〈경제〉의 시점에서 생각하고 있었다. 그 때문에 해양박람회의 내용에 대한 현의 관심은 낮은 편이었고, 통산성·해양박람회협회·본토 재계에 맡겨진 상황이었다.

하지만 해양박람회와 관련된 3대 복귀 이벤트가 된 1972년 11월의 식수제, 1973년 5월의 나카마若夏 국민체전이 가까워지자, 해양박람회에도 현으로서 출전 참가를 해야 한다는 분위기가 높아진다. 이들 국가 이벤트가 '일본 속에서의 오키나와 현'을 알리는 기회로 의식된 것이다. 이러한 변화 속에서 해양박람회를 보는 시각에 있어, 〈경제〉에서 〈문화〉로의 시점 이동이 발생했다. 이것이 테마로서 〈오키나와〉나 〈문화〉의 출전으로 이어진다.

한편 해양박람회협회의 사업계획위원회가 본토의 재계인 · 문화인을 중심으로 하는 30명으로 구성된 것에 비해 오키나와 현은 불과 4명이었다. 이 중에는 복귀 이전인 1967년에 아쿠타가와 상을 수상한 작가 오시로 다쓰히로大城立裕가 이름을 내걸고 있었다. 그리고 그는 이후 오키나와관 건립의 핵심 인물이 된다.

이미 오시로는 해양박람회협회에 오키나와 현의 입장에서 활발하게 발언하고 있었다. 그는 해양박람회의 이념으로서 사무국이 '오키나와 개발의 기폭제'라는 점만을 강조한 데 대해 이의를 표명했다.

오키나와에 있어 바다는, 고대에는 자원을 베풀어주는 어머니이자 해외로부터 문화를 나르는 길이었지만, 17세기를 시

오시로 다쓰히로(大城立裕 1925~)
작가. 현립박물관장 등을 역임하면서 1967년 『칵테일 파티』로 오키나와 최초의 아쿠타카와 상을 수상해서 일약 유명해졌고, 전후 오키나와문학을 리드했다.

다카라 구라요시(高良倉吉, 1947~)
류큐대학 법문학부 교수. 전공은 류큐사. 오키나와사료편찬소, 오키나와 현립박물관. 우라조에시립도서관 관장 등을 거쳐 현직. 슈리성 복원이나 NHK 대하드라마 「류큐의 바람」의 감수에도 관계했다. 2000년에는 류큐대학의 두 교수와 함께 했던 '오키나와 주도권'이라는 정치적 발언이 파문을 일으켰다.

PERSON

작으로 사쓰마가 침입하면서 전쟁의 길이 되고, 현재는 미군 기지로서 위협의 대상이 된다. 해양박람회를 계기로 오키나와의 바다의 의미를 원점으로 돌릴 수는 없을까.(오시로 『광원을 찾아서』에서)

이 발언은 그 장에서는 전원의 찬동을 얻었지만, 이후 오하마 노부모토大浜信泉 해양박람회협회장에게 호출 받은 자리에서 '아메리카를 비꼬는 말이 되기 때문에 곤란하다'라고 점잖게 각하된다. 전쟁이나 기지문제는 해양박람회의 암묵적 코드에 저촉되는 것이었다.

하지만 이러한 오시로의 기본개념은 결국은 오키나와관으로 집약되어 기본적인 모티브가 된다. 오시로는 현 당국의 의뢰를 받아 오키나와관 출전 준비과정의 핵심인물이 되어 오키나와 문화에 관련된 실력있는 스탭들을 모집했다. 특히 다카라 구라요시高良倉吉의 존재는 크다. 그야말로 1990년대에는 NHK 드라마〈류큐의 바람〉이나 슈리성 재건에 의한 류큐 왕조 붐의 주인공이 된 그 인물이다. 오시로는 다카라가 없었다면 오키나와관은 건립되지 못했을 것이라고 말했다. 오늘날 오키나와에서 확산되고 있는 '대항해시대', '대교역시대'라는 표현은 원래 해양박람회의 오키나와관이 시초였고, 그 최대의 공헌자는 다카라였다.

그러한 의미에서 오키나와 이미지의 일단을 이룬〈문화〉라는 테마를 확립한 것은 오시로나 다카라를 위시한 오키나와 문화인과 해양박람회의 오키나와관이었다. 그들은 해양박람회라고 하는 비일상적인 축제에서 (오키나와를 포함한) 전국적인 그리고 외국의 불특정 다수의 관객들을 향해 〈오키나와 문화〉를 시각화해 전시했다. 이 정도의 규모와 체계성으로 〈오키나와 문화〉가 전시되고 상연된 것은 오키나와관이 처음이었다. 그것만으로도 오키나와관이 이후의 오키나와 이미지에 미친 영향은 크다. 이것을 계기로 일상적인 '생활 문화'를 시각화해서 비추는 시각 미디어로서의 기능을 한 것이다.

테마와 기본이념: 〈오키나와〉의 자기정의

그렇다면 오키나와의 문화인들은 오키나와관에서 어떠한 전시를 목표로 한 것일까. 그들의 직접적인 동기는 복귀·해양박람회를 통해 경제주의·개발주의가 침투해 공해가 확산되고 문화도 파괴되는 것에 대한 위기감이었다. 거기서부터 그들은 정부 출전의 해양문화관과는 별도로 자신들의 손으로 오키나와의 문화를 알리고자 하는 결의를 다져간다. 이에 의해 그들 문화인들은 해양박람회에서 '오키나와 현민'이나 '오키나와 문화'를 대표/표상/상연/재현하는(represent 133페이지) 특별한 존재가 된다.

이러한 〈문화〉에 대한 의지가 앞서 오시로의 기본개념을 살리는 선택과 연결된다. 해양박람회를 계기로 '전쟁의 길'에서 '문화의 길'로, 오키나와의 바다의 의미를 원점으로 돌리고자 하는 방향 부여. 그리고 이 기본개념이 오키나와관의 테마인 '축복의 바다-파도소리도 멈춰라. 바람소리도 멈춰라海やかりゆし-波の声もとまれ風の声もとまれ-'로 결실을 맺는다. 이 의미는 오키나와관의 기본이념에 기술되어 있다.

기본 이념에서는 바다와 관련이 깊은 '오키나와 사람들'의 특징짓기가 이루어지고 있다. 이하에서는 이러한 **오키나와의 자기정의**에 초점을 맞춰가면서 그 내용을 살펴보도록 하자.

제 1단락에서는 바다에 둘러싸인 섬 생활은 어려움을 수반하는 것이지만 그 안에서 오키나와 사람들은 즐거움을 발견해 온 사실을 지적한다. 제 2단락에서는 '옛날부터' 바다에 도전하지 않고 조화를 이뤄 온 '오키나와적 성격'을 추출하고 있다. 제 3단락에서는 이 조화적 성격이 자연만이 아니라 섬의 외부 타자들에 대해서도 동일했다는 것을 이야기한다. 지금까지 자주 오키나와에 도래한 '위협이나 권위'(사쓰마·메이지 정부·미군을 암시)에 대해서 저항도 복종도 아닌, '자기의 내면으로 소화해내면서 스스로의 아이덴티티를 유지하는' 대범하고 강한 성격이 표출되고 이것이 '국제성'에 연결된다. 사자상은 이러한 오키나와적 성격의 상징이다.

제 4단락에서는 바다로 열려 있는 오키나와의 문화를 '해양성 낙천주의'로 부르며, 이 성격을 미래로의 에너지가 되는 것으로서 해양박람회의 전체 테마 '바다—그 희망찬 미래'와 포개고 있다. 거기에 오키나와관의 테마인 '축복의 바다'가 등장한다. 바다는 오키나와 인들에게 많은 혜택을 주는 어머니, 문화를 나르는 길로서 숭상 받는 것으로 존재해 왔다는 의미다.

제 5단락에서는 이상의 오키나와적 성격과 바다의 긍정적인 특징에 비추어, 바다를 둘러싸고 현재 벌어지는 우려해야 할 현

상에 경종을 울린다. 그리고 바다를 '오염과 전쟁의 길'에서 오키나와적인 '츄라사(ちゅらさ 정화)와 평화의 길'로 바꿔나가고자 한다. 서브 테마인 '파도 소리도 그쳐라, 바람 소리도 그쳐라'는 이 바람을 '오키나와적으로 표현한' 것으로서 이 문구는 옛 노래琉歌의 한 구절에서 인용한 것이다. 강인하게 살아가며, 평화를 사랑하는 오키나와적 성격이나 그 바람이 개발에 의한 환경파괴나 전쟁 등 재앙의 길을 당당히 막아낸다고 하는 이미지이다. 제 6단락에서는 오키나와관에서 이상의 오키나와적 성격이나 바람을 형상화해서 전시한다는 것을 기술하면서 끝을 맺는다.

이상의 기본이념에는 〈오키나와〉의 자기정의, '오키나와인'의 자기상이 명확히 제시되어 있다. 그것들은 이 공식적인 언설에 표현되는 것에 의해 '옛날부터' 현재까지 계속되는 본질적인 '오키나와적 성격'으로 규정된다. 그 때 산신三線이나 사자상이라는 시각적인 상징도 〈오키나와다움〉의 연출 장치로서 역할을 갖는다. 이들은 이후 〈문화〉의 영역에서 오키나와 이미지의 기초를 이루며, 관광객을 향해 적극적으로 어필해간다.

한편 메인 테마인 '축복의 바다'의 이상적인 시점에서 해양오염과 전쟁의 현실이 투영된다. 이는 암묵적으로 일본 정부의 개발주의나 미군에 대한 비판을 포함하고 있다. 하지만 '파도소리도 멈춰라, 바람소리도 멈춰라'라는 옛 노래의 인용은 이러한 비판성을 버리고, 조화를 이루어내는 효과를 갖는다. 하지만 여전히 그것을 서브 테마로 하는 것으로 메시지 성을 발휘하게도 한다. 또한 이 수단 자체가 '오키나와적 성격'의 표출이기도 하다.

이상의 〈오키나와〉의 자기정의는 해양박람회회장만이 아니라 이후의 오키나와의 일상에서도 '오키나와 현민'의 아이덴티티나 자부심을 새롭게 만들어냈다. 하지만 그것은 동시에 오키나와 이미지를 일정한 형태로 틀지어, 관광객이나 미디어에 〈오키나와〉의 스테레오타입을 구축하는 것이 되기도 한다. 더욱이 그것은 현민에게도 외부에서 만들어진, 신체감각과의 어긋남이나 위화감의 대상이 되기도 한다. 다시 말하면 '살아가는 문화'와 '보이는 문화'와의 어긋남이다. 오키나와관의 〈오키나와 문화〉의 테마화 · 이미지화는 이러한 양의성을 내포하고 있었다.

오키나와관 기본이념

[1] 오키나와 사람들은 바다에 둘러싸여 살아왔다. 섬은 작고 가난했기 때문에 바다의 자연이나 바다 저 너머에서 온 것들을 활용해서 살아갈 수밖에 없었다. 바다는 사람들을 고립시켜 고독감과 괴로움孤島苦을 느끼게 하기도 했지만, 그 '괴로움苦' 속에 행복감幸이 있으며, 그 행복감은 붙잡아둘 수 없다는 신앙이 있었던 것 같다. 그래서 잡초를 먹더라도, 사미센을 연주한다는 결핍 속에서 즐기는 것을 터득했다. 오키나와 사람들의 생활의 특성은 여기서 만들어진 것이 아닐까.

[2] 옛날부터 오키나와 사람들은 바다에 도전하기보다도, 바다를 온전히 믿어왔다. 그것이 오키나와적 성격을 만들어, 자연에 거역하지 않고 초조해하지 않으며 추이를 지켜본다.

[3] 그러한 면에서 예를 들어, 사자상에 유머러스한 표정이 보이는 것처럼

위협이나 권위에 대해 정면으로 맞서지도 않으면서 무조건적으로 순종하는 것도 아닌, 이것을 자기 내면에서 소화해가면서 자신의 아이덴티티를 유지해가는 것을 생각해왔다. 이 성격이 해외와의 관계에서 이민족을 두려워하지 않고, 외지인도 환영하는 국제성이 되어 나타났다.

[4] 또한 섬이 좁다는 것을 의식하기보다도, 펼쳐진 '바다'를 의식하는 것으로 문화를 만들어왔다고 간주된다. 이러한 오키나와적 성격은 일종의 해양성 낙관주의로 볼 수 있지만, 이 성격은 미래를 향해 발전적인 에너지가 될 수 있는 것이다. 그리고 우리들은 이것을 바다에서 얻은 것으로, 해양박람회 현 출전 테마를 「축복의 바다海やかりゅし」로 했다.

[5] 더욱이 바다는 이리도 강하고 아름답게 우리들의 생활과 혼을 길러내기 때문에 이것은 결코 잘못된 길이어서는 안 되며 오염과 전쟁의 길이 되는 것을 막고, 맑음과 평화의 길이 되지 않으면 안 된다고 생각한다. 이 소망을 오키나와적으로 표현한 것으로 '파도소리도 멈춰라, 바람소리도 멈춰라'라는 옛 노래의 한 구절을 인용해, 이것을 보조 테마로 한다.

[6] 이상의 테마는 바다와의 이어짐에서 오키나와적 성격이나 그 바람을 상징적으로 표현한 것이지만, 출전에 있어서 이것을 형상화해서 전시하고자 한다.

전시내용: 오키나와관에 의한 〈역사〉의 구축

이상의 테마와 기본이념에 기초해서 오키나와관은 구체적으로 어떠한 전시를 하고 있었는가. 오키나와관은 '민족 · 역사 군'에 속해 있고, 회장 게이트에서 정면에 위치해 있었다. 모토부의 바다와 이에지마의 절경을 뒤로, 12만장이 넘는 오키나와의 독특한 붉은 벽돌이 존재감을 드러낸다. 입구 앞에는 분수가 어지

러이 물보라를 치고, 현관
에는 다수의 사자상(수호
신인 사자상)들이 손님을 맞
고 있다.

오키나와관

관내 전시는 제 1실·
제 2실·영상실로 이루
어져 있다. 제 1실은 메
인 테마인 '축복의 바다'
를 전개하고, 9개의 섹션으로 구성되었다(표 5-2). 제 1실은 16세
기까지의 오키나와의 '열린 바다'라는 찬란한 과거를, 전시공간에
구현했다.

제 2실은 서브 테마인 '파도소리도 멈춰라 바람소리도 멈춰
라'의 전시이다. 오키나와 인들에게 있어 바다는 문화의 길·평
화의 길이었기 때문에 전쟁으로의 길이어서는 안 된다는 점을
호소했다. ①'닫힌 바다'는 1609년의 사쓰마 침공 이후 오키나와
의 바다가 닫힌 것을 나타냈다. ②'전란의 한 가운데에서'는 제 2
차 대전 아래 오키나와의 바다가 공포로 변해버린 것을 미군 상
륙의 사진 등으로부터 보여주고 있다. 또한 빈 깡통으로 만든 산
신三線이나 포탄·두랄루민으로 만들어진 생활용구 등 종전 직
후의 민중생활의 자료도 함께 전시하면서 오키나와인들이 강인
하게 고난을 극복하며 살아온 사실을 나타냈다.

제 1실→제 2실의 흐름은 명확히 시계열적인 역사를 밟아가
면서, '열린 바다'에서 '닫힌 바다'로 이행한 프로세스를 그려내

① 니라이카나이의 공간	바다 저 멀리에 신들이 사는 낙토가 있다는 신앙에 관한 전시
② 원 오키나와	고고학 자료나 민구 자료를 전시해서 고대 류큐 사람들의 생활 이미지를 추적
③ 히시	산호초의 초원. 고대 류큐인은 최초에 여기서 어법을 개발했다. 어법 전시
④ 오키아이 어로沖合漁撈	고대부터 오키나와 어부들이 목숨을 걸고 저 먼 바다에 나아가던 모습을 전시
⑤ 추입追入어법	오키나와에서도 대표적이고 독특한 추입망 어법을 전시
⑥ 줄다리기	오키나와의 전통행사인 줄다리기에 등장하는 기두旗頭를 전시
⑦ 구스크城	고대 류큐의 정치적·군사적·종교적 거점이었던 성의 복제본을 전시.
⑧ 대교역시대	14-16세기 류큐인의 해외의 족적을 조사
⑨ 류큐의 문화재	바닷길로 얻은 문화재를 널리 안팎에서 모아 전시

출전: 오키나와현 관광개발공사(1975) 등에서 저자가 작성

고 있다. 하지만 제작자들의 실천적인 사고의 프로세스는 오히려 반대였다. 앞서 기술한 바와 같이 그들은 현대 오키나와의 '닫힌' 상황을 타개하기 위하여 해양박람회에 현의 출전을 결정했고, '과거'의 '열린' 오키나와의 해양문화를 드러내고자 했다. 그들의 직접적인 불만은 정부의 경제주의·개발주의나 복귀 후에도 변하지 않는 미군기지라는 현실이었다. 하지만 해양박람회 안에서 이들 불만을 직접 표출하는 것은 무리다. 그래서 1609년

의 사쓰마 침공이 이들의 불만을 보다 간접화 하는 계기로서 활용되었다. 이에 따라 17~20세기의 '닫힌 바다'의 역사로 시점을 넓혀 문제를 역사화할 수 있다. 그리고 이 시대와 대조적으로 16세기까지의 '과거' 오키나와의 '열린 바다'나 그 〈문화〉, 〈평화〉를 설정한다. 이 되돌아가야 할 오키나와의 '원점'과 '본질'은 시대적으로는 앞서도, 제작자들의 사고 과정 중에서는 명백히 사후적으로 설정되어 있다.

즉 '축복의 바다'의 관점은 그렇지 않은(조화롭지 않은) 현상의 안티테제, 대항언설로서 내세워진 것이다. 1970년대의 복귀~해양박람회의 컨텍스트 속에서 오키나와의 문화인들은 절실한 위기감에서 〈문화〉를 내세워 오키나와의 〈역사〉를 새롭게 체계적으로 구축했다. 거기에 집중된 에너지는 굉장한 것이었다. 오키나와관에는 학자 · 예술가 · 건축가 · 디자이너 등, 현 내를 중심으로 120명 이상이 넘는 전문가가 협력해서 20개 전후의 위원회를 꾸리고, 400회 전후의 토의를 거쳤고, 철야 논의도 30일을 넘었다고 한다.

그들은 이 일대 작업에 의해 단지 오키나와관을 제작했을 뿐만 아니라, 오키나와의 〈역사〉를 제작하고, 〈문화〉를 구축했다. 이후 이 〈역사〉, 〈문화〉의 관점은 오키나와를 보는 시점으로서, 일반 사회로도 넓게 침투, 정착해간다.

오키나와관이 박람회 이후 오키나와 이미지에 주었던 영향력은 크다. 하지만 그 때문에 오키나와관이 표출한 〈오키나와 문화〉의 이미지는 당시의 문맥이나 제작자의 의도를 넘어 확장되

고 변질된다. 거기에 감추어진 정치성이나 비판성, 대항언설로서의 성질은 관광이나 미디어 등의 부드러운 오키나와 이미지에서는 현저히 옅어진다. 〈문화〉가 이미지로서 상품화되고 자본의 순환 속에서 끊임없이 소비되어 갈 때, 원래의 문맥이나 정치성과의 관련성은 단절되고 망각되어 가는 것이다. '자연과의 조화 かりゆし', '평화', '낙관주의'와 같은 긍정적인 측면이나 '산신', '사자상' 등의 상징 역시 별개로 움직여간다. 어찌됐건 오키나와관은 이후의 오키나와 이미지의 형성에 있어 매우 중요한 계기가 되었다.

전통예능의 재귀속

한편 해양박람회에서 오키나와 문화가 연출·상연된 장은 실은 오키나와관만이 아니다. 해양박람회에는 다양한 행사가 개최

에이사의 상연

되고 있었다. 다음 페이지의 사진은 국경일 '일본의 날'에 히노마루 아래 에이사(오키나와 전통무용_역자 주) 단체가 상연을 하고 있는 장면이다. 이는 일본 복귀기념 이벤트·오키나와 해양박람회의 성격을 상징적·시각적으로 표현하고 있다. 여기에 연출·상연되는 〈오키나와다움〉은 어디까지나 일본의 내셔널한 틀에 포섭되는 가운데에서의 〈오키나와다움〉이었

다. 또한 '오키나와 현의 날'에도 다양한 오키나와 예능이나 에이사가 상연되지만, 이 날의 식전에 현 깃발은 국기(히노마루)보다 3분의 1 정도 낮게 게양되었다. 더욱이 '시정촌의 날'에는 현 내 29개 시정촌이 개별적으로 날을 정해 지역의 전통예능을 상연했다.

한편 쇠퇴하고 있던 오키나와의 전통예능이 해양박람회라고 하는 내셔널/글로벌한 이벤트 장에서 반대로 적극적으로 활용·동원되어 〈오키나와다움〉을 연출하는 문화장치로서의 역할을 하게 된다. 이것도 로컬리티의 귀속탈피와 재귀속의 한 가지 양상이다. 오키나와관에서 〈문화〉 전시와 전통예능에 의한 〈문화〉의 상연은 서로 연동하면서, 타자의 시선을 전제로 한 〈오키나와다움〉을 연출해간다. 이들은 해양박람회라고 하는 내셔널/글로벌한 축제에서 로컬한 〈오키나와〉를 테마화·이미지화해서 추상화된 박람회의 공간 속으로 다시 자리매김하고 있다. 그리고 해양박람회에서 이렇게 공식적으로 제시된 시각화된 오키나와 〈문화〉는 이후 오키나와 이미지의 형성에서 중요한 요소가 된 것이다.

5. 〈바다〉, 〈아열대〉, 〈문화〉: 오키나와 이미지의 3종의 신기

이번 장에서는 정부·외국·기업·오키나와 현의 파빌리온의 전시내용을 검토했다. 이들 중 정부와 본토 기업 그룹은 해양박람회를 통해 오키나와의 해양개발이나 관광 리조트화를 적극적으로 추진하고자 했다. 현 당국이나 오키나와의 문화인들은 오키나와관에서 〈문화〉를 전면에 내세웠다. 이러한 각각의 활동에서 〈바다〉, 〈아열대〉, 〈문화〉라고 하는 오키나와 이미지의 3종의 신기가 전부 갖추어져 간다.

이 중 정부 출전은 〈바다〉와 〈아열대〉를, 민간 출전은 〈바다〉를 오키나와관은 〈문화〉를 전면에 내세웠다. 〈바다〉, 〈아열대〉는 오키나와의 현실에 준거하지 않고 다루어진 반면, 〈문화〉는 오키나와의 역사적 사건에 준거하는 형태로 다루어졌다. 이러한 복수의 평행적인 프로세스에서 해양박람회를 계기로 한 이후의 체계적인 오키나와 이미지는 탄생했다.

이들 이미지는 오키나와의 관광 개발에서 경제적인 현실을 구축하는 물질적인 힘을 발휘해 간다. 해양박람회는 이러한 이미지나 그 출전자들에 대해 정당성을 승인하고, 현실 구성력을 부여하며, 성스러운 축제적 의례의 공간으로서 기능하고 있었던 것이다. 그리고 그 의례는 테크놀로지를 구사한 각종 스펙터클들이 불특정 다수의 관객을 시각적으로 매료시키는 것을 통해 암묵적으로 거행되었다.

추라우미 수족관美ら海水族館

해양박람회의 수족관은 회기 이후에도 존속, 해양박람회 공원의 한 시설이 되었지만, 노후화로 2002년 8월 폐관했다. 그리고 이를 대신해서 그해 11월 신 수족관('오키나와 추라우미 수족관')이 오픈했다. 세계 최대급의 거대 수조를 특징으로 한 이 수족관은 오픈하자마자 예상을 훨씬 넘는 높은 인기를 얻었다. 입장자가 불과 4개월만에 100만을 돌파. 그때까지 어느 것 하나 신통치 않았던 해양박람회공원이 단숨에 북부 관광의 핵심이 되었던 것이다.

해양박람회 연구자인 나로서도 가만있지 못하고(웃음), 바로 고속도로를 달려 현지에 가보았다. 공원에 도착해 수족관에 가자 왼 실로 거대한 존재감 있는 건물은 외벽 콘크리트에 디자인도 화려했다. 그 반대편에는 푸른 바다와 하늘이 펼쳐져 있다. 입장 티켓에는 1회 한정과 연간 패스포트 2종류가 있어서 마치 디즈니랜드를 연상시킨다. 이 수족관은 테마파크인 것이다.

안으로 들어가자 바로, 물 안에 손을 넣고 바다의 생물들을 손으로 만져볼 수 있는 코너가 있다. 어라, 불가사리라는 게 이렇게 딱딱한가! 새로운 발견. 시각뿐만 아니라, 촉각에 호소하는 것이 흥미롭다. 또 '산호초로의 여행'·'구로시오로의 여행'·'심해로의 여행' 이렇게 얕은 바다에서 심해로 나아가는 전시는 구 수족관의 기본개념을 계승하고 있다.

최대의 볼거리는 '구로시오 바다'의 대수조이다. 용량 7500톤은 현재 세계 2위라고 한다. 눈을 끄는 것은 뭐라 해도 거대한 고래상어. 압도적인 존재감을 과시하며 헤엄치고 있다. 하지만 참치나 다랑어, 전갱이를 위시해 어마어마한 수의 중소 물고기들이 무리를 이어 헤엄치는 것도 볼거리다. 에메랄드블루의 거대한 수조 속을 이들 물고기들이 헤엄치는 모습은 마치 거대 스크린 영상을 보고 있는 듯 신선하다. 수조의 바로 정면에는 영화관이나 경기장에 있는 것 같은 좌석이 늘어서 있어 편안히 이 스펙터클을 감상할 수 있다. 거기에 인접한 장소로는 최근 유행인 고급 카페 '오션 블루'가 있다. 편안히 헤엄치는 물고기를 보면서 카페에서 쉴 때, 나는 자신이 연구자라는 사실도 완전히 잊고, 마음껏 편안히 쉬고 있었다.

제3부

해양박람회와
오키나와 사회의 변용

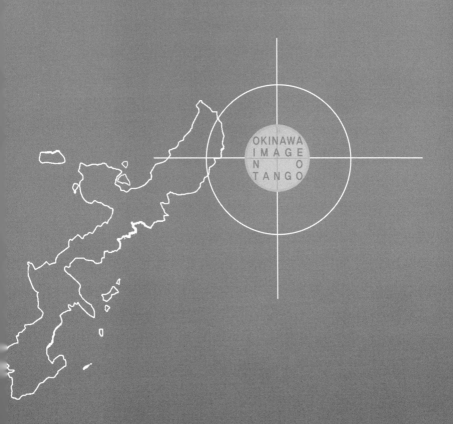

제6장
복귀 후의 오키나와 사회와 해양박람회 여론

들어가며: 해양박람회회장의 내부와 외부

이 장에서는 해양박람회나 그 관련 개발이 오키나와 현 내에서 어떻게 인식되었나를 살펴보기로 한다. 이 복귀 후 최대의 프로젝트는 현민의 시선에 어떻게 비춰졌을까. '바다―그 희망찬 미래'의 테마 공간은 주최자 측이 연출한 그대로 현민에게 받아들여지지 않았다. 오히려 준비 단계부터 계속해서 해양박람회는 꽤 강하게 비판을 받았다.

하지만 그래서 해양박람회의 내용은 중요하지 않다든가, 현민이 '실제로' 해양박람회를 어떻게 바라보았는가 쪽이 중요하다든가 하는 것은 아니다. 재차 확인해둔다면 이 장은 '이미지에 대해 실태가 우위에 있다'의 발상을 취하지 않는다. 해양박람회에서의 〈바다〉나 〈오키나와〉의 이미지 세계도 그 자체가 복귀 후의 미래의 일면을 이룬 현실이다. 중요한 것은 **회장 안의 〈바다〉라는 이미지 세계와 회장 바깥의 오키나와 사회**가 평행선을 긋는(때로는 대조적인) 형태로 진행해가는 평행적 현실(=리얼리티의 이중성)을 관계성에서 포착하는 것이다.

지금까지 고찰해온 해양박람회의 내용에 깊은 관심을 가지고 상세하게 이해하고 있는 현민의 수는 적었다. 오히려 해양박람회는 오키나와 경제 진흥의 '기폭제'로서, 대개 경제의 시점에서만 기대되었다. 따라서 기대에 어긋나는 현실이 도래함에 따라, 현민은 해양박람회에 위화감을 갖고, 분노하거나 실망했다. 해양박람회 여론의 시점은 어디까지나 '경제'나 '생활'을 중심으로 다루어지고 있었다. 그리고 단기간의 극적인 상황 변화와 함께 여론도 급속히 모습을 바꿔 간다. 아래에서는 복귀 후의 오키나와 사회의 격동과 하나의 세트로 해양박람회 여론의 변화 양상을 다루고자 한다.

1. 1972년: 세상이 바뀌는 불안 속에서 순탄하게 진행된 계획

1972(쇼와 47)년 5월 15일, 오키나와가 일본에 복귀하면서, 27년간의 미군 통치시대는 막을 고했다. 이 때 이미 해양박람회 개최는 결정되었고, 정부·해양박람회협회·오키나와 현청을 중심으로 준비태세가 정비되고 있었다. 1972년에는 주로 박람회장이나 관련 공공사업의 계획이 순탄히 구상되고 시행에 옮겨지

던 단계로, 해양박람회의 시비를 묻는 현민의 여론은 아직 떠오르기 전이었다. 오히려 이 시기 현민은 복귀에 뒤따른 다양한 변화에 내몰리고 있었다. 달러에서 엔으로의 통화 교환, 급격한 인플레, 본토기업의 진출, 개발과 그에 의한 환경파괴, 미군기지·자위대배치문제 등이 그것이다. 해양박람회는 아직 이들 문제와 관련성이 없는 것이었다.

한편, 회장 유치가 결정된 모토부 정에서는 이미 '해양박람회를 성공시키자'라는 모토 아래 미화 작업이 이루어지면서, 개최 무드가 조성되고 있었다. 현-시정촌 레벨에서도 오키나와 현지사인 야라 쵸뵤屋良朝苗를 회장으로 '해양박람회를 성공시키기 위한 모임'이 발족한다.

다른 한편, 9월경부터 이미 해양박람회 추진에 장애물이 등장했다. 회장 용지의 매수가 난항을 겪고 지가가 급격히 올라가기 시작한다. 영향은 회장 주변→모토부 반도→본섬 북부→중남부→인근 섬들로 파급하고, 본토 기업의 토지 매점도 문제가 되기 시작한다. 10월까지는 모토부 정 내에 약 262만 8천 m²가 매매되어, 현 전체로는 나하시 면적의 2.5배, 약 6300만 m²의 토지가 매매되었다. 복귀 후의 오키나와는 갑자기 다나카 가쿠에이의 '열도 개조' 붐에 휩쓸려 들어간 것이다.

이러한 극적인 변화의 계기는 물론 해양박람회였지만 해양박람회 자체에 대한 의심은 아직 강하지 않았다. '오키나와 진흥의 기폭제'라는 막연한 기대 쪽이 컸고, 이미 해양박람회에 대비해 호텔 건설이 쇄도하고 있었다. 『아사히신문』의 '현민여론조사'에서도 해양박람회는 관광개발에 플러스 효과를 초래할 것이라는 기대가 강했다. 이 시기는 해양박람회의 계획이 탄탄히 시행으로 옮겨가는 평온한 단계이자, '폭풍 전의 고요함'이었다.

2. 1973년 1~10월: 해양박람회 여론의 소란

해양박람회 여론의 탄생

1973년 초에 들어서면서 형세는 급격히 변한다. 연초부터 90개 조합 5만 명이 넘는 규모를 가진 현노협(오키나와 현 노동조합 협의회)이 '해양박람회를 성공시키기 위한 모임'과 단절하며, '비타협'의 태도를 보인 것이다. 그 이유로 그들은 한바탕 야단법석의 축제로 끝날 위험성, 물가상승, 노임의 균형 파괴, 농업 해체 등을 제시했다. 경제계에서도 이에 뒤따르는 목소리가 커져갔다.

2월, 현노협은 해양박람회 반대 입장을 명확히 표명하기 시작했다. 초점은 복귀 후의 급격한 인플레와 본토 자본의 토지 매점이었고, 이러한 사태의 근본 원인에 해양박람회를 놓았던 것이다. 해양박람회의 개최 결정이 비정상적인 건설 붐을 불러일으키고, 노임과 자재 가격을 높여 인플레이션을 가속화시켰다. 본토 자본의 진출에 의해 지역 중소기업의 도산이 증가하고 농지는 레저 용지를 위해 매점된다. 이대로는 현민 생활이 파괴되기 때문에 '누구를 위한 해양박람회인가'라며, 명확히 '반대'를 내세웠던 것이다. 이것이 현 내외에 강한 충격을 주어, 현청만이 아니라 도쿄의 정부나 해양박람회협회 등도 동요하기 시작한다. 이후 현 내에는 명확한 마이너스 이미지로 해양박람회가 인지되기 시작한다. **해양박람회 여론의 탄생**이다.

1974년 새해를 맞으면서 복귀로 인한 혼란이 점차 자각되기 시작했다. 그 불만이 분출하면서 '여러 악의 근원' 같은 식으로 해양박람회에 집약되었던 시기가 1973년이었다. 안티 해양박람회의 무거운 공기가 자욱이 깔리면서 해양박람회를 둘러싼 찬반 대립이 첨예해져 간다. 3월에는 '해양박람회 인플레이션'이라는 표현이 있을 정도로, 인플레이션이 해양박람회 탓으로 돌려지기도 했다.

해양박람회 여론의 특징은 해양박람회 그 자체에는 거의 무관심하다는 것이었다. 내용의 문제보다도 해양박람회의 유치 · 개최가 오키나와 경제에 어느 정도의 '효과'를 가져올 것인가. 또한 해양박람회와 관련된 개발이나 본토기업의 진출이 오키나와 현민의 경제나 생활에 대해 어떠한 영향을 미칠 것인가. 기본적으로 이러한 **해양박람회와 외부사회와의 관계**에 초점이 모이고 있었다.

'장점-단점' 도식의 태두: 목적합리성의 공유

이 움직임에 현청 측에서도 지금까지 장점만을 강조하면서 단점을 보지 못한 것에 대한 반성이 나오기 시작한다. 이것이 해양박람회의 '장점-단점' 도식의 출발이다.

야라 지사나 현청에 있어 정부가 개최를 결정하고 국제박람회 사무국이 승인한 거친 국제 이벤트 해양박람회는 새삼스레 현 레벨에서 시비를 물을 수 있는 것은 아니었다. 따라서 해양박람회를 다루는 틀도 '장점-단점' 도식에 수렴되었다. 해양박람회는 오키나와 진흥 개발계획의 기둥으로 커다란 경제효과를 기대할 수 있다. '분명히 단점도 있지만, 그것 이상으로 장점은 크다'라는 식으로 반대파에 대한 회유도 있었다. 하지만 혁신 현정의 이러한 태도에 대해 '설득력이 결여되어 있다', '문제는 아직 해결되지 않았다' 등의 비판이 커져가고 있었다.

야라 지사의 입장에서 볼 때 이는 얄궂은 결과였다. 1970년경 그는 오키나와 현 내에서 들끓어오르던 여론에 밀려 해양박람회 유치에 전력으로 착수했기 때문이다. 당시는 유치 거부가 가능한 상황이 아니었다. 그로부터 3년 후, 복귀의 나쁜 여파나 불만이 분출하자 현 내의 여론은 해양박람회 반대로 단숨에 뒤집힌다. 야라나 현 측으로부터 본다면 여론에 휘둘린 것이었다.

야라는 복귀 이후 오키나와의 혼란 원인을 세 가지로 나누어 분석하고 있다. ①복귀 후의 인플레이션 · 토지매점 · 난개발 · 공해 · 농어업 해체 · 자재부족 등은 당시 일본 전국에서 나타나며 오키나와만의 문제는 아니다. ②무엇보다 이러한 추세는 사회기반이 불안정한 오키나와에서 보다 크게 나타난다. ③거기에 확실히 복귀도 해양박람회도 변화 · 동요를 주는 요소를 포함하고 있었다. 오키나와의 혼란 · 동요는 이상의 삼중구조로부터 복합적으로 발생했다는 것이다. 이 주장은 꽤 설득력이 있다. 하지만 현 내 반대 여론의 창끝은 오로지 해양박람회를 향해 있었다.

그 다수는 오키나와의 경제·생활에 미치는 '효과', '영향'에 관심을 집중시키고 있었고, 해양박람회의 내용에 대한 언급은 거의 이루어지지 않았다. 그리고 이 점에 있어서는 현도 공범관계에 있었다. 야라 지사는 기획 당국으로부터 어떤 설명을 들어도 해양박람회의 실질적인 이미지가 떠오르지 않았다고 한다. 그 때문에 해양박람회협회나 통산성에 '위탁'할 수밖에 없었다. 처음부터 해양박람회는 본토 측의 주도로 진행되고 있었다. 현청도 현 내 여론도 해양박람회의 실질적인 내용에 대해서는 본토 측에 위탁하는 형태로 불문에 부치고, 오로지 경제 진흥의 관점에서 해양박람회를 목적합리적으로 파악하고 있었다. '장점-단점' 도식은 현 내에 공유되었던 이 목적합리성의 시점을 구현한 것이었다. 추진파와 반대파가 하나의 도식을 공유함으로써 해양박람회는 '경제 진흥 기폭제'로서의 일원적인 의미부여를 점차로 강화하고 있었다.

해양박람회 아노미

3월 2일, 해양박람회 기공식은 성대히 거행되었다. 그 모습을 지켜보던 한 주민은 이렇게 말했다. "이 주위는 점점 변해가고 있어요". 이 말속에는 오래 살아 정든 토지가 변모하는 것에 대한 당황과 불안이 깃들어 있다. **'해양박람회 아노미'**라고 해야 할 급격한 사회변화와 동요가 본격화되어 가는 것이다.

이러한 변화와 동요는 특히 박람회장 지역인 모토부 정에서 현저히 나타났다. 대규모 개발에 의해 지역 어업은 심각한 타격을 입었다. 일시 보조금을 받아도 간단히 전업은 불가능하다. 농업종사자도 살던 곳에서 쫓겨나고 토지 성금을 도박으로 날린 사람도 있었다. 초중학교에 인접한 밭의 매수지에는 호텔 건립이 예정되어 학교 측은 교육환경에 미칠 영향을 염려하고 있었다.

단, 이러한 문제는 오키나와만이 아니라, '열도개조론'의 영향 하에 전국적으로 심각해지고 있었다. 따라서 해양박람회도 '열도개조의 일환에 지나지 않는다'고 비판받은 것은 당연하다. 정부도 오키나와의 인플레의 심각한 사태를 인정하고, 해양박람회의 1973년도 상반기 분의 공사를 연기했다. 그 결정은 얄궂게도 해양박람회 기공식 다음날이었다. 건자재의 부족과 가격 상승이

KEY WORD

목적합리성

사회학자 막스 베버가 사용한 용어. 어떠한 행위가 어떤 목적을 위한 수단으로서 이치에 들어맞는 것을 가리킴. 행위 그 자체에 평가를 발견하는 '가치합리성'과는 구별되며, 어디까지나 목적을 달성하기 위한 수단으로서만 의미. 해양박람회는 오키나와의 경제 진흥이라는 목적을 달성하면 그것으로 좋다는 것. 덧붙여 2000년의 규슈·오키나와 정상회담이나 최근의 대학원대학, 나아가 미군기지에도 공통하는 특징이 아닐까. '오키나와에 돈이 떨어지면 그걸로 좋다', '공공사업을 들여올 수 있으면 그것으로 좋다', '지역에 유치할 수 있으면 그것으로 좋다'는 발상은 정상회담이나 대학원대학, 그리고 기지 그 자체의 내용을 불문에 붙이는 경향이 있다.

아노미

사회학자 뒤르켐이 『자살론』에서 사용한 용어. 사회가 급격히 변화해서 기존의 규범이 기능하지 못하고, 사회질서나 사람들의 욕망을 통제할 수 없는 것. 복귀 후의 오키나와는 본토화의 격변이라는 파도에 휩쓸려 실로 이러한 상태에 있었다.

전국적으로 심각해지면서 정부는 개최 시기의 연기까지 검토하기 시작했다. 현은 정부와 현민 사이에 끼여 이도저도 아닌 딜레마에 봉착했다.

연기론·축소론이 고양되는 가운데, 4월 9일자 오키나와 타임즈에는 해양박람회의 테마인 **'바다―그 희망찬 미래'**를 비꼬면서, '바다―그 참혹한 미래'라는 풍자적인 제목이 등장한다. 유조선의 기름 유출이나 육지의 폐기물 등으로 오키나와의 바다는 오염되고, 폐유 덩어리들은 미야코宮古, 야에야마八重山까지 퍼져나가고 있었다. 본섬 서해안에는 귀신불가사리가 이상 발생하고, 산호초가 파괴상태에 이르렀다. 해양박람회 비판bashing은 과격해지고, 마이너스 이미지 역시 확대, 재생산되었다.

이 시기, 일반 현민은 해양박람회를 어떻게 바라보고 있었던 것일까. 1973년 4월, 「아사히신문」의 '현민 여론조사'에서는 해양박람회에 '기대하고 있다'가 39%, '기대하고 있지 않다'가 46%였다. 단 해양박람회는 '개발의 기회이기 때문에 개최하는 편이 낫다'고 하는 찬성파는 53%인 것에 비해, '여러 가지 불이익을 낳기 때문에 취소하는 편이 낫다'는 23%에 머무르고 있었다. 해양박람회에 대한 기대감은 낮지만, 중지를 주장하는 정도까지의 여론은 적었다는 것이다.

하지만 각 운동단체의 반대론은 연일 신문을 가득 채웠다. 5·1 메이데이에는 해양박람회 반대가 전면에 내세워졌다. 현노협은 6월, 정식으로 '해양박람회 반납' 신청서를 현 지사에게 제출했다. '해양박람회 반대'가 정치투쟁의 상징으로 화하면서 결속을 견고히 하는 기능을 했다. 8월에 도쿄에서 열린 총평 대회는 反해양박람회의 전국적인 확산 양상을 나타내고 있었다.

8월에는 현 의회 의장이 '현 상태로는 해양박람회는 현민 생활에 파괴만을 초래한다'고 이야기하고, 여야당도 함께 동조했다. 현 경제에 대한 파급효과를 보더라도 주요공사는 본토 대기업에 많이 빼앗겨, 예상을 크게 밑도는 것으로 알려졌다. 9월에는 오키나와 현 직원 노동조합이 '해양박람회와 CTS는 개발의 기폭제가 아니라 자폭제다'라고 주장했다. 동일한 시기 본섬 동해안의 석유준비기지인 CTS의 건설반대운동도 고양되고 있었다. 혁신지사인 야라는 지지 모체인 혁신단체들이나 현 의회 · 현 직원으로부터도 압력을 받아 궁지에 몰려 있었다.

오키나와의 〈문화〉, 〈자연〉의 상실과 재발견: 대항언설로서의 진정성

문화재 · 자연의 보호라는 관점에서도 해양박람회 비판은 활발히 이루어졌다. 오키나와의 지식인들로 이루어진 '오키나와의 문화와 자연을 지키는 10인 위원회', 공해방지대책위원회, 문화재보호심의회 등이 문화재와 자연이 파괴되고 있는 현실을 고발하면서, 현에 보호대책을 요청했다.

특히 10인 위원회의 활동은 현저했다. 그들은 7월에 '오키나와의 문화와 자연을 지키는 요망서'를 지역지 『오키나와 타임즈』에 게재했다. 이 요망서는 문화 · 자연의 파괴에 대한 '구체적이며 조속한 대응을 절실히 제기'하는 것과 함께, '오키나와의 문화와 자연의 근원적인 의의를 개설概說했다'. 계속해서 요망서는 '이 자연과 문화파괴는 오키나와 상실'이라고 쓰고 있다.

이 대목만으로도 알 수 있듯이, 10인 위원회는 오키나와의 문화·자연의 파괴를 고발하는 것과 더불어 그러한 오키나와 고유의 〈문화〉, 〈자연〉을 재발견하고 있다. 상식적으로는 〈문화〉나 〈자연〉은 **원래 거기에 있다**고 하는 자명성을 내포한 개념이다. 하지만 여기에는 파괴의 위기에 직면했기 때문에 그 상황에 맞서는 **대항언설**로서 근원적·본래적인 〈오키나와〉나 그 〈문화〉, 〈자연〉이 이야기되어간다. 복귀 후의 변동의 문맥 속에서 새롭게 상상/창조되는 진정한authentic 〈오키나와〉의 이미지가 그것이다.

진정한 것, 혹은 벤야민이 말한 '아우라'는 상실될 때 처음으로 깨닫게 되는 것이다. 여기에 오키나와의 〈문화〉, 〈자연〉은 복귀·해양박람회에 의한 파괴·상실을 계기로 다시 그 순수성이 상기되고 있다. 역설적으로 해양박람회는 철저한 비판을 뒤집어쓰는 것을 통해 진정한 〈오키나와〉를 환기시켰다. 확실히 이 시기의 대규모 개발에 의해 전후 이래 이만큼 〈문화〉, 〈자연〉이 상실된 적은 없었을 것이다. 하지만 오키나와의 〈문화〉, 〈자연〉이 이만큼 의식화되고, 이야기된 적도 없었다. 이러한 〈문화〉, 〈자연〉의 상실과 재발견은 진정한 〈오키나와〉로의 재귀성의 고양이라는 표리를 이루는 동시병행적인 프로세스였던 것이다.

요망서에는 사쓰마 침략 이래의 오키나와의 〈역사〉와 함께, 현민의 '주체성'이 환기되고 있다. 이는 복귀 후의 난개발 현상과 대비되는 것이다. 전후에서 복귀 이전은 미군 통치라는 심각한 상황 하에서도 '섬 전체'의 창조적인 정치·경제·문화가 있었다고 높이 평가한다. 섬 전체 토지투쟁이나 '기업의 후진성'이 난개발의 현상과는 대조적인 '옛날의 아름다운 시대'로서 새로운 의미가 부여된다. 노스탤지어의 효과는 불만스러운 현상을 상대화하기 위해 대조적인 과거를 유토피아화하고, 되돌아가야 할 '원점', '본질'로서 자리매김하는 점에 있다.

진정한authentic
'본래의', '진정한' 등으로 번역됨. 사회의 극적인 변화 속에서 상실된 본래적인 것을 추구하는 요망이 고양되는 경우는 종종 있다. '이것이야말로 본래의 오키나와다'와 같은 본질적인 자화상이 특별히 의식적으로 상상/창조되는 것은 상실의 위기에 직면했을 때이다. 이를 위해 진정한 것으로의 욕망은 노스탤지어와도 결합된다. 그것은 실제의 과거의 기억에 기초하고 있는 경우도 많지만, 상황의 변화 속에서 새롭게 상상/창조되기 위해 그려진 상으로 변화해간다. 따라서 지금 이야기되는 형태로의 〈자연〉, 〈문화〉, 〈전설〉은 옛날부터 맥을 이어 계속 되는 듯이 보이지만, 실은 최근에 새롭게 만들어진 것들이 많다. 그 변화나 재창조를 파악하는 작업에서 사람들의 의식이나 사회의 변화를 생각지 않게 발견하는 경우가 있기 때문에, 중요한 작업이다. – E.J. 홉스봄·T. 레인저 편, 『만들어진 전통』, 휴머니스트 (2004) 참조.

아우라Aura
벤야민이 『기술복제시대의 예술작품』에서 사용한 용어. 그 대상에서 발산되는 고유의 분위기. 사진·영상과 같은 복제기술의 발달에 의해 예술작품이 갖는 일회성의 아우라가 사라졌다고 벤야민은 지적했다. 하지만 아우라 그것이 복제기술에 의해 산출되는 것도 가능하다. '본래다움', '자신다움', '오키나와다움', '자연스러움', '전통다움'… 근대사회는 보다 고도의 리얼한 '–다움'을 생산하고, 욕망시키는 근대이다.

또한 그들에게 있어, 오키나와의 토지를 매점해가는 본토기업이라는 〈타자〉는 명확히 '악'으로 이미지화되고 있었다. 그 〈타자〉를 매개로 '현민'의 '주체성'이 구축되고 있다. 결국 여기에는 '본토기업'의 타자화(객체화)와 '현민'의 주체화가 동시병행으로 진행된다. 10인 위원회에 있어, '본토기업'이란 '현민'의 순수한 상을 비추기 위한 '거울로서의 타자'인 것이었다.

10인 위원회는 해양박람회만이 아니라, 복귀 후의 난개발 전체를 비판하고 있었다. 그럼에도 역시 해양박람회는 본토형 개발의 전형적인 상징이었다.

3. 1973년 11~12월: 오일 쇼크 이후의 연기와 침체하는 여론

일련의 소란의 와중에서 혼란을 한층 가속화한 국제문제가 발발했다. 오일 쇼크였다. 10월, 석유수출국기구OPEC가 원유의 대폭 가격인상을 통고하고, 세계에 파문을 일으켰다. 11월에는 간사이를 중심으로 화장지 사재기가 확산되고, 오일 쇼크의 리얼리티는 급속히 확산되어 간다. 정부도 자가용 자숙이나 전력 절약 등 소비규제를 호소했다. 석유·전력의 산업용 소비도 10% 삭감되면서 경제계는 심각한 타격을 입었다.

과연 이 비상사태에 닥쳐서는 정부도 해양박람회를 재검토하기 시작했고, 연기·축소·중지의 가능성이 제기되기 시작했다. 도쿄로부터의 '해양박람회 재검토' 소식에 현 내 각계에는 커다란 동요가 일어난다.

흥미로운 것은 이제까지 열렬히 해양박람회의 재검토를 주장해온 현 내 여론이, 정작 실제로 정부가 재검토를 시작하자, '정부의 제멋대로의 태도다'라며 비판하기 시작했다는 것이다. 그것만 보더라도 현 내에 해양박람회의 존재는 커져가고 있었다. 예를 들어 도구치渡具知 나고名護 시장은, '자연을 때려 부수고 나서, 지금에 와서 중지라든가 축소라든가 하는 것은 (오키나와를) 밟거나 차는 행위다'라고 비판했다. 해양박람회는 좋든 나쁘든 복귀 후의 오키나와의 사회 · 경제를 진행시키는 기능을 하고 있었다. 이를 지금에 와서 중지 혹은 축소하는 것은 오키나와의 현상을 근본에서 흔드는 사활의 문제가 된다. 따라서 정부의 태도 변경은 현민 여론에는 '제멋대로의' '무책임'한 것으로 비춰졌던 것이다. 해양박람회 여론의 비판의 창끝은 야라 현정縣政의 차원에서 정부로 이동하고, 이야기의 질도 명확히 변해간다. 멀리 도쿄로 향해진 현민 여론의 시선은 그 동향을 주시하고 있었다.

여기에 대해 정부도 지금까지의 反해양박람회 여론의 고양을 깨닫고, 지역의 의향을 듣는 정책으로 나섰다. 야라 지사는 현 의회나 지역 관계자, 경제계 등의 의견을 들은 결과, 대세는 정부의 재검토에 반발, '기정방침을 관철한다'였다. 하지만 오일쇼크가 심각해지는 가운데, 예정 그대로 진행한다는 것은 불가능했다. 타협책으로서 연기라고 하는 선택지가 확정되었다.

소동의 결착을 계기로 현 내의 해양박람회 여론은 급격히 침잠해간다. 혁신 단체들로서는 '연기'라는 형태로 일단의 해결은 이루어졌다. 또한 추진파도 연기된 일정의 폭이 4개월 반에 그친 것은 오일 쇼크 하에서는 타협할 수 있는 결과였다. 그래서 11월 이후 현민의 의식에서는 복귀나 해양박람회의 영향보다도 오일 쇼크의 혼란에 대한 대응 쪽이 지배적으로 되어간다. 그 때문에 해양박람회에 대한 관심 그 자체가 옅어져 간 것이다.

4. 1974~1975년 3월: 포스트 해양박람회에 대한 불안과 병리

선취된 미래에 대한 불안

해양박람회는 연기되었지만, 1973년에 결정된 1974년도 정부예산에서는 해양박람회 관련 예산이 확실히 확보되었다. 정부는 전국적으로는 물가정책을 위한 공공사업을 대폭 억제했다. 하지만 오키나와만은 본토와의 격차시정이나 해양박람회를 위해 상당한 배려가 이루어졌다. 따라서 1974년의 오키나와 관련 예산은 해양박람회 관련의 대형 공공사업에 집중하게 된다. 이제 해양박람회를 평가하는 단계는 끝나고, 개최를 향한 본격적인 준비가 착착 진행되어가는 단계로 들어갔다.

한편 연초에는 오키나와 현 리조트 개발공사開發公社가 그 업무를 시작하면서, 해양박람회 이후 오키나와의 리조트 개발, 특히 회장의 부지 이용을 진행하는 주체로서의 위치가 부여되었다. 관심의 초점은 포스트 해양박람회, 즉 해양박람회 이후의 오키나와 경제의 문제로 이동해간다. 해양박람회에는 450만 명이 넘는 관객이 오키나와를 방문할 것을 예측, 커다란 경제효과가 예견되지만, 그 이후를 어떻게 할 것인가. 종료 직후에는 반동으로 관광객이 격감하고, 도산이 쇄도할 위험성도 충분히 있다. 이러한 우려는 이전부터 해양박람회의 결점의 하나로 거론되었지만, 1974년부터 본격적인 테마로 거론되기 시작한다.

『오키나와 타임즈』의 '복귀 2년 현민 여론조사'에서는 '해양박람회가 오키나와의 장래에 있어 이익이 될 것이라 생각합니까. 그렇게는 생각하지 않습니까'라는 질문에 대해 '이익이 된다' 26%, '그렇게는 생각하지 않는다' 32%, '어느 쪽이라고도 말할 수 없다'가 27%로 삼분하면서, 이익이 되지 않으리라고 보는 사람이 다소 많았다. 그 중 3할 가까이가 포스트 해양박람회에 대한 불안을 이유로 들고 있었다.

7월경에는 이러한 미래에의 불안이 현재의 상황과 관련지어 이야기되기 시작한다. 해양박람회를 앞두고 호텔이나 민숙이 난립했기 때문에, 이미 전체 가동률이 20%를 밑돌아 많은 업자가 경영난에 직면했다. 또한 해양박람회의 건설공사가 본격화해도 지역 고용은 2000명 정도에 머물렀다. 건설 노동의 반수 이상은 본토에서 유입된 노동력이 차지하고 있었던 것이다.

오일 쇼크로 인한 전국적인 방향전환 속에서 오키나와만이 해양박람회를 위해 예외적으로 공공사업을 집중시키고 있었다. 하지만 그렇기 때문에 '오키나와의 진정한 불황은 해양박람회 이후에 오는 것은 아닐까'라는 불안도 더욱 높아갔다. 국내외의 불황이라는 특수상황이 해양박람회 그 자체에 대한 관심을 뛰어넘어,

그러한 **선취된 미래에 대한 불안**을 불러일으켰다. 아이러니하게
도 공사가 순조롭게 진행됨에 따라 불안은 나날이 높아져 갔다.

교육 · 비행문제와의 관련: 병리화하는 해양박람회

'포스트'에 대한 불안과 함께 해양박람회에 의한 병리현상도
점차 불거지기 시작했다. 공사가 본격화된 모토부 정의 교육환
경이 악영향을 받았다. 특히 여고생이 공사를 하러 온 노동자들
에게 빈번히 유혹을 당하는 상황이 발생했다. 운전기사와 사귀
다가 임신이 된 여고생. 새로이 생긴 스낵바에서 아르바이트를
하는 학생. 아르바이트로 용돈이 늘어 돈 씀씀이가 헤퍼지는 학
생. 아르바이트를 하는 학생이 늘어가면서 사고도 많이 발생한
다. 밤에 외출하는 일도 증가했다. 노동자가 소년소녀를 납치,
감금해서 폭행을 가하고, 몸에 문신을 새기는 사건도 일어났다.
학교나 부모들의 불안은 높아져만 가고, 방어책에 고심했다.

이 시기의 해양박람회 아노미가 회장 지역의 청소년 교육이나
비행의 문제로 집약되어가는 것은 흥미롭다. 오일쇼크로 인한 연
기 결정을 거친 후, 해양박람회 개최의 시비에 관계없이, 공사는
착착 진행된다. 이 변화에 맞추어 아노미도 공사 주변의 환경으
로 집약되었다. 청소년은 아노미 상황을 정면으로 몸에 받아들여
표현하는 존재였다.

해양박람회 그 자체는 비판되지 않았다. 하지만 계획 수행 단
계에 도달하자, 거기서 발생하는 문제나 모순은 **병리의 시선**으
로 포착되어 간다. 즉 현민에게 있어 해양박람회가 아직 외재적

인 존재였기 때문에 대응이 가능했던 1973년을 지나, 1974년에 접어들면 해양박람회가 현민의 생활 속으로 보다 내재화되어 간다. 특히 모토부 정에는 건설 관련업자나 노동자 약 3천 명이 일시적으로 이주해왔다. 이는 개최가 가까워진 해양박람회가 현민의 신체감각 속으로 깊숙이 침투해가는 프로세스이기도 했다. 모토부 정의 지역사회는 내부에 해양박람회를 받아들이는 것으로, 갖가지 '병리'를 떠안게 된다. 그 최대의 병리가 청소년의 비행으로 나타난 것이다. 해양박람회의 병리가 '청소년의 마음'이라고 하는 가장 순수한(하다고 여겨지는) 영역에서 발견, 치유해야 할 대상으로 자리하게 된다.

또한 해양박람회가 다가오자 매춘의 증가가 근심거리가 되면서 그 대책이 협의되었다. 복귀 후 비행이나 매춘의 문제는 이전부터 문제시되어 온 것이었다. 하지만 특히 1974년 9월경부터 이 문제는 해양박람회의 병리와 연결되면서 새로운 형태로 클로즈업되었다.

아이러니하게도 박람회장 주변의 이러한 사회병리는 앞서 본 해양박람회의 테마인 '바다—그 희망찬 미래'나 박람회장 내의 합리적인 관리와는 완전히 대조적인 것으로서 눈앞에 나타났다. 박람회장 안의 공간은 폭력이나 성을 사전에 배제한 소프트한 관리와 쾌적성의 공간이었다. 하지만 이는 어디까지나 박람회장 내부에 국한된 문제였던 것이다. 그 자기완결적인 박람회장 공간을 만드는 작업이 외부의 주변 지역사회에 예기할 수 없는, 그리고 통제할 수 없는 문제를 차례차례로 초래한다. 실로 막스 베버가 말한 '**합리화의 비합리적 귀결**'이다.

여기서 이러한 문제가 거론되는 방식에 결정적으로 나타나는 경향에도 주목해보자. 예를 들어 1974년 11월 24일자, 『오키나와 타임즈』의 특집기사 「해양박람회, 그 건설과 파괴」를 보자. 전국적인 불황 속에서 모토부 정의 회장만은 별세계처럼 공사가 순조롭게 진행된다. 하지만 인근 주민들에게 해양박람회는 마치 미군 기지처럼 '별세계의 사건'으로 수용되었다. 그런데 자신들을 에워싸는 환경은 확실하게 변해가고 있었다. 이 기사에는 2장의 사진이 제시되고 있다. 한 장의 사진은 회장 근처의 채석장(사진 좌측 위). '해양박람회장이 건설되는 한편 공사용의 자갈을 채석하기 위해 산을 깎아 허무는 작업이 집중적으로 이루어지고 있다. 개발과 자연의 조화라고 하지만, 상실된 자연의 산들에게는 조화는 없다'. 이것은 〈박람회장 내부의 건설〉과 〈박람회장 외부의 파괴〉라고 하는 2항 대립화·대조성의 논리이다. 개발과 자연이 조화를 이루는 것은 박람회장 안의 이념적인 공간뿐으로, 현실적으로는 산들이 깎이고 허물어져간다고 하는 시점이다.

또 한 장의 사진은 신설된 고속도로의 사진이다.(사진 우측 위). "북부 종관도로의 완성은 눈앞에 있다. 문명은 교통의 발달이 초래했다고 하지만, 자연의 아름다움이 소멸한 다음에는 정신의 황폐가 남는다." 아름다운 자연을 희생해서 만들어진 도로의 시각적인 지각을 통해, 〈자연파괴〉와 〈인간의 정신황폐〉가 서로 관계를 맺고 겹쳐져 간다. '상실된 자연'은 변해가는 환경에 대한 불안이나 사회병리를 투영하고, 미의식에 호소하는 시각적인 상

회장 근처 채석장　　　　나고시 교다(許田) 인터체인지　　오키나와 타임스사 제공

징으로서 기능하고 있었다. 자연파괴와 청소년비행은 항상 하나의 세트로 함께 이야기되고 있다.

　해양박람회장의 세계가 〈자연이나 인간의 휘황찬란한 미래〉를 칭송하는 미적인 스펙터클 공간을 지향하면 할수록 주변 지역의 사회병리는 대조적으로 〈자연과 인간의 우려해야할 현상〉을 선명히 부각시킨다. **이미지 공간과 생활공간**의 아이러니한 대조성은 해양박람회를 둘러싼 복잡한 현실을 구축하고 있었다. 회장 내 공간과 외부 지역은 의도하지 않으면서도 이항 대립화되고, 서로 동떨어진 채 만나면서 **일상성과 비일상성의 평행적 세계**를 구축해간다.

5. 1975년 4~7월: 개회식을 둘러싼 소동

　1975년은 해양박람회 개최의 해였지만, 오키나와 관련의 새해 예산은 크게 성격을 바꿔, 농업 진흥·낙도진흥·교육시설을 축으로 해서, '아름다운 오키나와 만들기'로 방향 전환을 시작하고 있었다. 이는 해양박람회의 결점 대책이나 '포스트'에 대한 불안 해소를 시야에 넣고 있었다.

　해양박람회를 위한 준비나 부지 이용계획이 진행되는 가운데, 4월에는 새로운 움직임이 나타난다. 황태자가 해양박람회의 명예총재로 결정, 오키나와 방문과 개회식 출석이 결정된 것이다. 이 소식은 바로 현 내에 파문을 불러일으켰다.

　전후 천황이나 황태자가 오키나와를 방문한 적은 아직 없었다. 식수제나 와카나쓰 전국체전若夏国体 때도 현 내의 혁신 단체가 '현민 감정에 반한다'라고 반대해 성사되지 못했다. 이러한 배경에는 오키나와전투를 경험한 현민 감정이 자리하고 있었다. 단 이번에 반대한 것은 어디까지나 일부의 현민에 한정된 것이었다. '정치적 의도가 포함되어 있다'는 비판에 대해 '국가 행사에는 외국의 원수도 초청하기 때문에 황태자의 참석은 당연하다'라는 목소리도 강력했다.

　하지만 5월이 되자 삐라를 붙이고 있던 과격파 5명이 현행범으로 체포되었다. 또 황태자의 오키나와 방문을 언급하지 않으면서 해양박람회에 대한 총평·현노협·오키나와교협 등의 새로운 반대표명도 연이어 일어난다. 개회식이나 각국의 국가 연주를 자위대의 음악대가 담당할 예정이라는 이야기가 새어 나간 것도 이러한 반대에 박차를 가했다.

오키나와전투 종결 30주년을 맞이하는 6월 23일 위령의 날을 앞에 두고, 이토만糸満 시 마부니摩文仁 언덕의 위령탑에 페인트로 누군가가 낙서를 한 사건도 일어났다. 점차 경계를 강화한 현 경찰은 실로 놀라운 행동에 착수했다. 현 내에 '정신장애' 의심이 있는 108명을 리스트업해서, 현 환경보건부 예방과에 정신감정이나 강제수용 등의 조치를 취하고자 한 것이다. 예방과는 '응할 수 없다'고 거절했지만, 이 사건은 인권침해로 문제화되어 현내 여론뿐만 아니라 경찰청이나 법무성, 중의원법무위원회, 학회, 의료관계자 등으로부터 비판을 받는 사태로 발전했다.

개최월인 7월, 불안은 점차 커져갔다. 음악대가 자위대를 꺼려하면서, 소방청 음악대가 대신 연주하기로 결정된다. 현의 공안위원회는 황태자 방문을 맞아 30개 도부현에서 2400명이 넘는 응원경관을 요청, 공전의 경비체제에 착수했다. 야라 지사는 현민에 대해 황태자 부처의 환영을 위해 협력을 요청했다. 하지만 현내 여론은 환영파·반대파로 정확히 이분되었다.

현 내의 긴박감은 최고조에 달했다. 사상 유례가 없는 3800명이 넘는 엄중한 경비체제 아래 오키나와는 삼엄한 분위기에 휩싸여간다. 도로 포장이나 녹화 등도 황태자의 방문 시기와 맞추고자 돌관공사가 이루어졌다. 그리고 7월 17일, 황태자 부처가 오키나와를 방문했다. 하지만 황태자 부처가 히메유리의 탑을 참배 중일 때, 과격파가 화염병을 투척하는 사건이 발생했다.

경비대가 바로 범인을 붙잡아서 다행히 무사했지만 장내는 뒤숭숭해졌다. 현 내에는 동요와 함께 폭력에 대한 엄격한 비판의 목소리가 일어났다.

19일, 사건 후의 복잡한 공기와 한층 엄격해진 경비태세 속에서 해양박람회 개회식은 치러졌다. 오키나와의 여름 하늘은 맑고 파랬다. 회장의 바다도 아열대의 눈부신 광선을 받으면서 푸르게 빛나고 있었다. 명예총재인 황태자 부부, 미키三木 총리, 오하마大浜 해양박람회협회장을 필두로 국내외의 귀빈이 다수 열석했다. 그리고 다음날인 20일부터 일반 공개가 시작되었다.

개막 4일째, 엑스포 포트에서 공개 중이던 틸리 해군연습함 에스메랄다 호에 야밤중에 과격파가 침투, 화염병을 투척하는 사건이 일어났다. '희망찬 미래'의 이념과는 대조적으로, 해양박람회를 둘러싼 상황은 개회 초부터 전도가 다난했다.

6. 1975년 8월~1976년 1월: 예상 밖의 해양박람회 불황

해양박람회는 개막했지만, 여러 가지 문제가 속출하면서 현 내의 반응은 냉담해졌다. 우선 박람회장 내부를 보도록 하자. 관객은 아쿠아폴리스에 장사진을 치고 오키나와의 뜨거운 여름에 1시간 이상 기다리면서 녹초가 되었다. '미래의 해상도시'를 만끽할 여유는 없었다. 개회 1개월째, 일사병에 쓰러진 자는 126명, 회장의 '쾌적성'의 이념과는 아주 거리가 먼 것이었다.

모토부 정의 상점가는 첫날부터 파리만 날렸다. 회장 앞에 즐비하게 늘어선 토속품 상점마저 손님이 전혀 오지 않았다. 본토에서 온 관광객은 버스로 정내를 스쳐 지나갈 뿐이었다. 나하의 본토자본계 호텔과 해양박람회회장 사이를 국도 58호선을 통해 관광버스가 왕복하고 있었던 것이다. 따라서 모토부 정에서는 택시이용자조차 없었다. 공사로 흥청거렸던 개회 전과는 대조적으로 개회 이후가 오히려 한산했다. '예상 밖', '기대 밖'이라는 표현이 자리를 잡아가면서, 해양박람회와 본토기업에 대한 반감이 새롭게 높아져갔다.

동시에 심각한 것은 박람회장 안팎의 이상한 '엑스포 가격'이었다. 회기가 시작하자마자 모토부 정의 어떤 호텔은 1박 가격이 4천 엔에서 8천 엔으로 2배나 올랐다. 박람회장 안에서는 카레라이스나 오키나와소바가 500엔으로, 당시로서는 꽤 높은 가격이 설정되었다. 엑스포 가격은 본섬 중남부에도 영향을 미쳐, 나하의 과일가게에서는 개회 후에 토마토가 40엔에서 100엔으로, 양배추는 100엔에서 350엔까지 올랐다고 한다. 오키나와 종합사무국이나 현은 바로 대책 마련에 착수했다. 미키 총리가 각의에서 대책을 지시, 감독이 강화되었기 때문에 물가는 급속하게 진정되었다.

8월에는 현 내의 중소 호텔, 민숙, 운수업, 판매업자 등의 다수가 경영부진으로 도산, 기대는 완전히 배신당했다. '해양박람회 불황', '해양박람회 공황'이라는 말도 떠돌기 시작한다. 다른 한편 본토자본의 호텔로는 여행업자가 차례차례로 관광객을 보내고 있었다. 이러한 대기업 호텔이나 여관업자는 이 시기 '본토'의 상징으로 비춰지고 있었다. 해양박람회를 통해 '본토'와 '오키나와'의 사이에는 이러한 경제적인 형태의 새로운 도랑이 깊어져가고 있었던 것이다.

숙박업계를 중심으로 '해양박람회 도산'은 확산되었다. 예상에 크게 못 미치는 상황에서 국가 · 현 · 해양박람회협회에 대한 불신, 나아가 해양박람회에 대한 불신이 높아졌다. 여름방학이 끝난 9월에 들어서면서 관광객도 격감했다. 대형 프로젝트 해양박람회는 아이러니하게도 대형 불황과 도산, 실업을 초래했다. 해양박람회와 함께 들어온 것은 본토 대기업 중심의 시장구조이며, 현 내의 중소기업은 정면으로 타격을 받았다.

1975년의 오키나와는 기대 밖의 해양박람회, 그리고 짓눌리는 불황과 도산이 뒤따른 채 끝났다. 해가 바뀌어 1976년, 1월 18일의 폐회식이 가까워져오자, 다시 황태자 부처의 방문에 맞춰 엄중한 경비태세가 갖추어졌다. 긴장 속에서 폐회식은 그럭저럭 무사히 끝났다. 입장객은 목표치인 450만 명을 100만 정도 밑도는 350만 명에 그쳤다. 그리고 현민들에게 남겨진 것은 '해양박람회는 도대체, 현민에게 있어 무엇이었는가'라는 공허한 물음과 포스트 해양박람회에 대한 불안이었다.

7. 복귀 후 오키나와 사회의 매개변수parameter로서의 해양박람회

이상과 같이 해양박람회 여론은 단기간의 정세 변화와 함께 형태를 크게 바꿔갔다. 그렇다고는 해도 현 내 여론의 해양박람회에 대한 비판은 이 시기 일정한 무게와 긴박감을 가지고 있었다. 거기서부터 역설적으로 이 격동기의 오키나와 사회에 해양박람회가 하나의 축으로서 역할을 달성해온 것을 알 수 있다.

복귀 후의 오키나와 사회·경제는 해양박람회를 매개변수로서 일정한 형태를 이루어 방향을 잡아 간다. 따라서 해양박람회 여론에서도 오키나와 사회의 극적인 변화에 대한 반응이 보다 직접적으로는 해양박람회에 대한 반응으로서 형태를 이루고 있었던 것이다.

해양박람회에 부여된 기능이란 대형공공사업으로 경제 진흥을 도모하는 본토형 개발의 틀을 그대로 가지고 들어와 오키나와의 진흥개발을 이루어내는 것 및 '우리나라 유일의 아열대해양지역'으로서 관광개발을 추진해가는 것이었다. 전자에 대해서는 이미 상세히 기술했기 때문에, 다음 장에서는 후자에 초점을 맞춰 해양박람회와 오키나와의 관광 리조트화의 관계에 대해 고찰하기로 하자.

KEY WORD

매개변수parameter

매개변수. 여기에는 꽤 독특한 의미에서 사용되고 있다. 일본 복귀 후 오키나와는 크게 변했지만, 어떠한 형태로, 어떠한 방향으로 변화할 것인가, 그 구체적인 형태와 방향성을 부여해주는 주형의 역할을 한 것이 해양박람회이며, 오키나와 사회변용의 매개변수이다.

야마가타 영화제 · 오키나와 특집 「류큐영화열전琉球電影列伝」

COLUMN

2003년 10월 야마가타 국제 다큐멘터리 영화제에서는 오키나와 특집 「류큐영화열전/경계의 원더랜드」가 열렸고, 다음 달인 11월에는 오키나와에도 행사가 개최되었다. 70편을 넘는 오키나와 관련 영상이 일제히 공개된 것은 처음 있는 일이라고 한다. 야마가타 영화제가 일본을 대표하는 높은 수준의 영화제라고 알고 있었지만, 거기서 오키나와 특집 행사가 열리는 것은 어떤 의미가 있는 것일까. 그리고 야마가타에서 오키나와를 생각한다는 것은 어떠한 것일까. 눈으로 직접 보고 느끼며 생각하고 싶어서 나는 오키나와에서 야마가타행 비행기를 탔다. 그리고 이 역사적인 행사에 참가해서 대부분의 영상을 열중하며 보았다.

백문이 불여일견이었다. 영상은 오키나와를 둘러싼 대량의 정보를 알기 쉽게 보여주었다. 전전기, 오키나와 전투, 미군통치시대, 복귀 전후, 1980년대 이후, 격동에 찬 오키나와의 풍경이나 사람들의 모습이 시각적으로 전달되었다. 오키나와에 살기 시작한 지 아직 3년 반밖에 지나지 않은 내게는 매우 귀중한 영상이고, 간접적이긴 해도 각 시대를 추체험할 수 있었다.

특히 인상에 남는 것은 오키나와 전투와 일본 복귀 전후의 영상이다. 오키나와 전투의 중대함을, 이번에 나는 다시금 인식하게 됐다. 승자의 시점이 관철된 미군의 기록영상, 그것을 구입해서 주민의 시점에서 다시 말하는 '1피트의 모임'. 당시의 장절한 체험을 환기시키는 〈오키나와 방언으로 말하는 전시 하의 삶〉. 〈히메유리의 탑〉의 비참함에, 일본군 사령부의 인간적인 묘사를 더한 〈오키나와 결전〉. 히메유리 학도대나 일본군의 주민학살을 다룬 모리구치 가쓰森口豁 감독의 다큐멘터리, 미군들의 심리적 후유증을 다룬 〈거기에 빛을〉 … 다큐멘터리와 극영화의 양쪽에서 오키

216 오키나와 이미지의 탄생

나와 전투에 관한 영상은 그 자체가 다층적인 깊이로 호소하고 있다. 오키나와 전투 그 자체가 실은 다면적이어서 하나의 입장이나 시점으로는 회수할 수 없는 특징을 가지고 있는 것이다.

또 하나 인상적인 것은 복귀 전후의 영상이다. 전후 27년 동안 오키나와는 미군의 통치 아래 놓였다. 1960년대 후반 베트남전쟁의 영향으로 미군 범죄나 사고가 다발했던 상황 속에서 복귀운동이 이루어지고, '조국복귀'의 요구가 높아져 간다. 그 결과 복귀는 실현되지만, 변하지 않는 기지의 현실과 급격한 본토화에 의한 혼란으로 오키나와 사람들의 피부감각에는 복잡한 위화감이 쌓여 간다. 그것은 다카미네 고高嶺剛 감독의 작품 〈오키나와의 나른함オキナワンチルダイ〉 속의 대사인 '오키나와는 닛폰인가, 나른함이 사라지면 닛폰이다'라는 말에서 전형적으로 나타난다. 또한 1966년의 다큐멘터리 〈오키나와의 18세〉에서 일본 복귀를 호소하던 고교생은 12년 후인 1978년 연극 〈오키나와 인류관〉에서 오키나와의 씁쓸한 역사를 유머와 빈정거림을 섞어가며 연기하게 된다. 한편 이 시기 본토 사람들이 찍은 오키나와 영화에는 오키나와에 대한 열정이나 오키나와를 통해 사회모순을 드러내려는 자세, 나아가 오키나와를 알아가면서 잠시 멈춰 서고자 하는 것 같은 느낌이 전해진다.

하나 덧붙이자면 1960~1970년대의 이 격동의 시대를 1970년생인 나는 직접 살아보지 못했다. 또한 흔히 내가 대학에서 가르치고 있는 주로 20세 전후의 학생들도 이 시대를 알지 못한다. NHK 드라마 〈츄라 상〉의 주인공이었던 고하구라 에리古波蔵恵里가 1972년 5월 15일생으로 복귀의 해에 태어났다는 것으로 상징되듯이 복귀 후의 '오키나와 현'을 당연한 것으로 살아가는 세대인 것이다. 세대 간의 기억의 계승이라는 의미에서도 이번 영화제의 의의는 매우 컸다고 생각한다.

또한 지금 다룬 것처럼 오키나와의 역사는 미국이나 일본과의 몇 겹으로 쌓인 관계의 역사이기도 해서 오키나와의 로컬한 이야기로 끝낼 수 있는 것도 아니다. 오히려 '일본의 일상 속에서 보기 어려운 일본의 문제'가 오키나와를 통해 뚜렷하게 드러나기도 한다. 특히 '추수追隨 외교'라고도 불리는 미일관계가 오키나와라는 장소에서는 군사적 측면에서 보다 노골적으로 보인다.

반대로 오키나와의 이러한 측면도 오키나와의 일상에 익숙해지는 것만으로 잘 보이지 않게 된다. 야마가타에서 비춰주는 것을 통해 보이는 오키나와가 있다. 또한 그러한 깨달음을 오키나와에 전해주는 것도 소중할 것이다. 나는 홈페이지와 게시판을 활용해서 야마가타에서 휴대전화로 게시판에 글을 쓰고 리얼 타임으로 영화제 리포트를 송신했다.

11월에 들어 오키나와에도 〈야마가타 영화제 in 오키나와〉가 열려, 관객들로 꽤 성황을 이루었다. 나도 이번에는 오키나와의 하늘 아래서 10여 편의 영화를 통해 야마가타를 경유해온 오키나와를 보았다. 양 지점의 만남은 일본이나 세계를 보는데 중요한 시점을 제시해줄 것이다. 이번 기획과 준비한 모든 스탭들에게 감사의 마음을 전하고 싶다.

제7장
해양박람회에서 오키나와 캠페인으로:
오키나와의 관광 리조트화의 프로세스

1. '관광입현'의 추이

이번 장에서는 관광에 초점을 맞춰, 오키나와의 관광 리조트화의 프로세스 속에서 해양박람회가 어떠한 역할을 해왔는가를 고찰한다.

우선은 복귀 후의 오키나와 관광 리조트화의 흐름을 그래프를 통해 보도록 하자. 1971년의 시점에서 20만 명까지 미세하게 증가하는 데에 머물러 있던 관광객 숫자가, 복귀의 해인 1972년에는 44만 명으로 두 배 증가하고, 1973년은 30만 명이 넘는 74만 명에 이른다. 복귀로 인해 오키나와가 급속히 주목받고 있음을 알 수 있다. 1974년에 오일 쇼크나 해양박람회 부담으로 그 숫자는 정체하지만, 1975년의 해양박람회 효과는 확실하게 나타나고 있다. 그 후 수백만 명 규모의 관광객을 수용하는 체제의 기초가 해양박람회를 통해 구축되어 온 것은 명백하다.

하지만 회기 후에는 반동이 찾아와, 1976년의 관광객은 절반 정도인 83만 명까지 격감했다. 관광 수입도 1258억 엔에서 638억 엔으로, 거의 절반 정도 감소했다. 가동률이 10%에 못 미치는 호텔도 속출해서 도산과 실업이 잇달았다. 그리고 이를 계기로 본격적인 관광 캠페인이 시작된다.

단 냉정하게 생각하면, 해양박람회의 1975년만 특수한 사태였다고 말할 수 있다. 전후인 1974년과 1976년을 비교하면 관광객은 3만 명 증가, 관광 수입도 60억 엔 증가로 완만하게 이어지고 있다. 직후의 반동만으로 해양박람회를 평가하는 것은 다소 의문의 여지가 있다.

오히려 그 후 1977~1979년의 급속한 신장에 주목해보자. 1976년에 뚝 떨어진 관광객 수가 1977년에는 단숨에 120만 명까지 회복하고, 1978년에는 150만으로, 불과 3년 만에 해양박람회 시기와 동등한 숫자로 회복하고 있으며 1979년에는 180만 명으로, 해양박람회 수준을 완전히 넘어서고 있고, 이후에도 그 숫자는 계속해서 올라간다. 관광 수입도 동일한 신장을 보이고 있다.

이 급속한 관광 리조트화의 진행은 해양박람회의 축제적 비일상이 오키나와 속으로 일상화해가는 프로세스이기도 했다. 이 급성장은 해양박람회와 어떠한 관계에 있었는가. 이번 장에서는 1960~1970년대의 오키나와의 관광 리조트화의 흐름을 추적하는 가운데 이 문제를 고찰해 간다.

2. 복귀 전 · 1960년대의 오키나와 관광 붐

패키지 투어의 탄생

앞의 그래프에서는 편의상 1970년대부터의 변이를 보았지만, 이미 1960년대 오키나와를 방문하는 관광객 수는 착실하게 증가하고 있었다. 다음 페이지 표 7-1은 복귀 전 오키나와에 온 여행객 수의 추이이다. 1960년대 전반, 오키나와 방문객 수는 매년 6000~9000명씩 증가하고 후반에는 2~3만 명씩 증가한다.

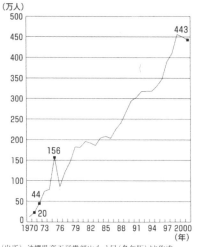

[그림 7-1] 오키나와현 방문객 수의 추이

(出所) 沖縄県商工労働部リゾート局（各年版）より作成.

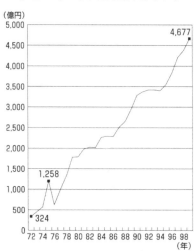

[그림 7-2] 오키나와현 관광수입의 추이

(出所) 沖縄県商工労働部リゾート局（各年版）より作成.

이 중 관광 목적은 8할을 차지한다. 1970년에만 오사카만국박람회의 영향으로 그 수는 정체하지만, 1971년은 다시 3.2만 명 증가, 그리고 복귀의 해인 1972년에는 일거에 월등하게 높은 24만 명 증가로, 배 이상인 44만 명에 달한다. 복귀 이전과 이후를 볼 때 수십만 명의 증가가 나타나지만 이렇게 복귀 이전의 상황을 보더라도 규모의 차이는 있지만 관광화는 착실하게 진행되고 있었음을 알 수 있다.

그런데 복귀 이전의 오키나와는 본토에 있어 아직 '외국'이었다. 즉 오키나와로 여행하는 것은 '해외여행'이며 여권과 비자가 필요했다. 전후 일본에서는 20년 가까이 외화정책상 관광 목적

표 7-1 복귀 전 오키나와현 방문객 수의 추이

西暦(年)	昭和(年)	入域旅客数(万人)	西暦(年)	昭和(年)	入域旅客数(万人)
1956	31	1.3	65	40	6.2
57	32	1.6	66	41	8.6
58	33	1.9	67	42	11.2
59	34	2.1	68	43	14.7
60	35	2.1	69	44	16.9
61	36	3.0	70	45	17.2
62	37	3.9	71	46	20.4
63	38	4.7	72	47	44.4
64	39	5.3			

의 해외여행은 허용되지 않았고, 1964년에 겨우 자유화되었다. 1950년대 본토에서 온 방문객은 거의 비즈니스 등 특별한 목적으로 제한되어 있었다.

하지만 1960년대에는 이러한 상황이 변하기 시작한다. 1959년 6월, 일본 정부는 다른 외국에 앞서 오키나와 도항 제한을 완화했다. 1958년에 오키나와 통화가 B엔에서 달러로 전환, 오키나와가 달러 경제권에 편입되었기 때문이다. 이 변화에 맞춰 신속하게 여행대리점이 움직이기 시작했다. 1960년 1월 일본교통공사·교토역 앞 안내소가 전후 최초로 '오키나와 방문단' 86명을 보냈다. 그 주목적은 신청 비자에도 기입되어 있듯이 '오키나와 전몰자 위령'이었고, 투어 참가자 중에는 오키나와 전투에서 친척을 잃은 사람도 다수 있었다. 그들은 어디까지나 '관광단'이 아니라 '방문단'이라는 이름을 내걸었다. 하지만 정작 오키나와에 왔을 때, 오키나와 측으로부터 열렬한 환영을 받아, 관광객으로서의 대접을 받았다.

KEY WORD

1960년대의 오키나와 관광
전적 참배와 수입품 쇼핑 이외에 실은 또 하나의 코스가 있었다. 바로 매춘이다. 본토에는 1957년에 시행된 매춘방지법이 오키나와에는 복귀 후인 1972년에 적용되는 시간 지체가 있었다. 전후, 미군용으로 제도화된 매매춘이 1960년대에는 본토에서 온 관광객을 위해 새롭게 제도화되어, 밤의 관광 루트로 편입되었던 것이다.

이 방문단은 항공기로 4박 5일의 여정, 비용은 1인당 6만 엔이었다. 당시 샐러리맨의 평균 월급이 2만 엔대였다는 점을 감안하면, 참가자는 고소득자에 한정되었다. 그럼에도 불구하고 이 투어의 성공은 이후의 오키나와 관광에 커다란 영향을 미쳤다. 나하 1박→나고 1박→나하 2박의 일정으로, 남부 전적지나 파인애플 농장 등을 방문하는 루트가 그 후의 모델코스로 정착한 것이다.

교통공사는 이를 계기로, 오키나와 단체여행 사업을 위한 본격적 준비에 착수했다. 우선 선박 이용으로 가격을 낮춰 7박 8일(오키나와 2박 3일)의 '3만 엔의 해외여행'을 실현시켰다. 이로부터 오키나와 여행은 단숨에 붐이 된다. 오키나와 패키지투어의 탄생이다.

이 시기 일본은 고도경제성장을 질주하면서, 대중 레벨에서의 국내 관광 붐이 일어나고 있었다. 재단법인 일본교통공사는 1963년에 영업 부문을 분리해 주식회사가 되면서, 상업주의와 서비스의 철저화를 도모한다. 포괄적인 여행 서비스의 제공이 추세가 되어가는 가운데, 1962년에는 '세트 여행'이 개시되었다. 단체여행과는 별개로 개인여행자를 대상으로 숙박과 왕복항공권을 예약, 세트로 판매하는 상품이다. 세트 여행은 개인여행 그 자체를 상품화하고, 패키지화한 점에서 획기적인 것이었다. 여기에 '오키나와 세트 여행'도 편입되어, 단체여행과 개인 세트 여행이 오키나와 여행의 2개 축으로 발전해간다.

전적 참배와 수입품 쇼핑의 결합

이렇게 해서 관광은 1960년대 사탕·파인애플과 나란히 오키나와 3대 산업의 하나가 되었다. 1969년의 관광 수입은 3317만 달러로, 파인애플 수출액 1868만 달러를 크게 넘어서, 사탕류의 수출액 4,458만 달러에 근접해가는 형세였다. 이와 관련해서 1969년의 기지 관계 수입은 2억 920만 달러로, 오키나와는 변함없이 압도적인 기지의존 경제였지만, 그것을 별개로 한다면, 관광은 사탕 산업 뒤를 이어 오키나와 경제를 지탱하는 달러의 수입원으로 성장했던 것이다.

1960년대의 오키나와 관광은 전적 참배와 쇼핑이 중심이었다. 오키나와 전투의 전몰자 유족이 전국에서 방문, 전적을 참배했다. 유족의 절실한 요망 아래 도도부현별로 위령의 탑이 속속 건립되었고, 류큐 정부는 이토만 시 마부니를 부립공원으로 지정했다. 한편 달러 경제권 오키나와에는 세계 각지의 수입품을 본토보다 싸게 살 수 있었기 때문에 쇼핑이 또 하나의 축이 된다. 외화지출액의 제한 완화나 면세품의 지정도 크게 작용해 관광객은 약 6할을 토산품 대신에 수입품 구입에 쓰고 있었다.

첫날 남부 전적을 참배하고, 둘째 날부터는 중부·북부를 돌며 오키나와의 풍광명미한 자연과 사적을 만끽한 후, 마지막 날에는 나하 시내의 국제 거리에서 쇼핑을 하고 돌아간다. 이것이 당시 오키나와 관광의 모델 코스였다. 전적 참배와 수입품 쇼핑은 얼핏 보기에 전혀 관계가 없는 요소일지도 모른다. 하지만 양자는 오키나와 전투와 미군 통치하의 달러 경제권이라고 하는,

오키나와 고유의 콜로니얼한 상황에서 발생했던 것이다. 두 개의 외생적인 요인이 결합해서 오키나와 관광을 정착시키면서 오키나와 경제에 (기지 경제 이외의) 중추적인 달러 수입원을 만들어가고 있었던 것이다.

3. 해양박람회에 편입된 오키나와 관광

1969년: '자연발생적'에 대한 걱정과 관광개발을 향한 의지

이상의 흐름을 바탕으로 해서, 관광개발의 시선이 오키나와를 본격적으로 포착하는 것은 1969년 11월, 미일 공동성명에 의한 복귀 결정 이후다. 그 직전에 현 내의 관광 관계자는 현 상황에 위기감을 느끼고 있었다. 전적 참배는 머지않아 수요가 줄 것이고, 쇼핑도 오키나와가 일본에 복귀하면 수입품을 싸게 파는 장점도 사라진다. 그렇다고 하면 그 외에는 아름다운 바다의 자연미밖에 남는 것이 없다. 1967년의 태평양 지역 관광협회에 의한 관광 캠페인에서 오키나와는 태평양 26개국 중 25위였다.

그들은 오키나와 관광 붐을 '자연발생적'인 것으로 파악하고 있었다. 복귀 문제나 베트남 전쟁에서 매스컴이 오키나와를 자주 다루면서 관심이나 호기심이 높아진 탓에 관광객이 증가하고 있는 것에 지나지 않는다. 하지만 관광시설이나 자원, 서비스는 매력적이지 못해서 관광객은 만족하지 못하고 돌아갔다고 한다. 붐이 지나면 관광객은 대폭으로 감소할 것이다. '자연발생적'인 관광에 대해 차라리 적극적인 인공적인 수단을 더해가는 관광개발의 비전을 그들은 모색하고 있었다.

그들은 오키나와의 과제를 열거했다. 값싼 토산품, 명물요리, 아열대 식물에 의한 도시 미화·관광 선전, 하와이의 훌라 댄스와 같은 대표적 무용, 해변의 정비, 환영 무드, 리피터 관광객 repeater 확보, 비싼 교통비 개선, 오키나와 특유의 알로하셔츠, 관광업의 인재 육성.

이것들은 모두 오늘날 오키나와에는 정비되어 있는 것뿐이다. 하지만 현재에는 당연한 이들 '관광자원'이 1960년대의 시점에는 대부분 없거나, 아직 발달하지 않은 것이었다. 뒤집어 말하면, 이것들은 오키나와에 '옛날부터 있었던' 것처럼 보이지만, 실제로는 1970년대 이후 새롭게 인위적으로 만들어진 것이었다. 물론 그때까지도 이들 오키나와 특유의 문화와 자연의 다수는 '자연발생적'으로 혹은 잠재적으로는 존재했다. 하지만 그것은 어디까지나 '있는 그대로'로 존재하는 것이며, 관광의 시선을 의식해서 보여주고, 보이기 위해 존재하는 것은 아니었다. 오히려 1970년대 이후 처음으로 이들 오키나와의 〈문화〉와 〈자연〉은 '관광자원'으로서 관광개발의 대상(=객체)으로 화했다. 이것들은 규격화되고, 미디어의 선전에 의해 매개되어, 대량생산되는 것으로 전시적 가치를 높여간다. 이렇게 해서 이들 개개의 아이템은 전체로서 〈오키나와다움〉을 연출하는 역할을 완수해갔던 것이다.

1970년: 해양박람회로의 포섭과 본토자본의 발동

오키나와에 개발의 파도가 밀려오는 것은 1969년 11월의 복귀 결정과 1970년 1월, 통산성의 해양박람회 구상에서부터이다. 본토자본은 일제히 오키나와를 주목했고, 3월의 제 5회 오키나와 간담회에서는 처음으로 본격적인 오키나와 개발 논의가 고조되었다(제 2장).

그 중에서 도나키渡名喜 관광개발사업단 이사장은 게라마慶良間 제도의 관광개발 구상을 언급하면서, 해양박람회를 유치할 것을 제안했다. 1970년 1월을 계기로 명확히 관광개발의 시점이 변하면서, 거대 이벤트 해양박람회가 주요한 자리를 차지하기에 이른다. 여기서 오키나와 관광의 방향성은 해양박람회와 밀접히 연관되어 그 틀 안에 편입되어 간다.

관광개발사업단도 류큐 정부도, 관광개발에 관해서는 자금 문제를 가장 중시, 본토 정부의 재정투융자와 본토자본의 유치를 활발히 진정陳情했다. 그 작업은 해양박람회의 매개에 의해 성공한다. 그것은 구체적으로 정부의 인프라 정비와 본토 대기업 자본의 거대 레저 개발이라는 2개의 형태를 띠었다. 1960년대의 지역 관계자들의 '탈 자연발생적 관광' 전략은 조속히 현실화해간다. 하지만 이 성공은 아이러니하게도 제 6장에서 본 것과 같이 현민 여론의 맹렬한 반발이라고 하는 의도하지 않는 결과를 초래했다. 인프라 정비에 의한 환경파괴와 본토 자본에 의한 토지 매점은 복귀로 혼란한 오키나와 사회의 패닉을 가속화시켰다.

더욱이 이후, 오키나와 관광개발에서는 본토자본이 압도적인 힘을 발휘하기 시작한다. 지역 관계자의 노력이 지나치게 빨리 성공한 결과, 오히려 그 주도권을 본토자본에 양도하지 않을 수 없게 된 그러한 아이러니한 사태가 밀어닥친 것이었다.

4. 해양박람회 경유 · 본토기업의 오키나와 진출

종합상사 그룹의 등장

제 5회 오키나와 경제 간담회 이후, 해양박람회 유치활동은 착착 진행되어 간다. 그 중에서 발언력을 키워간 것은 미쓰이, 후요芙蓉, 다이이치 등, 본토의 거대 기업 그룹이다. 그들은 조사단을 오키나와에 파견, 해양박람회의 마스터플랜을 작성했다. 미쓰비시 · 미와 · 스미토모도 해양박람회에 출전을 결정했다.

왜, 이들 그룹이 나선 것일까. 중심적인 역할을 한 것은 각 그룹 중에서도 미쓰이 물산 · 마루베니丸紅 · 이토추伊藤忠 상사 · 미쓰비시 상사 · 닛쇼日商 상사, 스미토모 상사 등 일련의 종합상사이다. 실은 이 시기의 종합상사는 지역개발과 링크하는 형태로, 레저 산업 기지의 건설을 전국적으로 전개하고 있었다. 해양 레저도 1960년대 말부터 각광 받기 시작해, 미쓰이 물산의 치바현 카모가와鴨川 씨월드 등 각 회사들은 착수를 서두르고 있었다. 상사의 입장에서 본다면, 이러한 흐름 속에서 타이밍 좋게 오키나와와 해양박람회가 부상했던 것이다.

무엇보다 레저 시설을 기폭제로 해서 지역개발을 진행해 갈 때, 그 작업은 매우 대규모이기 때문에 하나의 상사가 단독으로 추진할 수 없다. 동일한 계열 그룹의 조직화가 필수적이었다. 오사카만국박람회의 기업 출전은 이러한 그룹의 통합을 표현하고 있었다. 해양박람회도 이러한 흐름을 계승하고 있다. 제 5장에서 본 민간 파빌리온 군은 실로 오키나와에 해양 레저 개발을 진행하고자 하는 각 그룹의 경제적 존재력을 상징적으로 표현하고 있었던 것이다.

여기서 민간 그룹에 의한 박람회 출전참가와 당시의 그룹화한 거대 레저산업에 의한 지역개발이 서로 연동하면서 만나고 있는 것에 주의하도록 하자. 즉 거대자본을 매개로 해서 **박람회 회장 내부의 공간세계와 회장 외부의 일반지역사회의 공간**이 겹치면서 연동해가는 사태이다. 더욱이 박람회의 회장 공간이 도시 · 지역의 가까운 미래 모델로서 시뮬레이트 되어, 그 기본개념이나 공간 구성의 주체가 현실의 지역개발에도 동일한 역할을 담당해가는 사태가 발생하고 있었던 것이다.

실제로 해양박람회에서는 이들 민간 그룹의 해양 리조트라는 기본개념이 회장 내에 연출되어 가지만, 그것과 병행해서 **회장 외부의 오키나와 그 자체**가 동일한 기본개념과 주체의 주도 하에 해양 리조트로서 연출 · 개발되려 하고 있었다. 〈바다〉의 박람회 공간 테마 파크는 해양박람회회장의 내부만으로 닫힌 것은 아니었다. 동시병행적으로 회장 외부 · 주변의 모토부 반도 일대가 리조트 지역으로, 〈바다〉의 박람회 공간 · 테마파크로서 연출되어갔다. 그리고 이러한 테마화의 움직임은 모토부 반도뿐만 아니라, 오키나와 본섬 북부, 더욱이 낙도 지역을 포함한 〈오키나와〉 전체로까지 파급되고 있었다. 더욱이 그 주도권을 쥐고자 하는 행위자는 동일한 본토의 거대자본들이었다.

이러한 사태가 왜 이 시기에 일어났는가. 그 배경에는 제 1장에서 본 전국통합개발계획~신전국통합개발계획~열도개조라고 하는 〈국토개발〉의 흐름이나 고도성장에 의한 소득과 여가의 증대가 있다. 그리고 신전국통합개발계획~오키나와 진흥계획에서 복귀 후의 오키나와는 '우리나라 유일의 아열대지역', '국민적인 보건휴양 및 관광 레크리에이션 지역'으로서 개발 정비를 도모해간다. 이 흐름은 명백히 종합상사의 오키나와 진출을 후원하고 있었다.

레저의 산업화와 공간의 테마화

여기서 ①레저의 산업화와 ②공간의 테마화가 갖는 의미를 고찰해보자. 우선은 ①이다. 이 시기의 레저 산업은 소비자가 단순히 '휴양하고', '보는' 것만이 아니라 스스로가 능동적으로 참가·체험하는 즐거움을 파는 지향성도 가지고 있었다. 전형적인 예는 (당시 아메리카의) 디즈니랜드와 같은 체험형 테마마크이다. 만국박람회도 이미 체험형의 즐거움을 도입하고 있었다. 조명·음향·영상·이동 등, 다양한 연출효과에 의해 체험·오감을 상품화하는 방향성이다. 이렇게 레저(=여가), 레크리에이션(=휴양·기분전환), 나아가서는 체험이나 오감이라는 자명성의 영역에까

그림 7-3. 오키나와 국제해양박람회장 위치

지 상품화·산업화·서비스화가 침투해간다. 이는 그러한 서비스나 산업의 체계가 우리를 둘러싼 환경 그 자체를 인공적으로 창출해가는 것이기도 하다. 결국 레저 산업이란 환경 창출의 산업인 것이다. 종합상사의 레저 산업으로의 진출은 보다 포괄적인 서비스 산업에 의해 인간의 환경 그 자체를 재편제해가는 작업이었다. 여기에 ②공간의 테마화가 중첩되어 간다. 종합상사의 오키나와 진출은 해양박람회를 계기로 오키나와의 로컬한 장소를 추상적인 해양 레저 기지로서 개발해가는 작업이었다. 박람회의 〈바다〉라는 테마는 박람회장 외부의 오키나와의 지역공간으로까지 확산되어 새로운 환경을 구성해간다. 확실히 자연발생적으로는 오키나와는 원래 아열대에 위치해 있고, 바다에 둘러싸여 있었다. 하지만 그 〈바다〉가 박람회의 테마로서 본토자본에 의해 재귀적으로 포착되어 갈 때, 오키나와의 〈바다〉는 추상적인 변용을 이루어간다. 바야흐로 오키나와의 〈바다〉는 〈아열대〉의 리조트로서 대규모의 레저 개발·관광개발의 대상(=객체)으로 변해간 것이다.

미쓰이 물산에 의한 모토부 반도와 장기 비전의 제시

미쓰이 물산·후요 해양개발·이토추 상사가 작성한 해양박람회의 마스터플랜 속에 가장 잘 계승되어 실제로 채용된 것은 미쓰이의 안이었다. 후요와 이토추가 박람회장 후보로 요미탄 촌을 선택한 것에 반해 미쓰이는 모토부 반도를 골랐다. 하지만 이 시점에서 류큐 정부의 공간배치zoning에는 모토부 반도는 관광 구역으로 지정되지도, 거의 주목되지도 않았다. 미쓰이는 왜 모토부 반도를 선택한 것일까. 미쓰이 안의 '박람회장 입지에 대한 검토'를 보도록 하자.

우선 관객 동원이나 교통편, 격지취득 등의 측면에서 회장은 오키나와 본섬으로 한정되었고, 인근 섬지역은 제외되었다. 다음으로 중부는 도시화지역이기 때문에 곤란했다. 중부의 유력 후보지였던 요미탄의 잔파殘波 곶은 미군시설이 가까이 있기 때문에 거부되었다. 남부는 전적이나 위령비가 많은 '성역'이므로 평화공원의 시점에서 정비되어야 했다. 또한 동해안은 공업화를 추진하고 있기 때문에 부적절했다. 〈전쟁〉, 〈기지〉, 〈공장〉과 같이 해양 리조트에는 어울리지 않은 지역이 주도면밀하게 배제되어 간 것이다. 이는 〈전쟁〉, 〈기지〉의 오키나와와는 구분되어, **평행적 세계**로서 '푸른 바다'의 〈관광 리조트로서의 오키나와〉 이미지가 구축되어 가는 프로세스의 현실적·공간적 양상을 표현하고 있다.

남은 것은 북부 서해안으로 온나 촌恩納村과 모토부 반도가 고려 대상지였다. 나하로부터의 교통편을 고려하면 온나 촌이지만 장기적 전망을 생각한다면 모토부 지구를 선택해야 한다는 것으로 결론이 났다. 박람회의 회기 이후에도 모토부 반도를 거점으로 해서 북부 전체로 개발을 확대해가는 것이 가능하다는 발상이었다.

이 미쓰이의 안이 받아들여지면서 모토부 지구가 회장으로 선택되었다. 미쓰이의 장기 비전은 모토부 반도를 북부 리조트 개발의 거점으로 자리매김하는 것이었고, 이는 결정적으로 중요했다. 1972년 2월에 박람회장지를 결정한 순간부터 모토부 반도는 일거에 주목을 받는다. 같은 해 12월의 오키나와 진흥계획에서도 북부권은 '오키나와 국제해양박람회를 기회로 모토부 반도에 형성된 리조트 지역을 핵으로' 하는 것이 명기되었다.

미쓰이 안을 통해 해양박람회는 명확하게 오키나와의 장기적인 리조트 지대resort zone의 개발과 연동되어 갔다. 박람회·테마파크와 지역개발과의 밀접한 관계 맺기이다. 이는 단순히 물질적인 경제효과만이 아니다. 보다 중요한 것은 박람회·테마파크가 주변 지역에 미치는 **테마화의 상징적 효과**이다. 해양박람회라는 〈바다〉의 테마박람회는 외부의 지역에까지 〈바다〉의 테마를 확장·포섭해간다. 그것은 지역 브랜드의 개발이기도 하며, 박람회의 기본개념에 의한 새로운 환경의 창출이기도 했다. 더욱이 그 효과는 모토부 반도→본섬 북부→오키나와 전역으로 착실히 확산된다.

공공성의 활용과 다원적 헤게모니

한편 이상의 성공으로부터 미쓰이 물산 측은 어떠한 이익을 끌어낸 것일까. 미쓰이는 다른 회사에 앞서, 1970년경부터 모토부 반도에 진출하고 있었다. 그것은 미쓰이가 모토부를 회장지로 민 것과 밀접히 관련되어 있었다. 상사가 레저 산업에 의한 지역개발을 진행해 갈 경우, 국가나 현, 시정촌의 행정을 자기편으로 끌어들인다면 활동의 정당성을 손에 넣을 수 있다. 하물며 만국박람회라는 국가 이벤트를 유치하고, 하나의 역할을 담당하게 된다면 절대적인 도움이 된다.

단, 미쓰이의 입장은 어디까지나 하부의 위치에 머무르고 있다. 마스터플랜을 제시해서 모토부에 박람회장을 유치하는데 힘쓴 이후부터는, 오키나와 현·해양박람회협회·통산성 등에 실질적인 판단을 위임해간다. 하지만 실은 그 쪽이 유리한 것이다. 이들 행위자가 미쓰이의 안을 기초로 해서 구상을 다듬어 감에 따라 미쓰이의 안과 활동은 '공공성'을 띠며 정통성을 확보해간다. 이를 통해 미쓰이는 모토부 반도의 리조트 개발에 대해 보다 정당한 입장을 부여받을 수 있었던 것이다.

한편 현이나 통산성도 해양박람회나 리조트 개발에 기업이 참가하는 것에는 크게 환영했다. 기획이나 자금 면에서 민간 활력의 도입은 지역개발에 불가결했기 때문이다. 해양박람회도 실로 정부주도로 거대 이벤트를 시작해가면서, 거기에 민간 기업을 참가시켜 지역개발을 도모해가는 방식이었다.

여기에 계속 실현된 것은 오키나와의 국토공간을 둘러싼 **다원**

적 헤게모니(주도권·패권)의 확립이다. 일본 정부·오키나와 현·거대자본 그룹, 이들이 권력을 분산시키면서 관련을 맺어가는 식으로 복귀 후 오키나와 사회에 일정한 방향을 부여한 것이다.

  그리고 해양박람회의 회장 내에 정부 출전·오키나와관·거대자본 그룹의 출전이 있는 병립하고 있는 것은 오키나와에서의 권력의 배치상황을 상징적·시각적으로 표현하는 것이기도 했다. 그 공간 속에 에워싸여 있는 관객들이 이들 스펙터클한 권력을 시각적으로 즐기는 것으로서 향수할 때, 그들은 '소비자'로서

공공성

사회 일반에 널리 공개되고, 공유되면서 이익이나 영향이 있는 상태. 사회학에서는 위르겐 하버마스 등이 이야기하고 있다. 사적·개인적인 이익과의 대극에 있지만(public↔private), 여기서는 개인이나 민간기업 등이 공공성에 봉사하고, 공공성을 자신의 편으로 하는 것에 의해 사적인 이익을 늘리는 사태에 초점을 맞춰 '공공성의 활용'이라 기술하고 있다.

헤게모니

일반적으로는 주도권이나 패권이라고 번역되지만, 사회학이나 문화연구에서는 안토니오 그람시가 사용한 개념적 함의가 포함되어 있는 경우가 많다. 권력은 단순히 '지배-피지배'의 관계 속에서 위에서 아래로 일방향적으로 행사되는 것이 아니라, 아래로부터 위로, 사람들의 능동적인 해석이나 승인, 교섭, 대항 등의 움직임이 있으며, 서로 경합하는 가운데 권력관계가 만들어지는 것이라는 관점. 국가·현·본토기업이 해양박람회의 스펙터클과 관련개발을 통해서 암묵적으로 사람들의 승인을 얻고자 할때, 그들은 복귀 후의 오키나와의 방향성에 관해 각각의 입장에서 다원적인 헤게모니를 확립하고자 하고 있었다.

KEY WORD

이러한 다양한 권력의 존재와 활동을 암묵적으로 긍정·승인하게 되는 것이다(제4장).

이러한 점도 박람회 회장과 외부 사회와의 밀접한 연결의 한 양상이다. 다시 말해 해양박람회와 오키나와의 관광 리조트화와의 연속성을 나타내고 있다. 하지만 미쓰이가 바탕을 짠 다원적 헤게모니는 확실하게 박람회장 내에는 실현되었지만, 회장 바깥·모토부 반도의 리조트 지역 계획에 대해서는 현민 여론의 반발을 사면서 현실적으로 실패하게 된다.

5. 모토부 반도 리조트 지대의 난항

제3섹터 방식의 부상

1972년 5월 15일에 오키나와가 일본에 복귀하고 나서 얼마 후, 쇼와 47(1972)년판 『관광백서』에는 처음으로 '오키나와 현'이 포함되었다. 백서는 오키나와 경제에서 관광이 바야흐로 사탕·파인애플과 나란히 3대산업의 하나가 되었다는 점을 지적하면서 관광입현의 방향성을 강조했다. 백서는 해양박람회에 대해서도 언급하면서 오키나와의 관광 리조트화를 진행하는 이벤트로서 자리매김했다.

이미 복귀와 동시에 오키나와 관광은 확실히 붐을 맞이하고 있었다. 비행기는 연일 만석으로, 8월부터는 JAL(일본항공)의 도쿄-오키나와선에 점보기가 취항을 시작했다. ANA(전일본공수)도

증편을 하지 않을 수 없는 상황에서 나하 공항은 쇄도하는 인파로 북적댔다.

이 오키나와 붐이라는 순풍을 받으면서 모토부 반도의 리조트 지역 계획이 작동하기 시작했다. 이 구상은 해양박람회를 계기로 '국민의 여가 수요에 대응하는 국제적 수준의 대규모 해양성 리조트 지역을 모토부 반도에 만들어서, 오키나와 경제 사회 개발의 주요한 핵으로 한다'는 장대한 것이었다. 이것이 성공하면 전국의 해양 레저 기지의 모델이 되는 것이다. 이러한 발상 자체가 전국통합개발계획~신전국통합개발계획의 거점개발방식(제1장)의 연장선에 있었다.

(재)여가개발센터는 현의 의뢰를 받아 개발 구상을 정리했다. 그것은 해양박람회의 부지를 중심으로 근해의 섬들도 포함한 1만 헥타르가 넘는 굉대한 용지에 요트 정박소·인공 해변·호텔·콘도미니엄·펜션·골프장·자전거 코스·스포츠 랜드·쇼핑센터 등을 건설하고자 하는 일대 프로젝트였다.

문제는 이 프로젝트의 주체가 누구인가 하는 점이다. 원래 계획에서는 현과 지역 시정촌이 중심으로 모토부 공사를 설립, 거기에 민간 기업이 출자 협력한다고 하는 **제3섹터 방식**을 제창하고 있었다. 민간 기업이 각기 따로 진출하면 조화로운 개발이 불가능하며, 스프롤 현상이나 지가 상승, 환경파괴를 초래할 수 있다. 그렇다고 해서 현·시정촌만으로는 재정이나 공사능력에 한계가 있기 때문에 민간기업의 참가는 불가결한 것이었다. 동시에 본토기업의 진출이 지역감정을 자극하지 않도록 하는 배려도 필요하다. 그래서 자치체 주도의 공사 설립이 타당한 방책으로 여겨졌다. 15억 엔의 출자금 중 5억 엔을 자치체가 부담하고, 남은 10억 엔을 민간 기업이 부담하는 형태가 고려되었다.

그리고 전체를 총괄하는 입장에 있었던 것은 정부이다. 1972년 말, 야라 현지사가 정부에 요청할 때 이 리조트 지역 계획에 기지경제의 탈각이라고 하는 의미도 포함되어 있었다. 따라서 혁신지사인 야라는 신전국통합개발계획 노선의 리조트 개발이나 본토기업의 유치에도 적극적이었다.

이 제 3섹터 방식에 의해 오키나와의 국토공간을 둘러싼 다원적 헤게모니가 현실화되려 하고 있었다. 국가 · 현 · 시정촌 · 본토기업이 상호 의존하면서 각각의 목적을 실현해가는 것이다. 이 계획은 결국 수포로 돌아가지만 그 내용을 조금만 살펴보도록 하자.

여가개발센터의 〈자연〉 통제 지향

여가개발센터는 계획 책정 당시, 구미를 중심으로 한 해외 8개국 16개 지역의 해양 리조트를 조사했다. 조사보고는 '자연=선/인공=악'이라는 상식적인 이항대립의 발상을 물리치고, 기술적인 통제에 의해 〈자연환경〉을 개선 · 보전하는 것을 주장한다.

리조트의 인공 해변에서는 파도 · 조류 · 바다 색깔 · 염도 · 식물 등, 일견 '원래부터 있었다'고 생각되는 요소도 기술적으로 통제할 수 있다. 이러한 기술에 의해 안정도가 높은 레크리에이션 비치가 만들어질 수 있다는 것이다. 이 견해는 지형에 관해서도 동일하다.

'여기서도 문제가 되는 것은 어떤 장소의 **자연 그대로의** 지형이 결코 절대조건은 아니라는 것이다. 거의 모든 해양성 리조트는 얼핏 보면 매우 아름다운 자연환경인 것처럼 보이지만, 잘 관찰해보면 그것은 **모두가 인위적으로 개선되고, 인공적으로 만들어진 의사자연이라는 것**을 발견하게 된다.'

〈자연〉을 상품이라 하더라도, 지형마저 '자연 그대로'로 좋다고는 할 수 없는 것이다. 그 〈자연〉의 아름다움은 어디까지나 인공적으로 만들어지고 연출된 〈자연스러움〉이기 때문이다. 그 전형적인 예가 리조트에 심어진 열대식물이다. 야자나무나 원색적인 꽃들, 녹색의 잔디밭 등은 모두 인공적으로 심어지고, 보호되며, 주변의 자연과는 이지럭인 것이다. 이들 〈자연〉은 자명하게도 관광객의 시각에 작용하면서, 리조트 설비의 아이템이 된다.

더욱이 보고서는 대규모로 산을 깎고, 해안을 매립하는 것마저 긍정하고 있다. 실제로 조사했던 대부분의 리조트에 '자연을 조성한'의 흔적이 나타났다. 보고서는 아름답고 쾌적한 〈자연환경〉은 어디까지나 인간에 의한 자연개조 노력의 산물이라는 것을 강조하고 있다. 또한 기후에 대해서도 **태양**은 리조트의 결정적인 요소라고 지적했다.

이상의 보고서에서 보이는 것은 철저한 〈자연〉 통제의 사상이자, 〈자연〉을 통제하고자 하는 의지이다. 해변이나 지형은 개조의 대상으로 변하고, 식물이나 태양까지도 리조트의 연출 장치로서 편입되고 있다. 〈자연〉과 〈인공〉은 바야흐로 탈−분화해서, 〈

자연〉은 관광객에게 쾌적함을 제공하는 자기준거적인 환경으로 변모한다. 해양 리조트에서 〈자연〉은 그 자체가 테마파크의 구성 요소가 되어 간다.

따라서 〈바다〉의 테마파크는 박람회장의 내부만으로 완결되는 것은 아니다. 제 4장에서 본 박람회장 내에 조성된 시각적 · 미적 쾌적함과 철저한 통제는 모토부 반도 일대에도 동시병행적으로 개발이 이어졌다. 그 기폭제와 모델이 해양박람회였던 것이다.

실제 여가개발센터는 해양박람회와 모토부 리조트 지역 개발을 관련지어 생각해보면 만국박람회의 역사를 되풀이하고 있다. 만국박람회는 이제까지 각국의 시대적 목표를 가지고 계획된 것이라고 할 수 있다. 19세기의 파리만국박람회는 방사상의 도로망이나 에펠 탑 등, '꽃의 도시' 파리의 도시개발과 관계를 맺고 있었고, 1939년의 뉴욕만국박람회는 고속도로의 실용화를 현실화했다. 이에 대해 오키나와해양박람회의 목표는 '**일본열도개조의 제 1탄으로서, 모토부 반도 일대에 새로운 시대의 요청에 응하는 대규모의 리조트 지대 모델을 만든다는 것**'으로 명확히 설정되었다. 이 구상의 주체는 여가개발센터이지만, 그대로 정부의 입장으로 생각해도 좋다.

혁신여당의 반대와 본토기업에 대한 불신

하지만 이 계획은 제 3섹터가 만들어지지 않으면서, 실현에 이르지 못했다. 왜였을까. 제 6장에서 본 바와 같이 복귀 직후

본토기업의 토지 매점과 지가 상승은 사회문제가 되어갔다. 토지 브로커의 암약은 모토부 반도~북부~중남부~인근 섬들에 걸쳐 있고, 본토기업에 대한 현민의 불신감은 높아져갔다. 그 중에서도 모토부 정의 박람회장 예정지에서는 인공해변의 매립 예정에 대해 '자연의 '미'를 훼손한다'는 반대의 목소리가 높아갔다. 이는 앞서 언급한 해양 리조트 개발의 이념과는 완전히 반대로 가는 움직임이었다.

원래부터 본토기업의 활동 전체가 투기 목적의 토지 구매나 환경 파괴는 아니었을 것이다. 오히려 여가개발센터는 악질적인 업자를 단속하고, 질서 있는 계획적인 개발을 진행하기 위해서도 공사설립을 서둘러야 한다고 주장하고 있었다. 하지만 1973년에는 이미 상황이 곤란해졌다. 해양박람회만으로도 반대여론이 높아지고 있는 상황에서 모토부 반도 전체를 대규모로 개발하는 리조트 계획이나 다수의 본토기업을 끌어들이는 제 3섹터는 추진하기에는 어렵게 되었던 것이다. 지지모체인 혁신여당의 다수가 반대하는 상황에서, 야라 지사는 설득을 단념했다. 제 3섹터를 포기하고 해양박람회만을 사수하는 선택을 취했던 것이다.

이러한 결과에는 통산성·여가개발센터·해양박람회협회·본토기업도 커다란 충격을 받았다. 현은 조속히 대안으로 오키나와 현 리조트 개발공사의 설립을 결정했다. 설립주체는 현과 지역의 3개 시정촌이었다. 국가와 민간 기업을 제외한 형태로 사업내용도 대폭 축소되었다.

여가개발센터의 거대한 구상은 결국 '그림의 떡'으로 끝났다.

그 배경에는 복귀 후 오키나와에서 본토기업에 대한 불신의 급속한 고양이 자리하고 있었다. 이 시기의 제 3섹터 반대론의 특징은 '본토기업'을 단일한 고정적인 이미지로 포착하면서, 이들을 〈현민〉에게 있어 적대해야 할 〈악〉인 것처럼 설정했다는 것이다.

부지 이용문제를 둘러싼 논란

리조트 지대 계획은 지나치게 장대한 것이어서 복귀 후 혼란의 와중에 있던 오키나와에 도입하기에는 시기상조였고, 그 이념도 현민의 생활감각과는 동떨어진 것이어서, 실행에 옮기기에는 비현실적인 것이었다. 공사公社의 규모 축소도 어쩔 수 없는 궤도수정이라고 할 수 있었다. 하지만 관계자들 사이에는 좌절의 상처가 남았다. 아직 해양박람회가 열리기 전 해인 1974년 포스트 해양박람회의 문제로 집요하게 달려간 것은 그 영향도 있었다. 현은 본토기업을 단속해서 개발의 〈주체성〉을 떠맡는 한편 책임을 졌다.

해양박람회는 일회성의 축제가 아니라 어디까지나 이후 오키나와 관광개발의 기폭제로 생각되고 있었다. 회장 부지는 모토부 반도 리조트 지역의 거점으로서, 더욱이 모토부 반도는 오키나와 전역의 관광개발의 거점으로서 고려되었다. 해양박람회회장은 관광 리조트화의 태풍의 눈이 되고 있었던 것이다. 따라서 포스트 해양박람회 논의의 최대 초점은 부지시설·부지이용의 문제였다.

하지만 본토기업이나 정부의 개입도 막은 채 현이 주도권을 고집하고 있는 상황에서 최대의 문제는 자금부족이었다. 리조트 개발 공사를 위한 출자액 10억 엔 자체가 조달 곤란한 상황에서, 더구나 아쿠아폴리스나 수족관 등의 부지 시설의 이용에 있어 유지경영비만도 막대했다. 현과 시정촌만으로는 도저히 무리였던 것이다. 현은 결국 국가에 의뢰하는 방향으로 기울었고, 회장부지는 국립기념공원이 되었다. 이 권한 위탁의 프로세스 속에서 국가는 현을 대신해서 주도권을 장악해간다. 현 내 각계로부터는 현에 대한 비판이 집중되었다.

제 3섹터 구상에서 부지이용문제까지 오키나와 현청, 특히 야라 지사는 시종 궁색한 입장에 처해 있었다. 현 내의 여야당이나 매스컴, 운동단체로부터의 압력에 눌려, 〈주도권〉을 모색하려고 하면 할수록 자금 · 인재 · 노하우의 부족 때문에 사태를 악화시켜, 한층 비판이 증폭되는 결과를 초래한 것이다. '현', '현민'의 〈주체성〉, 〈주도권〉의 환상 때문에 정부의 거대개발노선에 거리를 두고 본토기업과의 협력관계를 단절하게 되었지만, 결국은 거액의 자금의 필요 때문에 최종적으로는 국가에 회장 부지와 그 운영을 내어주게 된 것이다. 사회학자인 미타 무네스케見田宗介의 시점을 빌린다면, '~로부터의 소외' 앞에는 우선 '~에 대한 소외'라는 프로세스가 있다고 한다. 오키나와 현의 해양박람회 부지 이용을 둘러싼 논란은 〈주도권〉의 신화에 대한 소외에서 비롯한 궁색한 프로세스이기도 했다.

1976년 8월 국영 오키나와해양박람회 기념공원이 드디어 문을 열었다. '태양과 꽃과 바다'를 테마로 모토부 반도의 바다와 조화를 도모해가면서, 국내 최대의 아열대공원으로서 정비되었다. 우여곡절을 거쳐 해양박람회회장은 회기 후에도 〈아열대〉와 〈바다〉의 테마파크로서 옷을 바꿔 입었다. 이 테마 공간을 이미 지상의 거점으로 해서 북부의 관광개발, 나아가 오키나와 전역의 관광 리조트화가 추진되어 간다. 그 배경에는 이상과 같은 정치경제적인 줄다리기가 있었다.

6. 포스트 해양박람회에서 오키나와 캠페인으로

관광 오키나와를 향한 성스러운 축제로서의 해양박람회

1976년 해양박람회 폐막 후 오키나와는 관광업계를 중심으로 심각한 반동 불황에 직면했다. 호텔의 가동률은 태반이 20%에 못 미쳐(10% 이하도 다수), 전폐업자도 속출했다.

하지만 이 가동률 자체에 숫자의 트릭이 있다. 폐회 직후에도 오키나와에 오는 관광객은 하루 평균 2000명이 조금 못 미치는 정도였다. 방문객 수 자체는 2년 전, 1년 전의 동 시기와 다르지 않다. 회기 중의 하루 평균 7000명과 비교하면 3분의 1이지만, 해양박람회의 기간 자체가 특별한 것이며, 그 전후인 1974년과 1976년에는 오히려 뚜렷한 증가세였기 때문이다.

무엇보다도 이러한 회기 직후의 관광객 수 격감이 현 내에 동요를 초래한 것은 사실이다. 단기간에 현민 여론의 주도적 상황도 숙박시설의 객관적 상황도, 이 격감을 '위기'로 생각할 정도로 변하고 있었다. 해양박람회를 통해 오키나와의 숙박시설이나 수송수단은 4배 이상으로 부풀어 올랐다. 그러한 신설 인프라 자체의 크기 때문에 호텔 가동률 20% 이하라는 숫자가 나오자 해양박람회의 '후유증'으로 생각되었던 것이다.

사람들은 바야흐로 해양박람회를 위해 구축된 틀에 따라 그 후의 관광 산업의 상황을 이미지화하고 있었다. 해양박람회와 맞물려 대규모의 관광 인프라가 정비되었기 때문이다. 해양박람회야말로 이후의 관광입현·오키나와의 기반을 만들고, 방향성을 부여하는 계기가 되었다.

해양박람회 직후의 상황은 실로, 축제적인 비일상이 일상화되어가는 프로세스이다. 사회학자 뒤르켐의 시점을 빌린다면, 축제는 사회를 활성화시키고, 새롭게 방향성을 부여하는 기능을 갖는다. 명백히 해양박람회를 전후로 오키나와의 관광산업이나 사람들의 의식이 크게 변화하고 있었다. 해양박람회라고 하는 성스러운 축제의 농밀한 기간이 그 후의 관광 오키나와의 일상을 산출하고, 새롭게 방향성을 부여했던 것이다. 이 비일상으로부터 일상으로, 〈성스러움〉에서 〈세속〉으로 모드를 전환할 때 느껴지는 격차야말로 해양박람회의 '후유증'으로 지각되었다. 그렇게 느끼는 사람들도 이미 해양박람회가 쌓아올린 관광 오키나와의 틀 내부에 있었던 것에 지나지 않는다.

반동 불황에서 개시된 오키나와 캠페인: '오키나와를 팔자'

오키나와 관광 캠페인은 해양박람회의 반동 불황에 대응하는

가운데 만들어졌다. 현 내의 관광 관계자가 진지하게 '관광 오키
나와의 판로를 넓힌' 것은 이때부터이다. 물론 그들은 1960년대
부터 계속해서 관광 진흥을 위해 열심히 일해왔지만, 전적 참배
나 수입품 쇼핑, 그리고 해양박람회라는 외생적인 요인에 주로
의존하고 있었다. 하지만 해양박람회 불황을 계기로 관광 오키
나와의 선전 부족을 자각하면서, 대대적인 캠페인에 의해 오키
나와 관광에 대한 필요를 스스로 창출하고 그 때부터 관광객을
적극적으로 불러 모으는 방향성이 주류가 된 것이다.

이 흐름에 강한 임팩트를 부여한 것은 3월, 리조트 개발공사
의 의뢰를 받아 덴쓰電通가 작성한 「오키나와현 관광 진흥 종합
계획에 관한 보고서-관객 유치 프로모션을 중심으로」이다. 124

성聖과 속俗

뒤르켐이 1912년의 저작 『종교생활의 원초적 형태』에서 사용한 개념으로,
이후 사회학 · 인류학 등에 커다란 영향을 끼쳤다. 세계를 '성'과 '속'이라
는 두 영역으로 구분한 지점에서, 종교의 고유한 특질을 발견. 성스러운
것은 일상생활의 세속적인 것으로부터 떨어져 있다. '선-악'은 상대적인
차이이지만, '성-속'은 절대적으로 이질적이다. 뒤르켐은 이 책에서 '종교
의 사회성'과 동시에 '사회의 종교성'을 지적했다. 종교나 환상은 현실 사
회에 뿌리를 내린 것이다. 이러한 관점은 이후 사회학에 계승되었고, 종
교 이외의 현상에도 응용되고 있다. '성-속' 도식은 '비일상-일상'의 분석
으로, 종교적 의례의 연구는 축제 이벤트(올림픽 · 만국박람회 · 정상회담
등)의 연구로. 비일상적인 장에서 시각화되고, 이야기되는 표상은 사회의
일상에 대해서도 강대한 영향력을 갖는다. 이 책도 박람회라는 비일상적
이벤트가 복귀 후 오키나와의 일상에 어떠한 방향성을 부여해가는가를 생
각하면서 '성과 속'이라는 관점에서 많은 시사점을 얻고 있다.

페이지에 달하는 보고서는 상세하고 구체적인 제안을 하고 있었다. 오키나와 관광에 관해 지금까지 정리된 프로모션 구상이 나온 것은 처음이었다.

자치체의 관광 진흥책에 광고대리점이 협력을 의뢰받고 참여한 것이었다. 모색되었던 것은 '오키나와 팔기', '지역 팔기' 선전 전략의 방향성이다. 보고서는 관민 합동의 관광 캠페인을 목표로 하고 있었다. 앞서 서술한 제 3섹터나 부지 이용의 문제에 있어서도 심할 정도로 민간기업, 특히 본토기업이 경원시되었던 것이, 불과 1, 2년 후의 오키나와 캠페인에서는 현이 민간기업과의 협력 체제를 구축하는 것이 자명한 전제가 되어, 이후에는 전적으로 받아들여진다.

〈현민〉의 주체화와 역사·문화의 활용

덴쓰는 관광 진흥에는 현민 전체의 협력이 필요하다고 하면서 관광 관계자만이 아닌, 일반 현민의 의식 향상을 도모했다. 단 '관광입현'이라고 하는 표현은 현민과 관광객 사이에 보이지 않는 벽을 만드는 위험이 있기 때문에 현민을 향해서는 '오키나와의 역사와 문화'를 내세우는 편이 좋다는 것이 덴쓰의 입장이었다. 현민이 긍지를 가지고 있으면 관광객을 따뜻하게 맞이하는 효과를 만들어낼 수 있다는 생각에서다.

이렇게 유치 프로모션에서는 일반 현민의 동원도 명확히 의식되고 있었다. 결국 오키나와 캠페인이란 단순히 현 바깥의 관광객을 향해 이루어지는 것만은 아니었다. 그것은 동시에 오키나와 현민에 대해서도 작동하는 것으로, 〈현민〉의 의식을 촉진하는 캠페인이기도 했다. 그 때, 오키나와 고유의 역사·문화가 활용되고, 〈현민〉이라는 주체의 구축이 이루어져 간다.

덴쓰는 '오키나와의 역사' 개발이 필요하다는 입장이었다. 자연의 아름다움이나 남국 무드라면 다른 관광지에도 있으며, 자연을 만끽할 수 있는 시설은 아직 개발이 이루어지지 않은 상태였다. 이런 상황이라면 오히려 유적·성터·민요·축제 등 오키나와의 풍부한 역사에 관련된 관광소재를 개발하는 것이 효과적이라는 것이다.

하지만 '오키나와의 역사'에서는 전쟁도 빠뜨릴 수 없는 요소이다. 덴쓰는 오키나와전투를 어떻게 생각하고 있었을까.

"전쟁이 지나치게 강조되면, '관광객'에게 있어 즐길 수 있는 요소가 심리적으로 제한된다. 관광의 기본 테마를 '역사'에서 찾는 하나의 이유는 이러한 전적지를 역사의 흐름 속에서 객체화시켜, 보다 적극적으로 의식적으로 관광객을 끌어들이고자 하는 것에 있다. 그 때문에 태평양전쟁의 사적을 체계적으로 정비할 필요가 있다."

현민 뿐만 아니라 현 바깥의 관광객들에게도 오키나와전투는 이미 잘 알려진 사실이기 때문에 전적 관광은 필요한 요소로 존속한다. 하지만 덴쓰나 관광 관계자는, 오키나와전투의 강렬한 비극적인 이미지가 관광개발에 마이너스가 된다고 생각하고 있었다. 그래서 오키나와 〈역사〉의 전체적인 흐름을 관광객에게도 알기 쉽게 보여주면서, 그 흐름 속에서 오키나와전투를 객관적으로 자리매김할 것을 구상했던 것이다.

이러한 생각은 어디까지나 오키나와에 관광객을 유치하고자 하는 입장에서 나온 것이다. 하지만 류큐 왕조 시대로부터의 보다 긴 역사 속에 오키나와전투를 편입시키면서 실제로 덴쓰나 관광 관계자들이 추진하고 있던 것은 오키나와 역사의 재해석이자, 새로운 〈역사〉의 구축작업이었다. 오키나와전투를 '전체의 일부'로서 재배치하는 형태로, 오키나와의 전체적인 〈역사〉나 〈문화〉를 테마화하고, 관광의 대상(=객체)으로 시각화한 것이다.

그래서 중요한 것은 이 〈역사〉와 〈문화〉의 테마화에 관광객보다 우선해서 오키나와 현민이 교육을 받아야 한다는 것이었다. 덴쓰는 현민 의식을 높이는 대책으로서 다음과 같이 말한다.

"관광현 오키나와의 현민으로서, 오키나와의 역사와 문화 안에서 육성된 오키나와의 장점을 생각하고, 아울러 '오키나와의 마음'을 재인식시키는 것을, 일반 현민 대책의 축으로서 장려한다."

오키나와의 〈역사〉와 〈문화〉를 이해하는 데서 애착심이 생기고, '오키나와의 마음'에 대한 재인식이 촉진된다. 거기서 관광객을 환대하는 마음도 길러진다는 것이다. 구체적으로는 작가 오시로 다쓰히로 등의 협력을 얻어 관광 오키나와를 광고하는 것이나 전통문화의 소개 등을 제안하고 있다.

이처럼 오키나와 캠페인에는 오키나와의 〈역사〉, 〈문화〉나 〈현민〉을 관광 진흥에 적합한 형태로 재편성하고자 하는 지향성이 포함되어 있었다. 단순히 지금 있는 그대로의 오키나와를 바깥을 향해 어필하는 것이 아니라 연출된 이미지에 더해 새롭게 〈오키나와〉를 구축해가는 현 내부를 향한 능동적인 기능도 가지고 있었던 것이다.

물론 이러한 지향성은 현민의 의식을 크게 변화시키는 강제력을 갖는 데까지는 이르지 못했다. 하지만 당시 오키나와가 관광이나 관광객에 대한 이해도가 낮고 친절함이나 서비스가 결여되어 있다는 소문이 나 있는 상황에서, 오키나와 캠페인이 등장했다. 그것은 명백히 현민에게 있어 새로운 환경을 형성하는 동기가 되고, 〈현민〉으로서 호소하는 것이었다. 이러한 의미에서 일정한 조건을 만드는 효력을 갖고 있었던 것도 분명하다.

오키나와 판 디스커버 저팬으로서의 '판타지아 오키나와'

한편, 덴쓰는 관광객에 대해서는 어떻게 손을 쓰고자 했을까. 포트스 해양박람회의 오키나와 관광의 주류를 이룬 관광객은 학생이나 신혼부부 등, 20대 전후반의 젊은이들이 중심이었다. 이는 제 1장에서 본 '디스커버 저팬' 캠페인과도 연동한다. 전국적인 경향도 있어서, 오키나와 캠페인도 이 세대 층을 주 대상으로 해야 한다고 생각한 것이다.

덴쓰는 젊은이들이 여행할 때의 공통의식은 '자신이 그 장의 주인공이 되고 싶은' 것이라고 지적한다. 덴쓰가 고안한 '디스커버 저팬'이 성공한 것도 그것을 관통하고 있었기 때문이다. '주인공'이 되고자 하는 욕구는 단순히 아름다운 경치나 진기한 장소를 보는 것만으로는 충족되지 않으며, 그 풍경이나 장소와 관광객이 어떠한 '관계'를 맺는가 하는 것이다. 연출 · 서비스 면에서의 의미 부여가 필요하다는 것이다. 오키나와 관광도 푸른 바다 · 빛나는 태양 · 산호초나 역사 · 문화라는 소재만으로는 부족하며, 이 소재들과 관광객의 '관계'를 만들어내는 것이 필요하다. 관광객이 그것들을 보고, 무엇인가를 '발견하는discover' 구도를 삽입하는 것이다. 이를 통해 관광객은 여행의 주역으로서 〈자신〉을 발견하는 로망을 충족하게 된다.

이러한 연출효과를 노린 덴쓰는 '판타지아 오키나와'라는 기본개념을 설정한다. 이 표현으로부터는 꿈 · 공상 · 로망 · 모험 · 비일상성 · 설화의 고장 · 다채로운 색 등, 다수의 이미지가 연상된다. 이들 이미지군은 관광객들에게는 막연함과 함께 무엇인가가 일어날 것 같은 기대감으로 연결된다. 보는 입장에서 연기하는 입장으로 여행의 이미지가 변화한다. 이러한 효과는 젊은이들을 대상으로 하면서 다른 연령층에게도 확산되는 것이다.

또한 '판타지아 오키나와'는 '관광 상품'으로서의 오키나와 이미지를 통일하는 효과도 발휘한다. 예를 들어, '판타지 명승 코스', '~미래 코스', '~전통 코스' 등 코스의 명칭에 따라 코스 전체를 통일할 수 있고 연출 · 서비스 면에서도 도움이 될 수 있다. 또한 '판타지아 ~마쓰리'와 같이 관광 이벤트도 이러한 기본개념과 만날 수 있다. 더욱이 여행회사나 항공회사도 '판타지아 오키나와'를 사용한다면 선전효과를 높일 수 있다.

'판타지아 오키나와'는 실로 '오키나와판 디스커버 저팬'이었다. 이는 이미지의 〈오키나와〉를 오키나와의 공간에 덧씌워 새로운 환경을 창출해가는 철저한 이미지 전략이었다. 바야흐로 〈오키나와〉는 여행상품으로서의 브랜드화를 추진하고 있었던 것이다.

이미지 준거에 의한 〈현민〉의 구축

이상과 같은 덴쓰의 견해를 기초로, 현 내의 관광 관계자들은 정력적으로 오키나와 캠페인을 발전시켜 간다. 관광 선전대가 본토에 파견되고, 수학여행이나 컨벤션 투어의 유치도 시작되었다. 또한 택시 운전사의 잘못된 언어 사용이 문제가 되어 강습회가 열리기도 했다.

1976년 12월, 오키나와현 경영자 협회의 청년경영자부회가 제시한 '오키나와현 관광 진흥을 위한 제언: 당면 위기를 극복하기 위하여'는 당시 현 내의 관광 진흥의 분위기를 대표하고 있다.

"전 현민이 관광입현에 철저한 사명의식을 갖고, 다시금 **마음 속 깊숙한 곳에서 샘솟듯** '멘소레'(メンソーれ '어서 오세요'라는 뜻의 오키나와 방언)라는 인사로 관광객을 따뜻하게 맞이해야 한다. 아름다운 자연, 전통의 문화유산을 아무리 자랑해도, 관광객들이 따뜻한 마음을 느끼지 못하는 한, 관광객이 자연의 아름다움이나 풍요로운 문화에 깊은 이해와 우정을 느꼈다고

할 수는 없다. 하와이의 알로하처럼, 오키나와에서는 멘소레가 국제관광지로서의 <u>밝은 이미지 만들기에 연결될 것이다.</u> 전원이 참가해서 이 운동을 전개하자."

현민에 대한 오키나와 캠페인의 지향성은 덴쓰만이 아니라, 현 내의 관계자들 사이에도 높아져갔다. '관광입현' 무드에 전 현민을 끌어들여, 전체 현이 함께 하는 태세를 만들고자 한다. 그때의 상징이 '멘소레'이며 하와이의 '알로하'와 똑같이 밝은 오키나와 이미지를 창출하는 역할을 부여한다. 그리고 '멘소레'가 현민의 '마음 깊숙한 곳에서 샘솟을 때' 그러한 〈현민〉상, 바로 그것이 이 밝은 이미지로부터 도출된다.

즉 이미 이 시기, 오키나와의 현실에 부합하는 이미지가 그려지는 것이 아니라, 반대로 관광 진흥에 적합한 〈오키나와〉 이미지로부터 현실의 〈현민〉을 구축해가는 것과 같은 사태가 발생하기 시작했다. 현실준거로부터 이미지준거로의 이행이다. '멘소레'는 밝은 〈오키나와〉나 〈현민〉을 내세우기 위한 연출 장치로서 기능하고 있었던 것이다.

물론 앞서도 서술했지만, 이러한 멘소레 운동은 현민에 대해 강한 강제력을 가지고 있지는 않다. 하지만 그것은 명백히 항상적인 "호소"의 환경을 형성해간다. 그것은 관광입현에 적합한 오키나와 이미지나 〈현민〉 상을 실제의 현민에게 **모델로서** 제시한다. 그러한 〈오키나와〉 이미지나 〈현민〉 상은 '관광객'이라고 하는 〈타자〉를 매개로 해서 내세워진 것이지만, 이제는 현민도

〈오키나와〉 이미지나 〈현민〉 상과의 관계성 속에서, 스스로의 존재나 활동을 사고하게 되기 시작한 것이다.

캠페인적 리얼리티의 침투

그렇다면 오키나와 캠페인 속에서 오키나와 관광은 어떠한 변용을 이루어간 것일까. 반동 불황으로 떠들썩하던 1976년이 었지만, 실은 해양박람회의 회기 직후부터 게라마 제도의 도카시키섬渡嘉敷島, 자마미섬座間味島, 야에야마의 이시가키섬石垣島, 다케토미섬竹富島, 이리오모테섬西表島 등, 인근 섬들 관광은 이미 붐을 맞이하고 있었다. 주된 고객층은 대학생과 신혼부부였다. 이 중에서 해양박람회 시기에는 비용이 지나치게 비싸서 혹은 혼잡을 피해서 오키나와 여행을 보류한 사람이나, 해양박람회 시기에 오키나와가 마음에 들어 두 번째 여행은 인근 섬들로 눈을 돌린 사람들도 있었다. 포스트 해양박람회의 오키나와 붐은 인근 섬들에서 시작되었다. 8월의 오키나와 관광객은 약 12만에 달했고, 그 결과 반동불황으로부터 탈출했다. 겨울에 들어서자 '따뜻한 오키나와에서 새해를'이라는 캐치프레이즈로 연말연시의 대기업 호텔은 예약으로 만실이 된다.

붐이 가속화되는 가운데, 현 내에서는 '문화촌'의 건설 등을 통해 문화와 관광을 결합시켜야 한다는 강한 요망이 나오기 시작했다. 관광화로 경제면만이 중시되는 것이 아니라 오키나와의 자연·풍토·역사·문화가 갖는 특성을 관광자원으로 자리 매겨야 한다는 주장이다. 이는 관광으로 오키나와의 표층적인 부분만이 보이는 것에 대한 아이덴티티의 위기감 표명이기도 했다. 하지만 그 방향은 발언자의 의도와는 달리, 전통문화의 영역에도 관광의 시선과 캠페인적 리얼리티를 침투시켜 그 성질을 변용시키는 결과가 된다. 에이사나 하리(하류센爬竜船 경주) 등, 지역에 뿌리를 둔 많은 전통행사가 관광 이벤트로서 역할이 더해져 원형과 그 모습이 달라지는 것도 어쩔 수 없게 되었다.

제 1차 · 제 2차 산업이 관광 오키나와의 이미지로 변해가는 국면도 간과할 수 없다. '현산품'이 〈오키나와〉나 〈아열대〉의 이미지를 걸치면서 브랜드화되어 간다. 히비스커스나 부겐빌리아 등 관상용의 열대 식물이 본토에 출하되어 높은 인기를 누린다. 이러한 열대식물은 오키나와의 도로변에도 심어져 로드 파크의 구성요소가 된다. 오키나와 파인애플도 관광 오키나와의 〈아열대〉 이미지에 가세된다. 야채나 화초의 생산도 아열대성의 기후를 살려 본토의 수확기와 시기를 달리 해서 출하가 가능하며, 그것이 또한 아열대 오키나와의 브랜드 만들기와 연동해간다. 류큐 명주 · 빈가타(紅型 오키나와의 전통적인 제염기법으로 만든 옷) · 윤탄자하나우이(読谷山花織 요미탄 지역의 전통 직물) · 미야코 조후(宮古上布 미야코산 마직물) · 구메이섬 명주 · 야에야마 민사 직물ミンサー織, 오키나와 전통그릇壺屋焼 등 전통공예가 국가 진흥사업으로 지정된 영향도 컸다. 전통공예의 부흥은 관광 토산품의 개발과 밀접한 관련이 있다.

한편 '오키나와의 맛'을 개척하는 작업도 병행되었다. '오키나와 소바'는 관광객들 사이에 조용한 붐을 일으키기 시작했다. '사누키

우동', '삿포로 라멘' 등 전국의 이름 높은 면류와 나란히 "명산"으로 이름을 올리기 위해 오키나와 소바의 규격화도 진행되고 있었다. 오키나와 도넛サーターアンダーぎ이나 파파야ポーポ 등의 전통과자도 관광 진흥의 일환으로 현 바깥으로의 보급이 도모되었다.

이처럼 관광 오키나와의 캠페인적 리얼리티는 관광 이외의 산업에도 파급·침투해간다. 그것은 관광산업 자체가 종합산업으로서의 특징을 가지며, 다른 산업과 밀접히 연관하는 것이기 때문이기도 하다. 이러한 캠페인적 리얼리티의 침투 속에서 〈오키나와〉나 〈아열대〉 이미지도 증폭되고 확대된것이다.

항공회사의 오키나와 캠페인:
〈푸른 바다, 하얀 백사장, 비키니를 입은 여성〉의 의미

이상의 흐름을 계승하면서, 1977년부터 1979년에 걸쳐 관광객의 비약적 신장에 커다란 영향을 끼친 것은 항공회사의 대규모 오키나와 캠페인이다. 전일본공수ANA와 일본항공JAL의 캠페인이 젊은이들의 마음을 사로잡으면서 항공기 이용 관광객수를 증대시켰다.

다음 페이지의 사진들은 1970년대~1980년대 초 ANA의 오키나와 캠페인 포스터의 변천이다. ANA는 복귀 직후부터 도쿄-오키나와 편의 취항과 함께, '반짝반짝 오키나와' 캠페인을 개시했다. 상단 좌측은 1973년판으로, 〈푸른 하늘, 푸른 바다〉를 젊은 여성이 활기차게 걷고 있다. 그 우측 1975년의 '해양박람회 반짝반짝 투어'까지는 새로운 국내의 관광지 오키나와의

전일본공수ANA의 오키나와 캠페인 포스터

인지도를 높이고 이벤트로의 유치를 도모하는 단계였다. 1977년 4월, '단체포괄할인 GIT'가 오키나와 항공편에 도입되어, ANA와 JAL이 본격적인 오키나와 캠페인을 개시한 그 결과, 관광객 수는 비약적으로 늘어났다. 상단 3번째 사진은 '오키나왓ぉぉきぃ なぁウッ'이다. 에메랄드그린의 바다에 빛나는 비키니 차림의 여성이 포즈를 취하고 있다. 1978년에는 '트로피컬 오키나와' 캠페인이 개시되었다. 캐치프레이즈는 '작열하는 오키나와'. 이하 1979년 '일관하는 벌거벗음, 맛쿠로네시안(새까만 + 미크로네시아의 합성어)', 1981년 '공주님의 여름 오키나와' 캠페인의 '프린프린ㆍ프린세스', 1982년 '턱시도 바디, 여행'과, 〈푸른 바다, 하얀 백사장, 비키니 여성〉이라는 이미지의 3종의 신기가 정착되었다.

같은 시기의 JAL도 동일한 경향이다.

이들 캠페인은 앞서 서술한 덴쓰의 '판타지아 오키나와'의 기본개념과도 부합한다. 즉 '자신들이 그 장소의 주인공이 되고 싶다'는 젊은이들의 욕망이나 환상과 연동하고 있는 것이다. 오키나와의 〈푸른 바다, 빛나는 태양, 하얀 백사장〉이 아무리 아름답다 해도 그것을 단순히 보는 것만으로는 만족할 수 없다. 거기에 비키니 여성이 녹아들어 있는 것에 의해 오키나와 바다의 장면은 하나의 '무대'로 화하고, 자신들은 거기서 연기하는 주인공으로 변한다. 푸르른 바다를 배경색으로 하면서, 눈부신 태양이 내리 쬐이는 하얀 백사장과 알맞게 그을린 건강한 여성이 실로 대조를 이루어 자신들의 이야기를 연출하고 있는 것이다.

캠페인 측이 노리고 있는 것은 명확히 포스터를 보는 사람 자신의 이미지를 환기하는 효과이다. '오키나와에 가면, 무슨 특별한 일이 일어날지도 모른다'. 비키니의 여성은 남성에 대해서도 여성에 대해서도 그러한 막연한 미래에 대한 기대·환상을 고양시킨다.

그 때 오키나와 이미지로서 전면에 내세워지는 것은 무엇인가. 〈바다〉와 〈아열대〉이다. 〈푸른 바다〉를 장면으로 설정하면

KEY WORD

단체포괄할인 GIT
패키지 투어 속에 단독으로 항공권을 구입하는 경우보다 싼 항공 운임을 설정하는 제도. 항공회사와 여행업자 사이에 요금이 설정되기 때문에 이용객에게는 그 가격을 알 수 없는 구조로 되어 있다.

서 '반짝반짝', '작열하는', '구운 빵같이 그을린 아가씨', '맛쿠로 네시아인'은 명백하게 강한 태양빛이 내리비치는 〈아열대〉를 나타내고 있다.

이 시기, 글래머러스한 비키니 차림 여성을 등장시킨 것에 대해 ANA 선전 판촉부 담당자는 쇼난湘南 해안에는 없는 바다의 매력을 어필하는 데는 일본인과 동떨어진 피부의 모델이 필요했기 때문이라고 말했다. 쇼난의 바다에서 느낄 수 있는 것이라면 일부러 오키나와에 갈 필요는 없을 것이다. 비키니 차림 여성의 알맞게 그을린 섹시한 신체가 이화작용을 내뿜으면서 저 머나먼 남국의 아열대가 아니고는 없는 아름다움을 증명한다. '일본인과는 동떨어진' 모델의 피부는 〈일본 안에 있으면서도 이질적인 아열대로서의 오키나와〉를 상징적으로 표현하는 기능을 하고 있다.

그런데 〈바다〉, 〈아열대〉의 오키나와 이미지는 해양성의 테마 세계와도 겹친다. 표현 형태는 다르지만, 포스트 해양박람회로부터 이어지는 오키나와 캠페인이 훌륭하게 해양박람회의 테마 세계를 다시 구축하고 있다. 그것은 미적인 이미지에 부합해서 현실을 바꾸어가는 미적 재귀성이 한층 철저해지는 사태이다. 바야흐로 〈바다〉와 〈아열대〉로 대표되는 오키나와 이미지가 관광입현 오키나와의 경제적으로 물질적인 현실을 구축해가는 단계에 들어서고 있었다. 이는 캠페인적 리얼리티의 침투이자, 해양박람회회장 안으로 패키지화되고 있던 박람회적인 리얼리티가 오키나와 전역을 감싸는 프로세스이기도 했다.

'현장·실천'과 '연구·학문'

'오키나와 경제를 발전시키려면 어떻게 하면 좋을까', '좀 더 많은 관광객을 확보하기 위해서는 어떻게 하면 좋을까', '오키나와를 위해 도움이 되는 것은 무엇일까', '기지 현실을 바꾸기 위해서는 무엇을 하면 좋을까'. 오키나와에 한정하지 않고 다른 장소로 바꿔도 좋다. 어찌됐건 매우 긴요한 물음이다. 이러한 실천적인 기대감을 품고 페이지를 넘겨온 분들에게 이 책의 결론은 아무래도 이러한 물음과는 동떨어져 버린 듯이 생각될 지도 모른다. 많은 사람들은, 그리고 나 역시 자신이 처한 특정한 장 속에서 절박한 현실에 내몰린 채 나름의 이해나 관심을 가지고 일상을 살아가고 있다. 따라서 '현실에 도움이 되는 것', '현실을 변화시키는 것'은 확실히 중요하다고 생각한다.

하지만 조금만 기다렸으면 한다. 소중한 것은 과연 그것뿐일까. 오히려 지금 또 하나 절실히 요청되는 것은 이러한 위기적 상황에 처해 있기 때문에 차분하고 냉정하게 '현실을 직시하고, 해석하고, '생각하는' 것이 아닐까. 눈앞에 있는 복잡한 현실이 왜 어떻게 해서 이렇게 된 것일까. 그 구조나 과정을 알고 분석해가는 것은 실천적 차원에서도 필요불가결하며, 분명히 많은 힌트와 지침을 제공해줄 것이다.

일종의 현장지상주의·실천지상주의는 '즉시는 도움이 되지 않는' 학문적 연구를 비난하는 반지성주의와 결합되기 쉽다. 거기서는 '현장'과 '연구', '실천'과 '학문'은 대립되는 것으로, 암묵적으로 상정된다. 이러한 이자택일의 발상은 널리 침투해 있고 꽤 강고하지만, 잘 생각해보면 상당히 의심스러운 측면이 있다.

현장이나 실천이 중요하다고 해서 연구나 학문이 불필요하지는 않을 것이다. 오히려 '현장·실천'과 '연구·학문'은 양립할 수 있다. 각각의 역할이 있기 때문에 반드시 한 쪽을 긍정하고, 다른 한쪽을 부정할 필연성은 없는 것이다. 애초에 연구나 학문도, 그 자체가 다양한 문제나 정치성을 내포하고 있는 하나의 현장이자 실천이다. '현장·실천'과 '연구·학문'을 이항대립으로 파악하는 발상 그 자체를 일단 의심해보았으면 한다.

탈영역적인 앎

'도움이 되는 것·실천이 필요하다'는 필요조건과 '도움이 되는 것·실천을 하기만 하면 좋다'는 충분조건은 서로 다르다. 하지만 예를 들어 '경제를 잘 발전시키는 것·관광객을 유치하는 것이 급선무다'라는 필요조건으로 내걸렸을 실천은 종종 '경제가 좋아지기만 하면·관광객을 유치하기만 한다면 좋다'는 충분

조건으로 너무 쉽게 바꿔치기 되어 간다. 그 목적을 위해 업적을 수치화하는 것을 통해 순수하게 경제(학)적 행위를 특화하고, 직접적 관련이 없는 것을 잘라낸다. 이렇게 해서 '현장'에서는 '실천과 결합되지 않고' '도움이 되지 않는' 것을 생각하지 않는 식의 왜곡이 극히 평범하게 발생한다.

하지만 실제로 경제나 개발, 관광을 둘러싼 현상은 이 책에서 명백히 규명한 것처럼 정치나 사회, 문화를 둘러싼 실로 다양한 움직임과 밀접히 관련되어 있어서 반드시 경제학·경영학적인 앎으로 영역화되어 완결할 수 없는 광범위한 영역을 가지고 있다. 하지만 내가 아는 한 그러한 넓은 시점에서 현실을 보다 전체적으로 규명해주는 연구는 극히 소수이다. 경제나 개발, 관광, 나아가 오키나와를 포함한 장소·지역을 둘러싼 현실을 정치나 사회, 문화와의 관계성 속에서 가능한 한 리얼리티의 전체성에 근접시켜가면서 파악해가는 것. 이를 위해 이 책에서 나는, 비록 힘이 미약하지만, 주로 사회학과 문화연구의 입장에서 '탈영역적인 앎'을 지향하며, 복귀 후의 오키나와의 관광 리조트화와 오키나와 이미지의 탄생 과정을 규명해왔다.

'필요성'을 넘어

이러한 나의 시도가, 적어도 직접적으로는 순수한 지적 호기심에서 '알고 싶다', '이해하고 싶다', '생각하고 싶다'는 욕망에 촉발된 것이었다고 한다면 독자인 여러분들은 과연 어떻게 생각할까. 역시 '조금 더 도움이 되는 것을', '실천을' 이라고 말하고 싶어 하는 분도 계실지 모른다. 하지만 굳이 비판을 두려워하지 않고 물음을 던지면서 우리들은 종종 '도움이 되는 것', '필요성', '실천'이라는 말에 구애된 나머지, 자신의 시야나 관심의 폭을 스스로 제약해버리는 것은 아닐까. 앞서 지적한 '현장·실천'과 '연구·학문'의 이항대립에 집착한 나머지 유연한 발상이나 사고의 가능성을 잃어버리는 것은 아닐까.

애초에 '도움이 된다', '필요성'이라는 관점에서 말한다면, 이 세상은 필요하지 않은 것이나 도움이 되지 않는 것으로 넘쳐나고 있고, 또 그것은 그것대로 좋을 것이다. '문화'라는 말로 이것들을 총칭할 수 있을지 모른다(최근 문화연구가 비판받는 이유도 여기에 있는 경우가 크다). 유사 이래 인간은 '도움이 된다', '필요성'이라는 가치관에서 떠나 다양한 문화나 예술을 만들어내고, 그것들의 축적이 인간의 삶을 정신적으로 풍요로운 것으로 만들어 왔다. 학문의 영위도 이러한 행위의 일환이며, 음악이나 미술을 즐기는 것도 이와 마찬가지이며, 순수하게 '무엇인가를 알고 싶다', '이해하고 싶다', '책을 읽고 사색에 잠기고 싶다'와 같은 지적 욕구나 취미도 극히 평범하게 긍정하면 그것으로 충분하다. 최근의 대학개혁을 포함해 '도움이 된다', '필요성', '효율성'과 같은 말이 마구잡이로 현장에서 위세를 행사하는 폐색적 상황 속에서 이러한 원칙을 다시금 새로이 확인해두고 싶은 것이다.

참고로, 지금으로부터 약 100년 전, 뒤르켐이나 베버와 같은 사회학의 창시자들은 '도움이 된다', '필요성', '이익'과 같은 일련의 경제(학)적인 관점으로부터 일단 거리를 두고, 경제 이외의 측면들도 포함한 사회의 현실을 가능한 객관적으로, 그리고 냉정하게 인식하고 분석해야 함을 거듭 강조했다. 그들은 이제까지 '현실에 도움이 되는 앎'에 대해, '현실에 거리를 두고 대상화하면서 비판하고 이를 통해 이해하는 앎'이라는 또 하나의 앎의 작법을 확립하고자 했던 것이다.

간과된 역사

나 자신이 2000년에 오키나와에 살기 시작한 이래, 우선 이러한 입장에서 오키나와를 알고 싶다고 생각하면서 문헌을 찾아 읽기 시작했다. 그러자 이러한 입장에서 이루어진 연구가 생각했던 것보다 훨씬 적다는 것을 알게 되었다. 사람들의 경험에 대한 이야기나 시사적 평론, 정책 제언 등 일차자료로서 활용할 수 있는 귀중한 정보는 엄청나게 많았지만, 예를 들어 일본에 복귀한 후 오키나와의 사회·경제·문화가 어떻게 변화했는가를 체계적·객관적으로 기술하고 설명한 연구문헌은 좀처럼 눈에 띄지 않았다. 물론 참고가 되었던 연구문헌의 숫자는 많았지만, 대략 개별 전문영역의 틀 안에서 이루어진 것이어서 보다 넓게 오키나와의 사회·경제·문화가 어떻게 변화했는가를 알기 위해서는 결국 이들 문헌이나 자료를 읽으면서 스스로 현실을 잇대어 사람들의 이야기도 들어가면서, 하나하나 인식을 심화시키는 수밖에 없었던 것이다(이러한 연구의 노력은 물론 나 혼자에게만 한정된 것은 아닐 것이다).

이 책에서 지금까지 본 것처럼 일본 복귀 기념 이벤트·오키나와해양박람회는 개발 · 교통 · 관광이라는 3개의 축에서 복귀 후 오키나와의 공간적 · 경제적 리얼리티의 방향을 부여하며, 〈푸른 바다〉〈아열대〉〈문화〉라는 오키나와 이미지를 만들어내는 기폭제가 되었다는 점에서 결정적으로 중요한 의식이었다. 하지만 이제까지 해양박람회는 거의 연구의 대상이 되지 못했으며, 해양박람회에 대한 지역사회의 평가는 매우 차갑고 부정적이거나, 거의 관심도 없고 인상에 남아 있는 것도 없거나 둘 중 하나였다.

해양박람회야말로 실로 '오키나와 경제를 위해 도움이 되었는가'라는 관점에서만 논의가 이루어지고 끝나버려, 보다 넓은, 그리고 장기적인 관점에서 복귀 이후의 오키나와에 끼친 정치적 · 사회적 · 문화적 영향이라는 점에서는 본격적 · 체계적인 분석이 이루어지지 않고, 간과되어온 대상이었다. '오키나와 경제의 기폭제이기는커녕 자폭제였다.' 이러한 총괄이 정착해가고, 그 이상의 의미를 묻는 경우는 없었던 것이다. 하지만 이것은 내가 오키나와에 와서 얼마 후 개최된 2000년 규슈 · 오키나와 정상회담이 일회적으로 지역 사회를 떠들썩하게 한 후, 끝나자마자 급속히 냉각되어, 오키나와에 있어 이 행사는 무엇이었는가, 그 의미가 충분히 이야기되지 않은 채 끝났던 상황과 닮아 있다. 간과되는 것에 의해 역사는 반복되는 것일까. 만약 그렇다면, 오키나와의 지금 · 여기서부터를 걱정하면서, 새로운 이정표를 찾아가야 하는 시점에서, 1970년대의 〈복귀〉라는 격동의 시대를 깊게 되묻고, 되풀이해서 그 지점으로 되돌아가 생각하는 작업이야말로, 화려하진 않지만 지금 우리에게 요청되는 작업이라고 생각한다.

자성과 더불어 아는 것

하지만 또 하나 검토해두고 싶은 것이 있다. 왜 지금까지 오키나와에서는 해양박람회를 말하는 것에 그다지 적극적이지 않았을까. 그것은 해양박람회이야말로 복귀 후 오키나와에서 실로 강력한 〈본토화〉의 상징으로서, 현 내에서 분출한 여러 악들의 근원처럼 받아들여졌기 때문은 아닐까(제6장). 일본 정부, 본토기업, 본토로부터 온 관광객은 해양박람회를 통해 오키나와에 일거에 유입되어 압도적인 충격을 초래했다. 그러한 충격에 대한 현 내의 감정적·정서적 측면도 확실히 이해해두지 않으면 안 된다.

더욱이 그렇게 30년이 흐른 지금, 이 〈본토화〉의 장치·해양박람회에 다시 시선을 돌려 대상화하는, 본토 출신 연구자인 내 자신이 서 있다. 그러한 행위의 의미도 또한 자성적으로 되물어갈 필요가 있을 것이다. 현실을 객관적으로 파악하고자 하는 연구자도, 그 현실 속에 기능하고 있는 '오키나와/내지', '오키나와/본토'라는 구별에서 또한 자유로울 수 없다. 이것은 이전 책인 『오키나와에서 그대로 멈춰 서다沖縄に立ちすくむ』(13페이지)에서 물었던 '누가, 무엇을 위해 〈오키나와〉를 말하는가'를 둘러싼 논의와도 연결된다. 그 속에서 오키나와 소비 문제를 연구 보고한 도쿄의 젊은이들은 다소 딱한 비판을 받았지만, 중요한 것

은 그들·그녀들이 돌파구를 열어감으로써 거기서 충실한 논의가 시작되어, 오늘에 이르기까지 활발하게 계속되고 있다는 것이다. 필경, 나도 또한 이 책을 둘러싼 다양한 비판을 받게 될 것이다. 그것들을 사실로서, 가능한 냉정하게 받아내고 싶다고 생각한다. 그리고 어디까지나 그것을 통과점으로 해서 '오키나와/본토'의 도식 그 자체를 뛰어 넘고 〈오키나와〉를 둘러싼 새로운 논의와 앎의 무대를 조금이라도 열어 나가면서 장을 활성화할 수 있다면, 그 이상의 기쁨은 없을 것이다.

이미지의 시대와 로컬한 것

그런데 이 책은 오키나와를 사례로 지역 이미지의 문제를 다루었다. 글로벌화나 정보화, 관광화가 진행되는 가운데 〈로컬한 것〉의 특질은 자명하지 않게 되고, 끊임없이 새로이 만들어지는 대상이 된다. 이렇듯 거스를 수 없는 흐름 속에서 오키나와든 다른 지역이든 이미지는 점차 중요해질 것이다. 이렇게 만들어진 지역 이미지를 둘러싸고 근거 없는 환상도, 또 분노를 포함한 위화감도 표명될 것이다. 세대나 입장의 차이에 따라 '이것이 진정한 오키나와다/아니다'와 같은 진정한 〈오키나와〉상을 둘러싼 대립이나 교섭도 계속 전개될 것이다.

하나 말할 수 있는 것은, 우리들은 이후에도 이러한 이미지를 둘러싼 현실에서 이제는 벗어날 수 없다는 것이다. 이미지의 원환, 소비사회의 원환의 바깥에, 자신의 이야기만이 빠져나가는 것은 불가능하다. 오히려 그 원환의 내부에 머무르면서 이러한 이미지적 현실과 어떻게 친숙해질 것인가라는 물음을 던져야 할 것이다. 예를 들어 현실을 단순화하는 이미지, 은폐하는 이미지에 위화감을 가지게 됐다면, 대안으로서 보다 복잡하면서 리얼한 이미지를 어떻게 대치할 수 있는가를 물어야 할 것이다.

마지막으로 오키나와 해양박람회는 도쿄올림픽과 오사카만국박람회라는 고도성장기 일본의 내셔널한 꿈을 복귀 후 오키나와에서 이어가고자 한 것이기도 했다. 본토와 오키나와의 이러한 내셔널한 기억을 연결해가면서, 보다 거대한 흐름 속에서 이해해가는 것도 이 책의 목표 중 하나였다. 이 흐름의 앞에는 2005년 3월에 개최되는 아이치 만국박람회·사랑·지구박람회가 있다. 지금 보면 시대에 뒤쳐진 것처럼 보이는 이 만국박람회는 도대체 어떠한 의미를 갖고, 어떠한 문제의식을 내포하고 있는 것일까. 그 동향을 지켜보고 생각해 가는데 있어 이 책의 식견을 조금이라도 활용해준다면 더할 나위 없는 기쁨이겠다.

　내 자신이 오키나와와 처음 관계를 맺은 것은 1996년 류큐대학에서 개최된 일본사회학 대회에 참가했을 때였다. 부끄러운 사적 이야기지만 당시 스물여섯의 내가 그 때 학회발표를 한 것도 역시 '저 남쪽의 아열대' 오키나와에 여행하고 싶었기 때문이었다. 그러던 내가 몇 년 후, 이렇게 오키나와에서 일하고 생활하면서 이 책을 쓰기에 이르렀다. 이것은 당시로서는 전혀 예상할 수 없는 전개였다. 그 때 현재의 동료들이 학회의 주최 운영에 바쁘게 움직이고 있을 때, 나는 이국적인 동경의 시선으로 〈오키나와〉를 찾아 왔던 것이다.

　이 책은 나의 첫 번째 단저이다. 이 책이 모습을 갖추기까지는 실로 많은 분들로부터 도움을 받았다. 우선 와세다대학 대학원 시절의 지도교관 사토 요시유키佐藤慶幸 선생에게는 사회학의 연구 측면뿐만 아니라, 인격 형성의 면에서도 많은 가르침을 받았다. 선생의 따뜻하면서 대범한 인품은 연구 면에서도 교육 면에서도 배워나가고 싶다고 항상 생각하고 있다.

　류큐대학 법문학부 인간과학과 사회학 전공 사회학 코스의 스탭인 안도 요시미安藤由美 씨, 스즈키 노리유키鈴木規之 씨, 노이리 나오미野入直美 씨는 2000년부터 가장 일상적으로 도움을 받고 있는 분들이다. 그들의 이해와 협력이 없었다면 이 책도 결실을 맺기 어려웠을 것이다. 또한 '모더니티의 독서회'의 다나카 야스히로田中康博 씨, 하세가와 유長谷川裕 씨와의 열띠고 농밀한 논의도, 이 책의 이론적 기초를 만들어내 주었다.

2003년부터 시작된 컬추럴 타이푼은 내 인생을 크게 바꿀 정도로 극적인 충격을 주었다. 이 책의 편집은 2004년 〈컬추럴 타이푼 2004 in 오키나와〉의 개최준비와 동시병행으로 이루어졌고, 나는 그 실행위원장을 맡았다. 다나카 야스히로 씨, 구마다 스스무久万田普 씨, 나카자토 이사오仲里効 씨, 오고 타로大胡太郎 씨, 신조 이쿠오新城郁夫 씨, 그리고 학생 · OB의 실행위원회의 모든 분들과 힘을 합해 성공적인 행사를 치를 수 있었다. 이 장을 빌려 신세를 진 모든 분들에게 마음으로부터 감사를 드리고 싶다. 또한 행사를 함께 치른 15명의 운영위원회 여러분들의 지지는 매우 강력한 것이었고, 또 많은 도움을 입었다. 특히 2003년 오키나와 세션을 중심으로 정리한 『오키나와에서 그대로 멈춰 서다』에서 함께 작업했던 이와부치 고이치岩渕功一 씨의 정열에 큰 격려를 받았다. 또한 요시미 슌야 씨의 많은 작업에는 대학원 시절부터 크게 영향을 받았고, 문화를 연구하는 즐거움도 그 때 알게 되었다. 『박람회의 정치학』은 내가 오키나와에서 해양박람회를 연구하게 된 원점이 된 책이다.

또한 이 책의 기본적인 시점과 내용은 류큐대학의 '문화사회학', '사회학사', 오키나와국제대학의 '사회조사법' 수업을 하면서 조금씩 만들어져갔다. 가르치는 것과 동시에 가르침을 받기도 했다. 류큐대학의 젊은 학생, 오키나와국제대학 학생들과의 사적인 이야기들, 때로는 교원의 입장을 망각할 정도로 치열하게 전개되었던 대격론이 이 책의 내용을 풍요롭게 해주었다. 홈페이지 「타다오사무 닷컴」에 들어온 모든 분들에게도 감사를 드리고 싶다.

이 책은 도요게이자이신보사東洋経済新報社의 이사카 야스시井坂康志 씨의 이해와 도움이 없었다면, 햇빛을 보기 어려웠을 것이다. 그 후의에도 불구하고 컬추럴 타이푼의 개최준비나 여러 일들에 밀려, 출판이 결정된 이후 1년 가까이의 세월이 흘러버려 실로 폐를 끼쳐드렸다. 이제 겨우 책이 완성되어 조금 안심이 된다. 마음으로부터 감사의 뜻을 표하고 싶다.

마지막으로 오사카의 부모님, 도쿄의 장인, 장모님께는 책의 출판에 관해 걱정을 끼쳐드렸다. 그리고 이 책을 집필하던 기간 동안 가장 오랜 시간 함께 해주었던 처 마리真理와 작년 말에 태어난 장남 겐토健人. 정말 고맙습니다.

2004년 8월 타다 오사무.

[주요 참고문헌]

※ 원칙적으로 본문의 북가이드 · 인물소개 · 용어해설에서 소개한 문헌들은 제외했다.

相原宏 · 真鍋和子 ［1999］『阿波根昌鴻 沖縄反戦地主こころの源流』ふきのとう書房.

新崎盛暉 ［1992］『沖縄同時代史第一巻 1973～1977世替わりの渦のなかで』凱風社.

池口小太郎 ［1967］『日本の地域構造』東洋経済新報社.

――――― ［1968］『日本の万国博覧会』東洋経済新報社.

石川政秀 ［1979］『沖縄の観光経済』沖縄県観光連盟.

――――― ［1984］『沖縄の観光産業』沖縄観光速報社.

伊藤善市 · 坂本二郎編 ［1970］『沖縄の経済開発』潮出版社.

今村元義 ［1974］「海洋博論議の総括と当面する課題」『沖縄思潮』5, 10月号.

岩切章太郎 ［1976］『沖縄と観光―自然の景観と情緒を生かした花の沖縄を』沖縄県経営者協会.

沖縄開発庁沖縄総合事務局開発建設部 ［1977］『沖縄国際海洋博覧会関連事業工事誌(一般国道58号)』.

沖縄観光協会 ［1963］『沖縄観光の栞 観光沖縄』.

沖縄経済振興懇談会 ［1970a］『第5回沖縄経済振興懇談会議事録』.

――――― ［1970b］『第5回沖縄経済振興懇談会議事録沖縄側発言要旨』.

沖縄県観光開発公社［1975］『海やかりゆし―沖縄館ガイドブック』.

_____ [1976]『沖縄国際海洋博覧会沖縄館運営報告書』.

_____ [1981]『沖縄県立海洋博記念沖縄館総合案内』.

沖縄県経営者協会青年経営者部会 [1976]『沖縄県観光振興への提言－当面の危機を乗り切るために』.

沖縄県警察 [1976]『海－その望ましい未来 沖縄国際海洋博覧会の警察記録』.

沖縄県企画調整部 [1980]『沖縄振興開発計画総点検報告書』.

沖縄県沖縄国際海洋博覧会協力局 [1972]『海洋博シリーズ』No. 1~5.

_____ [1976]『海－その望ましい未来 沖縄開催のあゆみ』.

沖縄県リゾート開発公社 [1975]『本部半島リゾート・ゾーン総合計画』.

_____ [1980]『沖縄県リゾート開発公社のあゆみ』.

沖縄県商工労働部観光振興局 [1976]『沖縄県観光開発基本計画』.

沖縄県商工労働部観光リゾート局『観光要覧』 年版.

沖縄国際海洋博覧会公式ガイドブック制作共同体・講談社・電通制作 [1975]『沖縄国際海洋博覧会公式ガイドブック』 沖縄国際海洋博覧会協会.

沖縄国際海洋博覧会協会アクアポリス事業本部 [1975]『大きな未来への小さな第一歩 アクアポリス 沖縄国際海洋博覧会政府{出展海上施設』.

沖縄国際海洋博覧会協会水族館事業部 [1974]『沖縄国際海洋博覧会政府出展水族館概要』.

沖縄の文化と自然を守る十人委員会編 [1976]『沖縄喪失の危機』沖縄タイムス社.

沖縄産業経済新聞社 [1973] 沖縄の経済振興に協力する本{土企業昭和48年度版』.

_____［1975］『海洋博と沖縄経済の行方』.

沖縄総合事務局開発建設部監修［1996a］『～道が拓く地域文化～
　　おきなわ緑の道しるべ　沖縄道路緑化技術指針』　沖縄建設弘
　　済会.

_____［1996b］『沖縄・緑化樹木図鑑～道が拓く地域文化～』沖
　　縄建設弘済会.

オルタブックス編［1999］『EXPO70伝説』メディアワークス.

大城立裕［1997］『光源を求めて　戦後50年と私』沖縄タイムス社.

海洋博沖縄開催推進協議会［1971］『海洋万国博覧会沖縄開催基本
　　構想』.

海洋博覧会記念公園管理財団［1997］『海洋博覧会記念公園管理財
　　団20年史』.

九州経済調査協会［1974］『沖縄国際海洋博が沖縄県経済社会の展
　　開方向に与える影響調査報告書』.

串間努［1998］『まぼろし万国博覧会』小学館.

久場政彦・宮本憲一［1970］「対談　沖縄経済開発の原則」　『世
　　界』7月号, pp. 178〜200.

経済企画庁編［1973］『新全国総合開発計画(増補)』大蔵省印刷
　　局.

公旅連沖縄支部記念誌編集委員会［1993］『日本交通公社協定旅館
　　連盟沖縄支部20年の歩み』.

国土庁計画・調整局監修［1999］『21世紀の国土のグランドデザイ
　　ン』時事通信社.

講談社編［1990］『昭和二万日の全記録』第13〜 15巻.

坂部品子［2000］「海外旅行」　鵜飼正樹・永井良和・藤本憲一編
　　『戦後日本の大衆文化』昭和堂, pp. 245〜267.

下河辺淳編, 経済企画庁総合開発局監修［1971］『資料　新全国総
　　合開発計画』至誠堂.

下河辺淳［1994］『戦後国土計画への証言』日本経済評論社.

全日空30年史編集委員会［1983］『限りなく大空へ――＝全日空の
　　　30年』『同資料編』.

総理府編『観光白書』各年版，大蔵省印刷局.

多田治［1996］「教育と官僚制における「合理化」をとらえなおす
　　　―ウェーバーとブルデュー」『日仏社会学会年報』5，pp. 69
　　　～88.

　　　　　　［1997］「ブルデューにおける『象徴』権力の視座」早稲
　　　田社会学会　『社会学年誌』38，pp. 167～182.

　　　　　　［1999］「浦安市の空間変容と東京デイズニーランド：
　　　〈フイギュラルなもの〉と都市開発」『早稲田大学大学院文
　　　学研究科紀要』44，p0p. 51～61.

　　　　　　［2000］「日常生活の美学化と美的再帰性- 情報消費社会
　　　と自己の文化社会学のために」早稲田社会学会『社会学年
　　　誌』41，pp. 65～79.

田中角栄［1972］『日本列島改造論』日木工業新聞社.

通商産業省［1971］『日本万国博覧会政府出展報告』.

　　　　　　［1976］『沖縄国際海洋博覧会の記録』.

電通編［1972］『日本万国博覧会公式記録』第1～3巻，日本万国博
　　　覧会記念協会.

　　　　　　［1976］『沖縄国際海洋博覧会公式記録(総合編)』沖縄国
　　　際海洋博覧会協会.

渡久地明［1990］『沖縄のリゾート業界入門』沖縄観光速報社.

渡久地政夫［1976］『どうする観光沖縄』沖縄観光速報社.

南方同胞援護会編［1970］『沖縄の産業・経済報告集』.

　　　　　　［1972］『沖縄復帰の記録』.

南西航空株式会社十年史編集委員会［1978］『沖縄のつばさ―南西
　　　航空十年の歩み』　南西航空.

日木エコノミストセンター［1972］『沖縄市場開発と関連データ集』.

日本観光協会［1981］『日本観光ポスター秀作選』.

日本工業新聞社編，通商産業省企業局・沖縄国際海洋博覧会協会監修［1973］『海洋博ハンドブック』.

日本航空株式会社統計資料部［1985］『日本航空社史（1971～1981)』.

日本交通公社［1979］『観光の現状と課題』.

日本交通公社社史編纂室［1982］『日本交通公社七十年史』.

日本リサーチセンター総合研究所［1974］『沖縄国際海洋博の効果』.

福木詮［1973］『沖縄のあしあと1968～72年』岩波書店.

外間守善［1999］『海を渡る神々 死と再生の原郷信仰』角川選書.

本間義人［1992］『国土計画の思想 全国総合開発計画の30年』日本経済評論社.

_____［1999］『国土計画を考える 開発路線のゆくえ』中公新書.

丸の内リサーチセンター［1969］『日本万国博事典』.

三浦展［1999］『「家族」と「幸福」の戦後史 郊外の夢と現実』講談社現代新書.

三井物産［1971］『沖縄国際海洋博覧会開催計画案』.

宮本憲一［1973］『地域開発はこれでよいか』岩波新書.

_____［1989］『経済大国 増補版』文庫版昭和の歴史10，小学館.

宮本憲一編［1979］『講座地域開発と自治体3 開発と自治の展望・沖縄』筑摩書房.

宮本憲一・佐々木雅幸編［2000］『沖縄21世紀への挑戦』岩波書店.

百瀬恵夫・前泊博盛 ［2002］『検証「沖縄問題」－ 復帰後30年 経済の現状と展望』東洋経済新報社.

山本英治・高橋明善・蓮見音彦編 ［1995］『沖縄の都市と農村』東京大学出版会.

屋良朝苗 ［1977］『屋良朝苗回顧録』朝日新聞社.

＿＿＿＿ ［1985］『激動八年 屋良朝苗回想録』 沖縄タイムス社.

琉球放送 ［1975］『海洋博 そのテーマと記録』。

琉球政府経済局観光課 ［1963］ 『沖縄の観光事業』.

＿＿＿＿ ［1965］『観光のしおり』.

琉球政府企画局企画部 ［1970］『長期経済開発計画』.

琉球政府通商産業局商工部観光課 ［1970］『観光統計要覧1969年版』.

　이 책은 타다 오사무多田治의 『沖縄イメージの誕生―青い海
のカルチュラル・スタディーズ』(東洋経済新報社, 2004)를 번역
한 것이다. 돌이켜보면 이 책을 처음 읽었던 것은 2007년 여름
무렵이었다. 저자 스스로 자매편이라고 이야기했던 요시미 슌야
吉見俊哉의 박람회에 대한 일련의 저작들을 대학원 수업시간에
읽고, 우라사와 나오키浦沢直樹의 명작 『20세기 소년』의 풍경들
을 떠올리면서 근대 자본주의의 소망기계로서의 박람회, 그리고
전후 일본에서 오사카만국박람회가 불러일으키는 노스탤지어의
정치에 대해 흥미를 갖던 시절이었다. 당시는 베이징 올림픽(2008
년)과 상하이 만국박람회(2010년)가 개최되기 바로 전해이기도 했
다. 관련 서적들을 읽으면서 올림픽과 만국박람회를 한 세트로 하
는 발전모델이 일본에서 시작해, 20년의 간격을 두고 한국으로,
그리고 중국으로 이어지는 현실이 문득 낯설게 느껴졌다.

　왜 동아시아 국가들은 그러한 거대 이벤트를 통한 발전 전략
에 그렇게 심취했던 것일까. 그것은 진정 유효한 전략이었을까.
아니면 자본주의적 환등상phantasmagoria, 즉 하나의 신기루에
불과한 것이었을까. 1993년 '대전 EXPO'의 희미한 기억만으로
는 아무래도 답을 찾을 수 없었다(당시 EXPO를 꼭 봐야겠다며,

고3 기숙사를 무단이탈했던 '결사대' 친구들이 떠오르지만, 정작 사감으로부터의 처벌을 각오하고라도 꼭 보았어야만 했을 판타지 이야기를 그들에게 들었던 기억은 없다). 2007년 교환학생 프로그램으로 일본 오사카대학의 스이타吹田 캠퍼스를 선택했던 것은 과거 '꿈의 오사카 만국박람회'의 부지였던 장소에서 어떤 '흔적들'traces을 찾아보고 싶었기 때문이다.

물론 일본판 '아케이드 프로젝트'는 애초부터 무모한 기획이었다. 벤야민W. Benjamin과 같은 해박한 식견과 예리한 산보자의 시선을 갖추지 못한, 아직 '수업시대'를 벗어나지 못한 사회과학도의 눈에 이미 깨끗하게 정비되어버린 캠퍼스에서 '자본주의의 꿈', 소망-이미지 같은 것을 발견한다는 것이 가능하기나 하겠는가. 가끔씩 근처에 위치한 '만박공원'万博公園에 들러 주위 풍경과는 너무나 대조를 이루는 오카모토 타로岡本太郎의 기괴한 작품이자 오사카 만국박람회의 심볼이기도 했던 '태양의 탑'을 올려다보며, 과연 당시 일본 열도 인구의 절반에 해당하는 6천만이 넘는 사람들이 행사장에 찾아와 저 탑을 보며 과연 무슨 생각을 했을까 상상해보기도 했지만, 우라사와 나오키의 상상력의 범위를 넘어서지는 못했다.

타다 오사무의 이 책은 그렇게 과거 오사카 만국박람회 부지를 거닐다 우연히 근처 서점에서 발견한 책이었다. 당시는 번역하겠다는 의도보다는 다만 연구사 정리 차원에서 읽었던 책이다. 물론 이 책이 다루는 장소인 오키나와에 관심을 가지게 된 것은 오사카대학에서 만났던 도미야마 이치로冨山一朗 선생님의 영향이 컸다. 교환학생 신청 당시에 작성했던 애초의 연구주제는 이미 물 건너간 상태였지만, 어쨌거나 1년간은 대학 행정당국의 아무런 간섭을 받지 않는 '낭인' 신분으로 지낼 수 있었기에, 자유롭게 여기저기 강의실을 기웃거리다가 우연히 도미야마 선생님의 '제미'에 들어갔던 것이 인연이 되었다. 당시 어렴풋이 '전후 일본'을 연구하겠다는 생각을 가지고 있던 내게, 도미야마 선생님은 근대 국민국가 형성에서 '변경'이 갖는 중요성과 함께 '변경'에서 '중심'을 바라본다는 새로운 시각을 일깨워주셨다. 너무나 당연하지만 깨닫지 못하는 "일본이 오키나와에 속한다(오에 겐자부로, 『오키나와노트』)"는 사실, 그것은 적어도 전후 일본사라는 문맥에서 본다면 〈매트릭스〉의 '빨간 약'이라고도 할 수 있을 것이다.

동아시아, 그리고 일본의 근현대사에서 류큐/오키나와가 차지하는 위치에 대해 어느 정도 식견이 있는 독자라면, 1972년의 오키나와 반환 즈음에 섬을 휘몰아쳤던 '조국 복귀祖国復帰' 여론의 고양은 아무래도 이해하기 어려운 현상일 수밖에 없을 것이다. 이는 근현대 오키나와 역사를 조금만 거슬러 올라가보더라도 분명하다.

잘 알려진 것처럼 1879년 류큐병합 이전까지 어엿한 독립왕국이었던 류큐왕국은 병합과 함께 일본의 한 현 오키나와로 편입되고, 이후 계속해서 제국 일본의 '이등시민'의 처지를 감수해야 했다. 또한 1910~1920년대에는 일본의 자본주의 경제로 편

입되는 과정에서 '소철지옥'ソテツ地獄으로 상징되는 경제 불황으로 고통을 겪었으며, 아시아태평양전쟁 말기에는 본토를 사수하기 위한 시간 벌기, 즉 '버림돌'捨て石로 전락해 섬 전역을 휘몰아치던 '철의 폭풍鉄の爆風'에 휩쓸리는 비극을 겪었다. 나아가 1952년 다시 '본토 일본'의 강화를 위한 대가로, 오키나와는 홀로 독립하지 못한 채 '태평양의 요석'Keystone of Pacific이라는 허울 좋은 미명 아래 미국의 군사기지로 남아야 했고, 그 '멍에'는 현재까지 지속되고 있다. 현재까지도 일본 '본토' 면적의 0.6%에 불과한 오키나와는 일본 전체 미군기지의 74%를 떠맡고 있는 상황이다. 이렇듯, 전쟁의 포화, 그리고 두 차례에 걸친 '본토'로부터의 배신의 상처가 채 아물기도 전인 1970년대, 섬 주민들은 왜 다시 '본토 복귀'를 열망했던 것일까.

물론 외부인으로서, 오키나와 내부의 복잡다단한 역사에 대한 깊이 있는 이해 없이 그들이 선택했던 길에 대해 섣불리 이야기하기는 어려울 것이다(그런 점에서 당시 오키나와 내부 일각에서 제기되었던 '반反복귀'의 사상, 그리고 최근 대두되고 있는 '오키나와 독립론'에 이르기까지의 계보를 추적하는 것은 중요하며, 이에 대해서는 또 다른 논의가 필요할 것이다). 다만, 그러한 '복귀'에 대한 일본 '본토' 측의 선물이 바로 '해양박람회'였고, 그 해양박람회가 이후 푸른 바다와 태양, 그리고 야자수의 관광지 오키나와라는 이미지를 만들어내는데 절대적인 영향을 끼쳤다는 것은 아이러니한 귀결이 아닐 수 없다.

이 책『오키나와 이미지의 탄생』은 바로 오키나와 반환, 본토 복귀 여론이 만들어지던 시점에서 출발해, '해양박람회' 기획의 구상과 이를 둘러싼 중앙정부, 지역사회, 본토 자본 사이의 복잡한 역학관계, 그리고 이 장치가 이후 오키나와 이미지를 만들어내는데 했던 역할, 나아가 이렇게 만들어진 이미지가 다시 현실을 규정하고 만들어내는 과정 등 해양박람회를 둘러싼 전후 오키나와 사회의 전면모를 사회학·문화연구의 관점에서 치밀하게 분석해낸 작업이다. 저자의 문체 자체가 굉장히 평이하고 또 설명도 친절해서 오키나와의 근현대사에 대해 잘 모르는 일반 독자들도 무리 없이 읽을 수 있으리라 생각한다.

사실 이 책이 한국어판으로 나오게 된 것 역시 굉장한 우연의 산물이었다. 그 경위를 여기서 자세하게 이야기할 필요는 없겠지만, 이 한국어판 책은 과거 '낭인' 시절의 내게 '환대'를 베풀어주었던 서강대학교 트랜스내셔널인문학연구소 가족 분들에게 드리는 조그만 선물gift이다. 선물은 항상 타이밍과 박자가 중요하다고 배우곤 했는데 이 책이 그런 소명을 어느 정도 해냈기를 바란다.

다만, 책의 출간이 예상치 못하게 급속히 진행되는 바람에 꼼꼼히 원고를 수정할 수 있는 시간을 확보하지 못한 것은 안타까움으로 남는다. 그럼에도 불구하고 발생하는 번역상의 오류는 모두 역자의 책임이라는 것은 잘 알고 있다. 아무쪼록 이 책이 아직 한국사회에 잘 알려지지 않은 전후 오키나와 사회의 중요한 전환점을 이해하는데, 나아가 근대 자본주의 국가에서 중앙과 지방의 관계, 그리고 지역사회의 새로운 재생에 대해 고민하는 많은 분들에게 유용한 통찰을 제공해줄 수 있다면 역자로서는 더할 나위 없는 기쁨이겠다.

2020년 여름, '이상기후'의 전조 속에서

이영진

오키나와 이미지의 탄생

푸른 바다의 문화연구(cultural studies)

초판 1쇄 인쇄 2020년 7월 20일
초판 1쇄 발행 2020년 7월 31일

지은이 _ 타다 오사무(多田 治)

옮긴이 _ 이 영 진
펴낸곳 _ 패러다임북
펴낸이 _ 박찬익
주소 _ 경기도 하남시 조정대로 45 미사센텀비즈 F749호
전화 02)922-1192~3 / 031)792-1193, 1195
팩스 02)928-4683
홈페이지 www.pjbook.com
이메일 pijbook@naver.com
등록 2015년 2월 2일 제2020-000028호

ISBN _ 979-11-971230-1-6 93300